Barbara Vödisch
Das ONE Bewusstsein

Barbara Vödisch

DAS ONE BEWUSSTSEIN

In der Erfahrung der Einheit
die Fülle des Seins leben

1. Auflage 2013

Verlag Via Nova, Alte Landstr. 12, 36100 Petersberg

Telefon: (06 61) 6 29 73

Fax: (06 61) 96 79 560

E-Mail: info@verlag-vianova.de

Internet: www.verlag-vianova.de / www.transpersonale.de

Umschlaggestaltung: Guter Punkt, München

Druck und Verarbeitung: Appel & Klinger, 96277 Schneckenlohe

ISBN 978-3-86616-261-7

**Die Erde ist das Paradies,
und wo du deinen Fuß auch hinsetzt,
ist heiliges Land.**

Mein besonderer Dank gilt Ruth Hess aus Luzern für Ihre Liebe und Ihre Begeisterung für ONE – THE TRAINING. Ihre Freude und Dankbarkeit inspirierte mich, dieses Buch zu schreiben.

INHALT

ZUM GELEIT

Wir befinden uns in einem massiven Wandel, der gesellschaftliche und politische Strukturen, religiöse Sichtweisen, die Arbeitswelt, unsere Beziehungen und unser Weltbild grundlegend verändert. Dieser Bewusstseinswandel betrifft alle Ebenen unseres Lebens. Es geht um den Bewusstseinssprung von einer dualen Weltsicht, die trennt, spaltet, auf Angst und Mangel basiert, in ein Bewusstsein der Einheit, die ihre Wurzeln in einem Miteinander, in Ausgewogenheit, Frieden, Mitgefühl und Liebe hat.

In der dualen Weltsicht urteilen wir über andere, kämpft jedes Ich um sein Überleben, es schaut, dass es nicht zu kurz kommt und ein möglichst großes Stück vom Kuchen erhält. Uns begleitet die Angst, nicht genug zu bekommen, und nicht einmal, wenn wir alles haben, sind wir glücklich. Das duale Weltbild sieht Gewinner und Verlierer vor, dreht sich um Macht und Ohnmacht, um Gewinnmaximierung. Es vergisst, dass wir alle derselben Quelle entspringen, – dass es keinen Mangel gibt und genug für alle da ist, dass wir jenseits von Angst miteinander glücklich sein können und gute Geschäfte zu machen nicht bedeutet, andere auszubeuten, sondern alle Beteiligten sich bereichert fühlen.

Dieser Wandel ist nur dann wirklich möglich, wenn ihn jeder einzelne in sich selbst vollzieht. Er geschieht, wenn wir aufhören, andere zu verurteilen, wenn wir stattdessen unseren eigenen Schatten, unsere Angst, unsere Gier, unser Bestreben, Recht haben und besser als andere sein zu wollen, genauso betrachten wie unser Konkurrenzdenken und unser Ego. Es beginnt bei dir, offenen Herzens zu sein, auch die Menschen, die du ablehnst, in dein Herz zu lassen, Mitgefühl statt Härte und Kampf walten zu lassen, – zu erkennen, dass wir alle ONE, – das Eine sind. Die „Eine Welt" beginnt hier und jetzt, nämlich in dir, in deinen Beziehungen, in den einfachen, kleinen Dingen deines Lebens. Die „Eine Welt" beginnt damit, dass du dich zu erkennen gibst, mit deiner ganzen Liebe für ein Bewusstsein der Fülle eintrittst, – deinen Gefühlen von Mangel, Angst und Kampf keine Macht gibst und über dein Ego hinauswächst.

Es beginnt auch damit, dich aus Macht- und Ohnmachtstrukturen zu befreien, deine natürliche, dir innewohnende Kraft und Macht anzunehmen, Verantwortung für dein Leben zu übernehmen und nicht anderen Schuld in die Schuhe zu schieben, wenn du nicht glücklich bist. Ich schreibe dieses Buch für dich, für deine inneren Wandlungsprozesse, für deine Befreiung aus Mangel, Leid und Angst, für den Bewusstseinssprung in das ONE-Bewusstsein.

Es ist Zeit, dich von allem Leiden zu befreien, den Kern stillen Glücks erstrahlen zu lassen und dir der Quelle bewusst zu werden. Um dir des ONE, des neuen Bewusstseins gewahr zu werden, bedarf es nichts Besonderes. Das neue Bewusstsein ist nichts Neues. Es ist dir vertraut. Es ist nur die Erinnerung, das Bewusstwerden dessen, was du wirklich bist. Du bist und warst schon immer eins mit allem. Du warst dir dessen nur nicht bewusst, weil du wie wir alle an Angst und Mangel, an getrennte Ichs geglaubt und dich im dualen Denken verstrickt hast.

Du warst trotzdem nie getrennt vom ONE. Es ruht immer in dir. Immer mehr Menschen erleben in dieser Zeit Momente, in denen sie in das Einheitsbewusstsein eintreten. Dann scheint es ihnen plötzlich wieder verloren zu gehen, – obwohl es nicht verloren gehen kann, – weil es immer und ewig ist. Es scheint dann so, als könnest du nur manchmal darin ruhen. Was bedeutet das „ONE-Bewusstsein“ überhaupt? Im buddhistischen Kontext wird es die Buddhanatur genannt, im christlichen das Christusbewusstsein. Es schließt alles, alle Menschen mit ein, auch die, die an nichts glauben. Im ONE ist das alles unbedeutend. Das „Eine Herz“ ist die Quelle, unser aller Ursprung. Unsere Buddhanatur, das Christusbewusstsein zu leben, klingt großartig, aber für „Normalsterbliche“ unerreichbar. In einfachen Worten ohne religiösen Kontext gesprochen bedeutet es, in dir zu ruhen, in vollkommenem Frieden zu sein, den Kampf mit dir und dem Leben enden zu lassen und einfach aus dir selbst heraus glücklich zu sein. Das erscheint schon einfacher, aber immer noch schwierig genug und wirft die Frage auf, wie das denn gehen soll? Dabei ist es so nah und so selbstverständlich, dass du es nicht bemerkst, weil du von Kind an der Illusion unterliegst, nicht vollständig und vom Glück getrennt zu sein. Du glaubst nur, dass dir etwas fehlt. Alles Leid entsteht nur aus dem Glauben, von der vollkommenen Liebe getrennt zu sein.

Da die Bewusstwerdung des ONE für viele nicht einfach so vom Himmel fällt und manche Herausforderung mit sich bringt, schreibe ich dieses Buch. Seit ich im Jahr 2000 im Einen Bewusstsein erwachte, habe ich in der Arbeit mit vielen Menschen in Trainings, Workshops und Beratungen Übungen entwickelt und aufgegriffen, die hilfreich sind, um den Bewusstseinssprung zu vollziehen. Ich habe auch einige Übungen und Erfahrungen von Teilnehmern, Fragen und Antworten hinzugefügt, um das ONE, das ohne Worte, unendlich und nicht greifbar ist, verständlicher zu machen.

Trotzdem ist keine Übung, kein spezielles Wissen oder dieses Buch an sich eine Notwendigkeit, um des ONE bewusst zu sein. Jeder Weg ist individuell, kein Weg wie ein anderer. Deswegen mache dir keine Vorstellung davon, was du zu fühlen, zu erfahren und wie du zu sein hast. Wenn du vom Bewusstseinssprung gehört und Angst hast, es nicht zu schaffen, noch nicht weit genug zu sein, kann ich dich beruhigen. Im ONE ist alles enthalten, es schließt nichts aus, keinen Gedanken, kein Gefühl. Du kannst nichts falsch machen. Du bist, wie du bist, willkommen. Rund um den Quantensprung, das neue Bewusstsein, sind wieder neue Konzepte und Illusionen entstanden. Vergiss am besten alles, was du glaubst, erreichen zu müssen, was dir dazu fehlt und dich noch trennt, alle deine Vorstellungen von richtig und falsch. Nichts davon ist wahr.

Es reicht völlig aus, nur dann, wenn du leidest, die Erwartungen, die du an dich und andere richtest, und deine Illusionen zu untersuchen. Warum solltest du an dir herumdoktern, um irgendwelchen Vorstellungen zu entsprechen, wenn du jetzt im Frieden und glücklich bist? Im ONE zu ruhen ist ganz natürlich. Es ist dir vertraut. Du kennst das. Es ist dann, wenn deine ganzen Anstrengungen, Gedanken und Bemühungen in den Hintergrund treten und du einfach da bist, im Frieden und glücklich.

Egal, ob du mit einer Tüte Chips vor dem Fernseher sitzt, dir eine Schnulze anschaust oder dich über deine neuen goldenen Schuhe oder andere scheinbar oberflächliche Dinge freust, – alles ist willkommen. Denn ONE bedeutet: Nichts trennt dich, nichts fällt heraus, nichts, das nicht auch ONE – das Eine Bewusstsein wäre.

Wenn du leidest, sei dir sicher, dass nicht die Situation selbst das Problem ist, sondern deine innere Haltung. Überprüfe dann, welche Glaubenssätze und Erwartungen dich leiden lassen. Ich unterstütze dich dabei, deine Irrtümer zu enttarnen und den Schleier, der das strahlende Bewusstsein vernebelt, zu lüften. Alles andere würde dich schon wieder einengen, trennen und ein Ziel kreieren, das es nicht gibt.

Letztendlich gibt es nicht einmal das duale und das ONE-Bewusstsein. Es gibt nur ein Bewusstsein. Darin ist auch das dual identifizierte enthalten. Was ich schreibe, ist wie alles andere, das in Worte gefasst werden kann, nicht die letztendliche Wahrheit. Es kann nur mehr oder weniger auf das ONE hinweisen.

Ich greife hier manchmal das duale, getrennte Bewusstsein, die Illusion, auf, um dich dann darüber hinaus zu dem zu führen, was größer ist. Manches mag sich sogar für den Verstand widersprüchlich anhören oder gar nicht zu verstehen sein, weil ONE nicht mit dem Verstand und nicht in Worten einzufangen ist. Wenn du manches nicht verstehen kannst, kein Problem. Etwas jenseits des Verstandes versteht es. Wir sind gewohnt, dual zu denken, das eine vom anderen abzutrennen. Im ONE ist aber alles enthalten, existiert alles und nichts.

Ich möchte mit dir den Schleier lüften, dich an das erinnern, wo nichts fehlt, du vollständig aus dir selbst heraus bist. Dein Glaube daran, dass dir etwas fehlt, um glücklich zu sein, möge enden. Mögest du erkennen, dass du hier und jetzt bereits zu Hause und vollständig bist. Mögest du dich an das heile Ganze in dir erinnern. Das ist der Sprung ins ONE – in „das Eine Herz“, der Quantensprung.

Das ONE umfasst alles. Anders, als wir es in der dualen Sicht der Welt gewöhnt sind, spaltet es nicht, sondern vereinigt es die Gegensätze. Alle Erfahrungen und Gefühle sind im ONE enthalten. Auch wir, du und ich, sind eins hinter aller Unterschiedlichkeit. Trotz individueller Leben, unterschiedlicher Charaktere gibt es keine Trennung zwischen dir und mir, zwischen dir und dem Glück, zwischen dir und dem tiefen inneren Frieden. So ist auch das, was du dir ersehnst, nicht von dir getrennt. Es weilt bereits in dir. Nur weil du auf Trennung und Mangel programmiert bist, glaubst du, dass dir etwas fehlt. Du suchst auf unterschiedliche Art und Weise danach, dich vollständig zu fühlen, um dann schlussendlich festzustellen, dass dir nichts dauerhaft das geben kann, was du verzweifelt suchst. Sei bereit, endlich anzukommen, keinen Widerstand gegen das Leben zu leisten und dich nicht von ihm abzutrennen. Fließe mit dem Fluss des Lebens.

ONE – Einssein – lass dieses Wort wirken. Spüre das: ONE – Eins, Einssein – eins mit dem tiefen Frieden, eins mit dir selbst, eins mit der Liebe, die du dir ersehnst, eins mit dem stillen inneren Glück. Nichts, um das du kämpfen, das du erreichen oder erlangen müsstest. Es ist einfach da, hier und jetzt. Alle Anstrengungen führen zu nichts. Halte einfach nur inne. Spüre, wie in der Stille dieses Glück durch dich erstrahlt. Lass das vollkommene Glück in dir zu. Du musst diesen begehrten Objekten, wie der Liebe, dem Frieden und dem stillen Glück, nicht hinterherlaufen und sie festhalten. Sie sind bereits da. Du übersiehst sie nur, weil du immer etwas außerhalb von dir suchst, deine Augen nach außen und nicht nach innen blicken. Lass dich Ruhe finden in dem tiefen Frieden. Alle Anregungen in diesem Buch laden dich ein, dich einfach fallen zu lassen, in die Liebe, die dich liebt, in das Glück, das dich beglückt, in den Frieden, der dich befriedet. Du musst den Frieden, das ONE, nur zulassen, anstatt dort weiter zu suchen, wo du es bis jetzt nach unzähligen Versuchen immer noch nicht gefunden hast. Du findest es nur in der Einfachheit, in dem Frieden, den Wellen der Liebe, tiefen Glücks.

ONE – Einssein – das „Eine Herz“ jetzt.

DEN SCHATTEN UMARMEN

Wir glauben meist sehr gut zu wissen, was die Regierungen, die Mächtigen der Welt, unsere Eltern, Kinder, Partner oder unser Chef falsch machen, was sie tun müssten, um glücklich zu sein und eine bessere Welt zu kreieren. Wir nehmen ihr Machtstreben, ihren Egoismus, ihre Kälte, ihre Schwächen und ihre Abhängigkeiten sehr genau wahr. Von ihnen fordern wir mehr Toleranz, mehr Achtung, mehr Liebe und Großzügigkeit, aber was ist mit uns? Bei unserem Egoismus, unserem Machtstreben, unserer Kälte und Konkurrenz sind wir blind. Anstatt dich über deinen Partner, über deine Eltern oder die Regierung zu ärgern und über sie zu urteilen, schau auf dich. Erkenne die Strenge und die Härte, die du selbst an den Tag legst, wenn du so hart über sie urteilst und den Finger in ihre Wunden legst. Wenn du dich über Krieg empörst und darüber, dass die Länder der Welt nicht alle friedlich miteinander leben können, betrachte lieber dich und dein Leben. Bist du selbst in Frieden mit dir, mit deinem Leben, mit deinem Partner, deinen Eltern und deinen Kindern? Bist du in Frieden mit allen Aspekten deines Seins? Kämpfst du manchmal mit dir und anderen? Ein Zen-Mönch, der als amerikanischer Soldat im Vietnamkrieg an dem Tod hunderter Menschen beteiligt war, sagt: „Jeder hat sein eigenes Vietnam." Die Kämpfe in deinem Inneren zu beenden, ist die Grundlage zum Weltfrieden. Vielleicht kennst du Momente, in denen du dich unbedingt durchsetzen und Recht haben wolltest, dich so verletzt fühltest, dass du dir wünschtest, der andere wäre nicht mehr, obwohl du weit entfernt warst, das wirklich zu wollen. Dein Ego fühlte sich angekratzt. Du wolltest deine eigene Verletzung nicht fühlen. Vielleicht war der Auslöser so harmlos, dass du dich heute nicht einmal mehr daran erinnern kannst. Obwohl es so nichtig war, reichte es aus, um dich so verletzt zu fühlen, dass du wünschtest, der andere wäre ausgelöscht. Natürlich hast du keinen Mord begangen, aber vielleicht eröffnet es dir, mit einem Mörder mitfühlen zu können und dich nicht über ihn zu erheben. Das rechtfertigt natürlich sein Verhalten in keiner Weise. Als du damals verletzt warst, warst du dir des ONE auch nicht bewusst und warst sehr mit deiner scheinbaren Person identifiziert. All die Verrücktheiten, zu denen wir Menschen manchmal fähig sind, entstehen nur aus Unbewusstheit, aus innerer Not und Verwirrung. Wer kann sich davon freisprechen? Wenn du die Menschlichkeit anderer verurteilst, um deine Weste rein erscheinen zu lassen, bringt dir das weder Frieden noch Glück. Einzig Liebe und Güte, die Bewusstwerdung des „Einen Herzens" können diese Verrücktheiten heilen. Wir waren alle schon ungerecht, gemein und feige. Anstatt dich und andere dafür zu hassen, lass Mitgefühl und eine gewisse Neutralität walten.

Viele fragen sich, wie Hitler wirken konnte, warum die Menschen sich nicht widersetzt haben. Beim Nationalsozialismus ging es nicht nur um die Person Hitler an sich, sondern auch um die dementsprechende Resonanz im kollektiven Bewusstsein. Warum viele geschwiegen haben, verstehst du erst dann wirklich, wenn du auf Situationen schaust, in denen du dich genauso verhalten hast. Vielleicht wurde einer deiner Arbeitskollegen von deinem Chef so unter der Gürtellinie angegriffen, dass es einer Vernichtung glich. Doch alle hielten die Luft an und schwiegen, inklusive du. Ihr hattet Angst, euren Job zu verlieren, und habt eine entsprechende Kündigung vielleicht schon einmal miterlebt. Vielleicht kannst du plötzlich nachvollziehen, warum ein Vater von fünf Kindern unter den Nazis auch geschwiegen hat. Bei ihm wäre es um sein Leben gegangen und darum, dass seine Kinder ohne Vater aufgewachsen wären, bei dir ging es nur um deinen Job.

Kannst du über die mögliche Feigheit anderer urteilen? Und was ist überhaupt feige? Einer würde sagen: „Es war klug, nichts zu sagen.", ein anderer hingegen: „Das war an Feigheit nicht zu überbieten." Wenn du das Gefühl hast, so bin ich nicht, ich bin anders, schau genau hin. Vielleicht stimmt es wirklich, vielleicht willst du dich aber nur abtrennen, um besser zu sein, und dein „gutes Selbstbild" lässt es nicht zu.

Wie sieht es denn mit uns heutzutage aus? Vielleicht ist späteren Generationen völlig unverständlich, wie wir zulassen konnten, nein, sogar daran beteiligt sind, dass Schiffsladungen an Lebensmitteln im Meer versenkt werden und Menschen woanders hungern müssen, wie wir zugelassen haben, dass Soldaten noch immer zu Auslandseinsätzen in Kriegsgebiete gehen, dort sterben oder schwer traumatisiert zurückkehren, dass Kinder, bedingt durch den schulischen Leistungsdruck, keine unbeschwerte Kindheit und Jugend mehr haben, ein Haifischkapitalismus die Menschen zu unmenschlichen Höchstleistungen bewegt, die im Burnout enden. Sind wir alle, bist du wirklich besser? Andere zu verurteilen, ruft erneut Kampf und Leid hervor.

Während du vielleicht glaubst, dass diese „negativen Verhaltensweisen" ausgemerzt werden müssten, um im neuen Bewusstsein zu leben, kannst du die Ganzheit nur erfahren, wenn du alles, auch deine abgespaltenen Aspekte, umarmst. Sie hindern dich nicht. Sie stehen deinem Glück nicht im Wege. Indem du sie verurteilst, trennst du dich von deiner Ganzheit ab. Indem du glaubst, die ungeliebten Aspekte loswerden zu müssen, um im ONE zu ruhen, verhinderst du genau das.

Schau dir gerade das an, was du nicht haben und lieber unter den Teppich kehren willst.

Was würdest du am liebsten ausmerzen? Deine Eifersucht, deinen Hass, dein Urteil, deinen Neid, deine Traurigkeit und deine Wut? Versuchst du sie genauso zu verstecken, wie deine Unsicherheit, deine Gier, deine Angst, die Kontrolle zu verlieren, und deine Abhängigkeit von der Liebe anderer?

Im Bewusstsein der Trennung glaubst du erhaben und perfekt sein zu müssen. Doch wir Menschen sind nun manchmal neidisch, fühlen uns manchmal klein, haben manchmal Angst, nicht geliebt oder verlassen zu werden und zu versagen. Wir werden manchmal wütend und haben nicht immer das Wohl des anderen im Sinn. Denn Menschen sind menschlich. Du bist menschlich.

Willst du dich dagegen wehren, indem du einem seelenlosen Perfektionismus folgst? Willst du dich und andere dafür verurteilen, dass wir menschlich sind? Die Bewusstwerdung des ONE bedeutet nicht, dass du perfekt werden und über allem stehen musst, sondern bedeutet, dein ganzes Sein zu akzeptieren.

Gerade das Ungeliebte zu umarmen, lässt dich die Einheit gewahr werden. Es ist leicht, das zu lieben, was du magst. Aber gerade das, was du am liebsten ausmerzen möchtest, bedarf deines Mitgefühls.

Wenn du es ernst meinst und den Quantensprung vollziehen möchtest, dann sieh dorthin, wo du nicht hinschauen möchtest. Anstatt dem, was zu glänzen scheint, hinterherzulaufen, begegne den ungeliebten Aspekten mit Verständnis. Es ist unmenschlich, sie eliminieren zu wollen. Das bedeutet nichts als Krieg mit dir und anderen. Jeder gibt auf seine Art sein Bestes. Auch du kannst es oftmals nicht besser, sogar dann nicht, wenn du es besser weißt. Dein Perfektionismus lebt davon, dich leiden zu lassen. Nichts ist ihm gut genug. So kommst du nie zur Ruhe. Anstatt dich und andere mit unserer Menschlichkeit in Frage zu stellen, hinterfrage lieber deinen Perfektionismus.

Die ungeliebten Aspekte sehnen sich nach deiner Liebe. Sie lösen sich nicht einfach in Luft auf, indem du sie ablehnst. Auch wenn du sie lieber unter den Teppich kehrst, sodass du sie nicht mehr wahrnimmst, sehen andere sie sehr wohl.

Wenn sie dich dann darauf aufmerksam machen, reagierst du gekränkt, rechtfertigst und verteidigst dich. Manchmal wirst du auch mit deinen ungeliebten Verhaltensweisen durch Menschen konfrontiert, die sich so verhalten, wie du es verurteilst. Wenn du mit deinem Schatten Frieden schließt, kann endlich Ruhe einkehren. Ohne Urteil, ohne Bewertung ist alles weder gut noch schlecht. Es ist einfach nur. Wenn du alles umarmst, schließt sich der Kreis. Du wirst des ONE gewahr. In der Regel willst du aber nur die Ausschnitte deiner Ganzheit erleben, die du für gut hältst. Dabei erschuf dich die Schöpfung nicht umsonst so, wie du bist. Glaubst du, ihr ist mit dir und den Menschen ein Fehler unterlaufen? Vielleicht ist es weise, deine Arroganz abzulegen und dich vor der Schöpfung zu verneigen. Vielleicht ist es weise, die Vielfalt, alle Aspekte des Lebens anzunehmen.

Ein Aspekt, der uns im Kollektiv schwerfällt zu akzeptieren, ist der Tod. Dabei ist Geborenwerden und Sterben ein ganz natürlicher Ablauf. Nichts geht verloren. Es nimmt nur neue Formen an. Jeder Moment unseres Lebens beinhaltet Geburt und Tod. Schon in den kleinen alltäglichen Dingen gehört das Loslassen zum Leben. Wir können nichts festhalten, weder Erfolg noch Besitz. Alles wandelt sich und stirbt, um neu geboren zu werden. Ohne den Tod gibt es keine Geburt. Alles bedingt sich und ist weder gut noch schlecht, nur der Lauf der Dinge. Du kannst die Welt nicht aus den Angeln heben, nur weil du das, was in deinen Augen besser ist, festhalten und alles andere loswerden willst. Lass zu, alles zu erfahren, was du erfahren sollst, auch das, was du ablehnst. Es erweitert und lehrt dich. Licht und Schatten entspringen derselben Quelle, demselben Ursprung und sind eins. In dem Schatten ist das Licht, in dem Licht der Schatten. Das Licht des ONE umfasst Licht und Schatten und kennt keinen Gegenpol.

Die kleinen Engelkarten sind sehr bekannt und verbreitet. Die kleinen Teufelkarten, auf denen die Aspekte stehen, die wir nicht so gerne betrachten, kennt fast niemand. Ich liebe sie und lasse die Teilnehmer meiner Workshops und Trainings, zu Beginn, oftmals eine Engel- und eine Schattenkarte ziehen. Gerade die Schattenaspekte bringen Menschlichkeit in den Kreis und lassen Nähe entstehen. Dadurch wird von Anfang an deutlich, dass niemand weiter oder besser ist, dass wir nicht heiliger sein müssen, als wir sind. Wenn du genau hinschaust, kannst du dich im anderen wiedererkennen: Du kennst das alles, neidisch zu sein, wütend, voller Urteil oder Angst. Wir alle haben keinen Heiligenschein. Es ist wundervoll, wenn deine Schatten ans Licht kommen und du ihnen mit Akzeptanz und Humor begegnen kannst. Plötzlich ist dein Schatten kein Schatten mehr und offenbart dir große Geschenke. Du fühlst dich voller Kraft, lebendig und ganz. Du musst nichts mehr verstecken, nichts mehr verteidigen. Du bist voller Energie, wenn du sie nicht mehr damit verschwendest, das Ungeliebte zu unterdrücken oder zu bekämpfen. Stell wirklich einmal deine Bewertungen, deine Urteile über dich und andere in Frage.

Der beschränkte Geist versucht alles zu kontrollieren und zu beurteilen. Er kann nun einmal die Unendlichkeit, das ONE, nicht erfassen. Außerdem trägt alles etwas Gutes und etwas Schlechtes in sich, je nachdem, wie du es betrachtest. Wenn du schon urteilst, betrachte beide Seiten. Letztendlich ist aber alles nur, wie es ist, weder positiv noch negativ. Der Rest ist deine Projektion. Nur deine Bewertung macht den Schatten zum Schatten. Denn die Vollkommenheit der Schöpfung offenbart sich in allem, auch in deinem Schatten. Umarme ihn, er hindert dich nicht, er trennt dich nicht vom ONE. Du bist ONE, immer.

Fragende: *„Ich schimpfe oft mit meiner Tochter und werde viel zu schnell wütend. Meine Wut steht mir oft im Wege. Ich habe schon alles versucht, mich so bemüht. Ich hasse mich manchmal, weil ich so unbeherrscht bin. Ich habe das Gefühl, dass es mich hindert, die Einheit zu fühlen, dass ich zu gefangen bin und meine Wut überwinden muss."*

Barbara: Heute Morgen erzählte mir witzigerweise eine Frau von ihrem Problem, nie wütend zu werden. Ihre Therapeutin sagt, sie müsse unbedingt lernen, wütend zu werden. Diese Frau hatte die Vorstellung, bevor sie nicht nein sagen lerne und endlich Wut verspüre, sei sie nicht richtig und könne nie des ONE gewahr werden. Gemäß deiner Vorstellung, die durch deinen Erfahrungshintergrund eher buddhistisch geprägt ist, trennt dich deine Wut vom ONE. Während die andere Frau glaubt, erst dann ONE zu sein, wenn sie wütend werden und nein sagen kann. Vor einiger Zeit sagte zu mir ein Mann: „Ich glaube, ich werde nie ankommen, ich bin viel zu kopflastig und gefühlsarm." Ich antwortete ihm: „Und ich dachte früher immer, ich sei dazu viel zu emotional." Meine Emotionalität konnte mich nicht aufhalten, des ONE bewusst zu werden, warum sollte es dann seine Kopflastigkeit oder deine Wut?"

Fragende: *Das ist ja wirklich absurd, was wir uns da ausdenken.*

Barbara: All das sind nur Glaubenssysteme. Hinzukommt, dass Menschen einfach unterschiedliche Charaktere und Temperamente mitbringen. Du musst keinem Bild entsprechen. Das ONE kennt keine Bedingungen. Ob du wütend wirst oder nicht, entscheidet über nichts. Natürlich kannst du untersuchen, warum du wütend wirst, und schauen, was hinter deiner Wut liegt. Wut überlagert meist ein anderes Gefühl, wie Hilflosigkeit, Angst, Ohnmacht, das du nicht fühlen willst. Du kannst damit experimentieren, mal nicht sofort zu reagieren, und schauen, was du an deiner Tochter ausagierst. Natürlich fällt es dieser Frau schwer, nein zu sagen und dir, gelassen zu bleiben und deine Überforderung nicht an deiner Tochter auszulassen. Das sind menschliche Schwächen, die du akzeptieren und an denen du arbeiten kannst. Die haben wir nun einmal. Auf dieser Ebene sind wir alle nicht perfekt und können lernen. Das will ich auch nicht schöner reden, als es ist. Aber das ONE ist so unendlich, dass es all die Dinge, die du für hinderlich hältst, umfasst. Sie sind so unbedeutsam für das ONE, wie du es dir gar nicht vorstellen kannst. Nichts trennt dich,- auch nicht deine Wut, – wirklich nichts. Du glaubst nur, dass es Bedingungen gibt und bestimmte Aspekte so viel Gewicht haben, dass sie dich vom ONE abtrennen könnten. Deine Vorstellung, nicht wütend werden zu dürfen, ist genauso wie meine Vorstellung früher, zu emotional zu sein, nur ein Glaubenssatz ohne Substanz und Gehalt. Das betrifft nur die Oberfläche. Einer der bekanntesten Heiligen Indiens muss ab und zu wütend geworden sein, ein anderer, der verheiratet war, hat seine Frau nicht immer sehr liebevoll behandelt. Trotzdem lebten sie im Bewusstsein des ONE. Es beinhaltet unsere Menschlichkeit. Sie ist kein Hindernis. Das einzige Hindernis ist, dass du glaubst, dass es eins gibt und dich etwas trennt. Ich sehe jedenfalls keines.

Fragende: *Aber wenn mich nicht einmal meine Wut hindert, dann bleibt ja nichts.*

Barbara: Ja, genau.

Fragende: *Das macht mir Angst, wenn ich nichts mehr habe, was ich überwinden muss.*

Ja, aber was ist mit meiner Ungeduld?

Barbara: Nichts. Du suchst ja förmlich weiter nach etwas, was dich trennen und was du erst erreichen und überwinden musst.

Fragende: *Stimmt. Denn das zieht mir sonst den Boden weg. Irgendwie hat mir der Glaube, dass ich meine Wut und Ungeduld überwinden muss, Halt gegeben. Ist das nicht verrückt. Ich habe meine Wut und Ungeduld immer gehasst. Und jetzt, wenn sie plötzlich so bedeutungslos sein sollen und mich nicht mehr hindern können, frei zu sein, habe ich Angst. Ich will nicht ankommen. Das ist mir plötzlich zu nah. Wenn mich nichts hindert, dann könnte ich ja jetzt schon frei und glücklich sein. Ich glaube es nicht. Das kann doch nicht sein. Ich habe wirklich Angst davor, vollständig glücklich zu sein, ohne Last und Sorgen. ONE zu sein erschien mir immer so weit weg. Wenn ich das jetzt zulassen würde, wäre es so. Das gibt es nicht. Ich fühle mich wie an einer Schwelle, die ich übertreten muss.*

Barbara: Prima, schließ mal die Augen. Lass jetzt zu, dass dich nichts hindert, nichts vom Glück, von der Freiheit trennt. Du spürst den Boden, deine Füße, deinen Körper.

Lass mal zu, dass da nichts mehr ist.

Fragende: *Nein, das macht mir Angst. Ich weiß nicht, was dann passiert.*

Barbara: Brauchst du auch nicht zu wissen. Denke nicht darüber nach. Spür mal nur, wie du da bist, deinen Körper, die Füße, den Boden, und schau, was von selbst ist. Du musst nichts tun, nichts erreichen und auch keine Schwelle übertreten, nichts. Es ist jetzt gut, wie es ist. Du brauchst nichts Besonderes zu tun.

Fragende: *Das erleichtert mich. Das lässt mich ruhig werden. Ich fühle mich wach und unbelastet. Es ist gar nicht so schlimm, wie ich befürchtet habe. Im Gegenteil, es ist schön, so ruhig, und ich fühle mich präsent und irgendwie gut geerdet. Ich will gar nicht mehr sprechen, einfach still sein und das spüren. Danke, Barbara.*

DIE PRAXIS

Den Schatten betrachten

Welche Aspekte, was versteckst du von dir?

Was kannst du an dir nicht akzeptieren?

Was glaubst du, wie du sein solltest und nicht bist?

Was ist dir peinlich? Wofür schämst du dich?

Welche Geheimnisse traust du dich nicht auszusprechen?

Welche Gefühle lehnst du ab und vermeidest du? Geh jedes einzelne Gefühl durch: Ärger, Eifersucht, Ablehnung, Neid, Perfektion, Verantwortung, Gier, Macht, Rechthaberei, Peinlichkeit/Scham.

Was verabscheust du an anderen Menschen? Welche Gedanken, welche Handlungen, welche Bedürfnisse und Neigungen?

Was kannst du an dir und an anderen nicht lieben?

Welche Gefühle und Bedürfnisse traust du dir nicht einzugestehen?

Was würde passieren, wenn du sie lebst? Wovor hast du Angst, was hindert dich?

Übung mit Partner:

Ihr sitzt euch gegenüber: Dein Partner stellt dir obengenannte Fragen. Er hört dir wohlwollend zu, ohne therapeutisch einzugreifen, geschweige denn, Ratschläge zu geben oder deine Antworten zu bewerten.

Wenn du länger schweigst, kann dein Partner die Frage unterstützend wiederholen. Er kann auch nachfragen, und wenn du abdriftest oder ausweichst, dich beim Thema halten und nach deinen Gefühlen fragen.

Beschreibe deinen Schatten so konkret und präzise wie möglich, z.B.
„Ich habe Angst, meine Traurigkeit zu zeigen."
„Ich traue mich nicht, nein zu sagen."
„Ich will immer geliebt werden und tue alles dafür."

Alle Gefühle, Gedanken und Bilder dazu aussprechen.

Danach Rollen wechseln.

Allein schon, indem du einem anderen Menschen von deinem Schatten und deinen Peinlichkeiten erzählst und zu deinen ungeliebten Aspekten stehst, sie nicht mehr verbirgst, kann Befreiung geschehen. Du kannst die Fragen aber auch allein für dich beantworten. Das ist jedoch weniger effektiv, als wenn du den Mut hast, das auszusprechen und dazu zu stehen.

Den Schatten , das Ungeliebte annehmen

Schreibe zunächst in einfachen kurzen Sätzen, ohne große Geschichten und Erklärungen auf, was du an dir nicht magst und am liebsten ausmerzen oder überwinden möchtest, wie:

Ich bin manchmal neidisch.
Ich bin manchmal wütend.
Ich rede zu viel.
Ich finde mich zu dick.
Ich hasse meine fetten Oberschenkel.
Ich bin manchmal unsicher und schüchtern.
Ich hasse meine Feigheit.

Partnerübung:

Ihr sitzt euch gegenüber und schaut euch in die Augen. Du arbeitest immer nur mit einem Satz pro Übung. Du beginnst mit dem Satz, der für dich emotional die stärkste Ladung hat. Du wählst zum Beispiel den Satz: „Ich bin manchmal wütend" oder „Ich mag meine Wut nicht".

Du sprichst diesen Satz laut aus, während du deinen Partner anschaust.

Dein Partner antwortet aus dem Bewusstsein des ONE, einer Liebe, die alles umfasst: „Ich liebe dich." Es bedeutet nicht, dass ihr Liebespartner sein und gleich heiraten müsst. Es ist unpersönlich – aus dem Bewusstsein allumfassender Liebe. Deswegen brauchst du deinen Übungspartner nicht einmal gut zu kennen.

1. Teil

Diesen Übungsablauf „Ich bin manchmal wütend" oder „Ich mag meine Wut nicht" und die Antwort deines Partners „Ich liebe dich" wiederholt ihr circa 30-mal. Keine weiteren Worte. Beschränkt euch nur auf diese zwei Sätze.

Nach jedem Satz schweigt ihr kurz, um die Sätze zu fühlen und wirken zu lassen. Diese Übung hat kein Ziel. Du schaust einfach nur, was passiert, wenn du den Aspekt, mit dem du kämpfst, den du nicht magst, an die Oberfläche kommen lässt, in dem du ihn aussprichst und dein Partner dich an das ONE erinnert, in dem alles willkommen und geliebt ist.

Zum Abschluss: Schließt beide einen Moment die Augen, lasst die Übung noch wirken, seid einen Moment in der Stille.

2. Teil

Jetzt übernimmt dein Partner deinen Satz und spricht ihn stellvertretend für dich aus. Dein Partner sagt also deinen Glaubenssatz: „Ich bin manchmal wütend" oder „Ich mag meine Wut nicht."

Und du sagst jetzt aus dem Bewusstsein allumfassender, unpersönlicher Liebe zu ihm: „Ich liebe dich“.

Das ermöglicht dir, deinen Glaubenssatz von jemand anderem, also von außen zu hören und ihn aus dem Bewusstsein des ONE, allumfassender Liebe, zu betrachten.

Nach diesem Prinzip könnt ihr auch mit deinen anderen Aspekten, die du ablehnst und glaubst überwinden zu müssen, arbeiten.

Schließlich könnt ihr ganz wechseln und mit den ungeliebten Aspekten deines Partners arbeiten.

Wenn du niemanden hast, mit dem du diese Übung machen kannst, kannst du auch innerlich ein Gegenüber visualisieren, das sagt: „Ich liebe dich“, und dann die Rollen wechseln, wie oben. Als Visualisierungsübung ist sie aber in der Regel weniger effektiv als die aktive Übung partnerweise.

FREI VON VERGANGENHEIT UND ZUKUNFT

Wenn du dir des ONE bewusst bist, lebst du im gegenwärtigen Moment. Zukünftige und vergangene Ereignisse verlieren in der Präsenz des gegenwärtigen Augenblicks ihre Bedeutung. Vergangene Ereignisse belasten dich nicht und du erhoffst dir von der Zukunft nicht mehr das Glück, das dir jetzt zu fehlen scheint. Du suchst nichts mehr, bist erfüllt und liebst das Leben. Im dualen Bewusstsein verhaftet, scheint die Gegenwart nie gut genug zu sein. Immer scheint etwas zu fehlen, nach dem du noch streben, das du noch haben musst. Dein Glück liegt aber darin, dass du den gegenwärtigen Moment ganz und vollständig erfährst, dein Leben jetzt liebst und dir nicht von der Zukunft etwas Besseres erhoffst. Dein Leben ist jetzt und nicht morgen. Wenn du ständig mit der Vergangenheit oder der Zukunft beschäftigt bist, kannst du den gegenwärtigen Moment nicht ganz erfahren.

Es ist schade, wenn du tatenlos dein Glück an dir vorbeiziehen lässt, nur weil du darauf wartest, dass dein Leben sich irgendwann deinen Vorstellungen entsprechend gestaltet. Dein Glück findest du nicht erst dann, wenn alle deine Wünsche in Erfüllung gehen, sondern nur hier und jetzt. Denn selbst wenn das Leben deine Erwartungen erfüllen würde, wärest du nicht zufrieden. Denn dann hast du schon wieder ein neues Ziel, ein neues Objekt deiner Begierde vor Augen. So bist du immer auf der Suche, kommst nie in dir an, weil du immer auf etwas Besseres wartest. Was, wenn das nie eintritt, oder sobald es eintritt, seinen Reiz für dich verliert? So suchst du weiter, obwohl du jetzt schon glücklich sein könntest. Wenn du das Leiden wirklich satt hast, lass dich nicht blenden und durchschaue diese unerfüllte Suche.

Egal, ob deine Gedanken sich um die Vergangenheit drehen, du dir von der Zukunft Besseres ersehnst oder Unangenehmes befürchtest, unterm Strich bleibt, dass du deinem Leben keine Chance gibst, jetzt erfüllt zu sein. Und selbst wenn alles perfekt ist, bemerkst du es nicht einmal, weil du immer weiter eilst. Was, wenn du hier und jetzt ankommst? Wenn du dir ein erfülltes Leben wünschst, verschiebe das nicht auf morgen.

Deine Zeit ist begrenzt. Es ist nicht selbstverständlich, dass du morgen noch das Lachen deiner Kinder oder den Atem deines Partners hörst. Vielleicht vermisst du schon morgen das, was dich heute an ihnen aufregt. Denn nichts ist selbstverständlich. Allein schon, indem du deinen Blickwinkel änderst, erscheint dir manches in einem anderen Licht. Manchmal geht es aber nicht nur darum, deinen Blickwinkel zu verändern, sondern endlich zu handeln und Veränderungen vorzunehmen. Wenn du unzählige Gründe vorgibst, warum du das nicht kannst, glaube ich dir kein Wort. Schaue dir lieber deine Angst an und lass dich nicht aufhalten. Vielleicht hast du Angst, das Wagnis einzugehen, ins Ungewisse zu springen und die Kontrolle zu verlieren.

Es gibt nichts zu fürchten. Das ONE ist nichts Unbekanntes, nichts Neues für dich. Es erscheint dir nur gefährlich und furchterregend, weil dir das alte, dual gefangene Bewusstsein vertrauter zu sein scheint. Doch das neue Bewusstsein ist für dich nicht neu. Es ist das, was du bist, immer warst und sein wirst. Du kennst es.

Nur vom neuen Bewusstsein zu wissen, dich damit zu beschäftigen, reicht nicht, um den Quantensprung zu vollziehen. Es bedarf der inneren Bewusstwerdung. In Momenten, in denen du dich ganz und geborgen fühlst und unabhängig von allen äußeren Begebenheiten glücklich bist, erfährst du es ganz natürlich und selbstverständlich. Vielleicht braucht es, wenn du deine Angst noch nicht überwinden kannst, ein wenig Zeit. Das ONE wartet immer auf dich. Denn du bist es. Es wird dir, auch wenn es dir manchmal so erscheint, nicht vorenthalten. Du lässt es nur nicht zu, weil es dir zu gefährlich erscheint und du Angst hast, anzukommen.

Befürchtest du, wenn du vollständig frei bist und im ONE ruhst, in tausend Stücke zu zerfallen, zu leicht zu werden, die Liebe zu verlieren, allein und beziehungslos zu sein? Befürchtest du, dass es dir langweilig werden könnte, wenn du dich nicht mehr in Dramen und Leidensgeschichten verwickelst?

Allein schon, wenn du dir deiner Angst bewusst wirst und das vertraute Denken und Leiden loslässt, kehrt Frieden ein. Denn du glaubst nicht mehr, dass dir das ONE vorenthalten wird. Du spürst, dass alle Liebe, alles Glück, immer gegenwärtig sind, nur du dich selbst davon abtrennst. Du beschwerst dich nicht mehr darüber, zu wenig Liebe zu bekommen oder nicht vollständig glücklich zu sein, weil dir bewusst ist, dass du es selbst verhinderst. Du haderst nicht mehr und kommst da an, wo du bist.

Denn einzig deine Überzeugungen und dein Bewusstsein des Mangels halten dich gefangen und nicht ein unveränderbares Schicksal. Folgende Geschichte verdeutlicht diese innere Dynamik auf einfache Art und Weise:

Eines Tages sagte ein König zu seinem Minister: „Gehe beim Morgengrauen hinaus und bringe die erste Person, die du triffst, mit. Ich werde ihr ein Königreich schenken." Der Minister ging beim Morgengrauen hinaus und die erste Person, die er traf, war ein Bettler. Er nahm ihn mit in den Palast und setzte ihn auf einen Thron. Er wurde gebadet, er wurde gekleidet und ihm wurde ein königliches Mal gereicht. Aber bald fragte der Bettler: „Wo ist meine Bettelschale? Es ist Zeit für mich, betteln zu gehen." Während er auf dem Thron saß, hatte er noch die Idee einer Bettelschale.

Das gilt auch für dich: Alles Glück, alle Liebe, ein Königreich stehen dir offen. Du willst nur selbst die Bettelschale nicht ablegen. Jedenfalls gibt es keinen Mangel an Liebe oder an Glück. Sie sind zu jeder Zeit gegenwärtig und das für alle. Wenn du glücklich sein willst, glaube einfach nur nicht mehr daran, dass du in der Zukunft etwas findest, was dir jetzt fehlt. Spüre einfach nur, wie du jetzt da bist. Nimm wahr, wo du sitzt, stehst, liegst, spüre deinen Körper, deine Atmung. Nimm deine Umgebung in Ruhe wahr. Lass dich ganz auf den Moment ein.

Das heißt natürlich nicht, dass du keine Pläne schmieden oder über Vergangenes reden kannst. Du leidest nur, wenn du an der Vergangenheit oder Zukunft anhaftest.

Wenn du leidest, überprüfe, ob du gedanklich an der Vergangenheit oder Zukunft festhältst, und richte deine Aufmerksamkeit auf den gegenwärtigen Moment. Spüre, dass alles, was du suchst, jetzt ist.

Auch wenn du gerade traurig bist, bist du im ONE gehalten und geborgen. Das ONE schließt keine Erfahrung aus.

Bei manchen Menschen wird, im Jetzt leben zu wollen, zum Ziel und artet auch wieder in Stress aus. Wenn du es liebst, über Vergangenes oder über deine Pläne zu reden, und damit glücklich bist, warum nicht? Beleuchte nur die Aspekte, die dich leiden lassen. Alles andere ist überflüssig.

Mache dir auch nichts, über das ich hier schreibe, zum Ziel. Lies es einfach und lass es auf dich wirken.

Denn du hast kein Ziel. Du bist bereits ONE. Du musst es nicht erst werden. Genieße einfach dein Leben. Ich möchte dir keine neuen spirituellen Regeln mit auf den Weg geben. Wenn überhaupt, wollen dich meine Worte und Anregungen davon befreien. Du bist ONE. So oder so. Es gibt nichts, das du erreichen musst, damit es irgendwann einmal endlich „gut" wird. Es ist jetzt schon „gut". Auch wenn du es vielleicht nicht fühlen kannst, sage ich es dir einfach immer wieder. Aber wenn du momentan dein Leben schrecklich findest, will ich dir auch nichts anderes einreden. Dann erfährst du dieses Gefühl.

Ich kann dir jedenfalls keine Anhaltspunkte mit auf den Weg geben, an denen du dich festhalten kannst. Ich stehe selbst nackt und nichts wirklich wissend mitten im Leben. Ich verweise dich nur auf den Kern deines Seins. Alle Weisheit liegt dort. Du bist ONE,- was sollte ich an dich weitergeben? Die letztendliche Weisheit liegt in dem Fluss deines Lebens selbst. Dich ihm anzuvertrauen, kann kein anderer für dich tun.

Du musst dich nicht immer anstrengen, damit etwas geschehen kann. Manchmal geschieht durchs Zulassen mehr, als wenn du alles kontrollierst.

Manchmal gilt es auch, deinen spirituellen Hochmut hinter dir zu lassen und demütig zu werden. Scheinbar einfache Emotionen, über die du dich schon lange erhaben zu fühlen scheinst, können dich schneller in die Knie zwingen, als du glaubst.

Die einfachen, in deiner Bewertung „niedrigeren" Emotionen und Gedanken sind Teil deines Seins. Genauso ist dein Körper ein wichtiger Aspekt. Spirituell, geistig und intellektuell geprägte Menschen übersehen gerne die Bedeutung des Körpers. Dabei ist der Körper dein Tempel, in dem dein Geist ruhen und zu Hause sein kann. Deswegen gehe achtsam mit ihm um. Ruhst du in deinem Körper und bist du darin präsent oder meist in Gedanken und mit deiner Energie und Aufmerksamkeit außerhalb? Deine Gedanken, Vorstellungen und Erwartungen erzeugen dann eine Parallelwelt. Du nimmst den jetzigen Moment und deinen Körper nicht mehr wahr. Niemand ist mehr darin zu Hause.

Sport und Bewegung können behilflich sein, die Aufmerksamkeit mehr auf den Körper zu richten und die Energie deiner Gedanken- und Vorstellungswelt zu entziehen. Wenn du deine Aufmerksamkeit ganz auf den Körper richtest, auf den gegenwärtigen Moment, können sich belastende Gedanken und Probleme in Luft auflösen. Nimm jetzt deinen Körper wahr, sei mit deiner Aufmerksamkeit ganz gegenwärtig, ohne dich dabei anzustrengen. Wenn sich deine Gedanken ständig im Kreis drehen und es dir schwerfällt, ganz präsent zu sein, mache einen Punkt.

Die Dinge fügen sich auch, ohne dass du dir den Kopf zerbrechen musst. Sie kommen oftmals leicht und von selbst zu dir. Manchmal willst du aber die Ereignisse vorwegnehmen, weil du ungeduldig bist und es schlecht aushältst, dich dem Ungewissen zu stellen. Wenn deine Gedanken nicht zur Ruhe kommen und sie immer wieder um die Vergangenheit oder um die Zukunft kreisen, kannst du dich auch auf deine Füße konzentrieren oder deinen ganzen Körper innerlich durchwandern.

Wenn gar nichts hilft, gehe deinen Gedanken auf den Grund. Um was geht es? Arbeitest du vergangene Situationen durch? Fragst du dich, ob du alles richtig gemacht hast? Fühlst du dich für etwas schuldig? Oder gibst du jemand anderem Schuld? Trauerst du etwas nach? Bist du mit deinem Leben nicht zufrieden und erhoffst dir in Gedanken Besseres? Was sind die Grundthemen deiner Gedanken und Ängste? Wenn dich alte Erfahrungen gefangen halten, befreie dich und finde deinen Frieden. Bereust du etwas, gleiche es aus. Lass die Vergangenheit Vergangenheit sein. Alles hatte seinen Sinn. Aber selbst deine Gedanken, die die Vergangenheit betreffen, halten dich nicht auf. Das ONE ist größer als alles, auch als deine Gedanken. Sie haben nicht die Macht, dich zu trennen. Denn nichts, wirklich gar nichts, trennt dich. Wenn du deinen Gedanken nicht glaubst, sind sie Luft.

Im ONE zu ruhen, heißt nicht, dass du keine Gedanken mehr haben darfst und immer still und präsent sein musst. Du verspürst den Frieden, die Stille trotz deiner Gedanken. Wenn Vergangenheit und Zukunft in den Hintergrund treten, werden plötzlich Dinge, die früher von Bedeutung waren, bedeutungslos. Vieles vergisst du vielleicht schneller als früher und das nicht auf Grund des Computer- und Googlezeitalters oder einer typischen Altersvergesslichkeit.

Das Gehirn scheint sich mit der Präsenz im Jetzt zu verändern. Der Anhaltspunkt Vergangenheit und Zukunft kann sich auflösen, wenn deine Aufmerksamkeit so sehr im Moment verankert ist. Du bist glücklich, frei von sorgenvollen Gedanken und unnötigem Wissen. Dein Kopf ist leer. Das macht manchen Menschen Angst, besonders dann, wenn sie sich an etwas festhalten und alles kontrollieren wollen.

Im Bewusstsein des ONE wird dir bewusst, dass alles, was du zu wissen glaubst, nur aus Glaubenssätzen zusammengebastelt ist und keine absolute Wahrheit beinhaltet. Du wirst dir bewusst, dass du in Wahrheit nichts wirklich weißt. Du wirst wie ein leeres Gefäß, bewegst dich in dieser Welt der Formen, der Bezeichnungen, doch hast Abstand dazu.

Glaube nicht alles, was du denkst.

Vieles, was die Menschen vor hundert Jahren für wahr hielten, hat heute keine Bedeutung mehr. Genauso wird vieles, was wir heute für wahr halten, in

Zukunft keine Wahrheit, keinen Wert mehr haben. Ist das, was wir für wahr halten und was wir zu wissen glauben, wirklich wahr? Wissen ist relativ und vergänglich. In unserer Gesellschaft aber scheint Wissen eine bedeutende Rolle zu spielen. Es heißt nicht umsonst: Wissen ist Macht. In Wahrheit liegen aber im ONE, im Da-Sein selbst alle Macht, aller Frieden. Natürlich hat intellektuelles Wissen seine Berechtigung, selbst dann, wenn du dir der Relativität aller Dinge bewusst bist. Nur hältst du nichts mehr für die absolute Wahrheit, nichts, auch nicht das, was ich hier schreibe. Sie liegt in der Stille, in dem Frieden jenseits aller Worte, jenseits alles Geschriebenen, in dem Unfassbaren und Unerklärbaren.

Fragende: *Ich beschäftigte mich seit zwanzig Jahren mit Spiritualität in jeglicher Form. Ich habe den Körper dabei für unwichtig gehalten und mich nur auf meine geistige Entwicklung ausgerichtet. Als du mit uns die Übung machtest, die Aufmerksamkeit nur auf meinen Körper zu lenken und ganz präsent zu sein, war ich plötzlich so tief in mir versunken. Anfangs nahm ich die Übung gar nicht so ernst, sie erschien mir zu einfach und nicht spirituell genug. Doch welche Wirkung sie bei mir gerade hatte, verwundert mich. Ich habe mich so gespürt. Ich konnte den Boden fühlen und, wie alles miteinander verbunden ist. Gerade jetzt, als ich es nicht vermutete, machte ich diese Erfahrung, um die ich mich anderswo so sehr bemühte. Ich bin so überrascht, wie einfach nur durch die Präsenz im Körper, ganz da und nicht immer in Gedanken zu sein, ich einfach im ONE war. Ist ja interessant, wie viele Wege nach Rom führen. Meine Vorstellung von Spiritualität ändert sich gerade. Ich sehe sie nicht mehr so getrennt, so exklusiv. Kann es sein, dass das viel einfacher und natürlicher ist, als ich es immer vermutet habe?*

Barbara: Ja. Die letztendliche Wahrheit ist einfach und natürlich. Kompliziert wird das Leben nur durch unsere Vorstellungen und Interpretationen, durch unser Streben nach Kontrolle, danach, alles einordnen zu wollen. Es bedarf nichts, auch nicht besonderer Erleuchtungs- oder religiöser Erfahrungen. Wenn du ganz da bist, ist alles da. Ich habe von einem Mann gehört, der in einem amerikanischen Knast unter schwierigsten Bedingungen in das ONE-Bewusstsein erwachte. Ihn führten diese tiefgreifenden Erfahrungen zum Wesentlichen. Wie du gerade gesagt hast, können alle Wege nach Rom – zur Bewusstwerdung des ONE- führen, auch der durch den Knast. Manche Menschen machen in lebensbedrohlichen Situationen die Erfahrung tiefen Friedens, etwas „Größeres" übernimmt die Regie. Eine Frau, die ihren geliebten Mann und ihre zwei kleinen Kinder bei einem Bahnunglück verlor, erzählte mir, wie sie sich seit diesem schweren Verlust, trotz aller Trauer, getragen fühlt, über eine Klarheit und Bedingungslosigkeit von Liebe verfügt, die sie vorher nicht kannte, und sich seitdem an einen Strom angeschlossen fühlt, der zeit- und raumlos zu sein scheint. Alles ist möglich, das ONE ist unendlich, es schließt keine Erfahrung aus.

Fragende: *Für mich ist es schwer, im Jetzt zu leben. Ich habe das Buch von Tolle: „Jetzt, die Kraft der Gegenwart" gelesen, was mir gut gefallen hat und einleuchtend scheint. Er sagt in anderen Worten ungefähr das, was du auch vorhin gesagt hast.*

Ich schaffe das aber nicht, immer im gegenwärtigen Moment zu leben. Ich mache mir oft Sorgen und Gedanken. Ich kann das nicht abstellen, und es hilft mir dann auch meistens nicht, mich auf meinen Körper zu konzentrieren. Manchmal bin ich echt frustriert, dass es mir nicht besser gelingt. Wenn ich es mal geschafft habe, einfach nur im Moment zu leben, und die Gedanken keine Rolle mehr spielten, ging es mir so gut. Ich will das immer erleben.

Barbara: Dadurch, dass du dir zu deinem Ziel gemacht hast, immer im Jetzt zu leben, sitzt du bereits in der Falle. Damit kreierst du bereits eine Zeitlinie. Das ist dieselbe Falle, in die wir tappen, wie wenn wir glauben: Wenn ich mal mein Abi, den tollen Job, genug Geld und den richtigen Mann, den roten Ferrari habe, dann ist alles gut. Bei dir ist es die Vorstellung: Wenn ich immer im Jetzt lebe, dann ist endlich alles gut. Es ist bereits jetzt gut. Selbst wenn du in Gedanken bist, kann es das ONE, diesen Frieden nicht aufhalten.

An sich sind die Gedanken kein Problem, nur deine emotionale Anhaftungen, wenn du glaubst, dein Glück, dein Leben hänge von etwas Vergangenem oder Zukünftigen ab. Und selbst dann noch bist du ONE.

DIE PRAXIS

Beantworte folgende Fragen:

In welchen Situationen flüchtest du dich in die Vergangenheit oder in die Zukunft und bist nicht in der Gegenwart präsent?

Was willst du nicht fühlen, was vermeidest du?

Was, glaubst du, fehlt dir, was begehrst du?

Experimentiere damit, wenn du keine Bewegung vorwärts, in die Zukunft oder rückwärts, in die Vergangenheit zulässt.

Was ist, wenn du nicht flüchtest, nicht in die Vergangenheit oder Zukunft ausweichst?

Erfahre den Moment, ohne Widerstand, ohne etwas damit zu machen, was auch immer erscheinen mag.

Wenn du etwas begehrst, was jetzt nicht ist, halte inne. Alles ist jetzt schon, erfahre jetzt, wie du von dem ONE, von der Gegenwart erfüllt bist.

Übung: Zeitlinien – innere Reise

Du legst dich entspannt hin und schließt deine Augen.

Du siehst dein Leben vor dir, wie auf einer Zeitlinie.

Du stehst auf dieser Linie, vor dir die „Zukunftslinie“, erzeugt von deinen Erwartungen und Vorstellungen, die du projektierst, und hinter dir die „Vergangenheitslinie“, geprägt von alten Erinnerungen, Erfahrungen, gespeicherten Emotionen.

Reise auf dieser Linie zurück in die Vergangenheit. Du reist in Situationen und Erfahrungen, die dich heute noch bestimmen und in der Vergangenheit gefangen zu halten scheinen. Das können ungeklärte Situationen, Verstrickungen mit bestimmten Menschen, Abhängigkeiten und damit verbundene Glaubenssätze, Identifizierungen, Gefühle und Schwüre sein, Erfahrungen, mit denen du haderst, für die du dir oder anderen Vorwürfe machst und die dich zu hindern scheinen, glücklich und befreit zu leben.

Was siehst du vor deinem inneren Auge?

Welche Erfahrungen erscheinen, an denen du festhältst und von denen du glaubst, dass sie dich behindern?

Erzwinge nichts, lass da sein, was von selbst kommt.

Vielleicht erscheint etwas ganz anderes vor deinem inneren Auge, als du erwartest.

Du erlebst diese Situation und die Emotionen wieder und schaust, wessen es bedarf, um sie abzuschließen, um Heilung, Frieden geschehen zu lassen. Bedarf es eines Ausgleiches, bedarf es eines Austausches mit einem anderen oder einfach nur deiner Liebe und Akzeptanz?

Betrachte diese Situationen jetzt aus dem Bewusstsein der Vollkommenheit.
Was, wenn dieser Erfahrung Vollkommenheit zu Grunde liegt?

Es müssen nicht immer nur alte Prägungen, belastende oder unabgeschlossene Erfahrungen sein, die deine Aufmerksamkeit in der Vergangenheit halten und die verhindern, das Leben jetzt unbeschwert zu leben. Es können auch glückliche, glückselige Erfahrungen sein, wenn du an ihnen festhältst, weil du sie immer wieder erleben willst. Die Gegenwart ist dir dann nie gut genug. Du gibst ihr keine Chance und vergleichst sie immer mit dem alten Gefühl, dieser glücklichen Erfahrung.

Verabschiede dich auch von dieser glücklichen Erfahrung, an der du festhältst. Verabschiede alles, was bis zu diesem Zeitpunkt war und ist. Du bist ganz hier und jetzt.

Und dann nimmst du wahr, wie die Linie der Vergangenheit auf einen Punkt, dort, wo du stehst, zusammenschrumpft, sich auflöst und die Vergangenheit schließlich nicht mehr existent ist.

Jetzt siehst du wieder die Zukunftslinie vor dir, geprägt von deinen Erwartungen, Wünschen und Zielen.

Was lässt dich in der Zukunft verhaftet sein?
- Welche Erwartungen, Ziele, Ansprüche, Wünsche, Vorstellungen, wie du und dein Leben zu sein haben?
- Welche Befürchtungen und Ängste, die deine Zukunft betreffen?
- Was versprichst und erhoffst du dir von der Zukunft?
- Was hält dich in der Zukunft gefangen, dass du den jetzigen Moment nicht ganz lebst?

Verabschiede dich von allem. Und wenn es dir schwerfällt, schau, was dir dabei hilft.

Auch hier gilt: Erzwinge nichts. Registriere nur, was geschieht. Wenn du an etwas festhalten möchtest, willkommen, kein Problem. Du bist ONE immer – nichts trennt dich.

Und dann nimmst du wahr, wie auch die Linie der Zukunft auf einen Punkt, dort, wo du stehst, zusammenschrumpft. Die Zeitlinien deiner Vergangenheit und Zukunft lösen sich auf im Jetzt. Du bist jetzt vollkommen präsent, frei von Vergangenheit und Zukunft.

Nichts ist schlecht an deinen Gedanken, die sich auf die Vergangenheit oder die Zukunft richten. Nur wenn du dein Glück von vergangenen Erfahrungen behindern lässt und es dir von der Zukunft ersehnst, bist du jetzt nicht glücklich und leidest meist.

Zeitlinien – praktische Übung zu zweit oder zu dritt

Achtung!! Diese Übung hat nichts mit Familienaufstellungen oder anderer Aufstellungsarbeit zu tun. Ich habe sie aus der obigen von mir entwickelten inneren Zeitlinienreise weiterentwickelt. Bitte nur an die Anweisungen halten.

Du stellst dich hin.

Partner A steht dir, als Symbol für die Zukunft, mit großem Abstand wie auf einer Linie gegenüber.

Partner B, als Symbol für die Vergangenheit, steht in großem Abstand hinter dir, mit dem Blick zu dir gerichtet.

Du drehst dich um und schaust der Vergangenheit in die Augen. B sagt die Glaubenssätze, Anhaftungen aus der Vergangenheit, die dich immer wieder aus der Präsenz zu bringen scheinen, wie zum Beispiel: Ich habe Angst. Ich bin klein. Ich bin dumm. Ich versage immer. Ich kann niemandem mehr trauen. Wenn ich nicht … erlebt hätte, könnte ich … etc.

Du stehst da und hörst deine von Partner B immer wieder ausgesprochenen Vergangenheitsanhaftungen an. Du schweigst, lässt sie auf dich wirken und atmest.

Mit jedem Schritt, den du dich von der Vergangenheit innerlich löst, lässt du auf ein Zeichen B, deine Vergangenheit, einen Schritt vorwärts auf dich zugehen, bis er neben dir steht und sich die Vergangenheitslinie im Jetzt aufgelöst hat. Du bleibst stehen, nimmst dir Zeit, zu fühlen, wie es ist, wenn nichts mehr hinter dir ist, die Vergangenheit sich aufgelöst hat. Partner B kann dann gehen.

Dann drehst du dich um und schaust deine Zukunft, repräsentiert durch Partner A, an, der immer noch in einiger Entfernung vor dir steht.

Er spricht immer wieder deine Erwartungen, Ziele, Wünsche, Gedanken, Ängste aus, die auf die Zukunft gerichtet sind.

Mit jedem Schritt, den du dich von ihnen lösen kannst, lässt du auf ein Zeichen A einen Schritt vorwärts auf dich zugehen, bis er neben dir steht und sich die Zukunftslinie auflöst.

Du bleibst noch stehen, nimmst dir Zeit, zu fühlen, wie es ist, wenn nichts mehr vor dir ist, die Zukunft sich im Jetzt aufgelöst hat. Du nimmst wahr, wie weder Vergangenheit noch Zukunft mehr existent sind und du einfach nur frei von Vergangenheit und Zukunft präsent bist.

Partner A kann sich jetzt setzen. Lass dir Zeit, einfach nur dazustehen, deine Füße am Boden, deinen ganzen Körper zu spüren, ganz, mit voller Aufmerksamkeit da zu sein, erfüllt im Dasein selbst, vom gegenwärtigen Moment.

* * *

Beide Übungen, die die Zeitlinie betreffen, zeigen auf unterschiedlichen Ebenen ihre Wirkung. Es ist eine andere Erfahrung, ob sich die Zeitlinie als innere Reise im Jetzt auflöst, Vergangenheit und Zukunft nicht mehr existent sind oder ob du es durch die Aufstellungsübung nochmals praktisch und körperlich erfährst. Natürlich bleibt letztendlich nur dasselbe – alles und nichts, jetzt.

DIE LIEBE IM NEUEN BEWUSSTSEIN

Im ONE stellt sich, anders als im dualen, identifizierten Bewusstsein, die Frage nicht, ob du geliebt bist. Im ONE bist du immer geliebt und kannst nicht aus der Liebe herausfallen. Sie kennt kein Gegenteil und stellt keine Bedingung, wie du sein musst, um ihrer würdig zu sein. Sie kennt nicht einmal die Bedingung, dass du lieben und ihrer bewusst sein musst. Sie ist frei. Sie ist bedingungslos. Sie ist dein Sein.

Du bist es nicht gewohnt, bedingungslos zu lieben und geliebt zu werden. Es ist in Frage gestellt, ob du geliebt wirst und wen du liebst. In der Regel hast du von Kind an überwiegend die Liebe aus der dualen Betrachtungsweise erfahren. Du musstest Erwartungen erfüllen und Vorstellungen entsprechen. Vielleicht strengst du dich auch heute noch manchmal an, damit du dich anerkannt und geliebt fühlst.

Genauso wie sie von dir erwartest du von anderen, dass sie sich so verhalten, wie du es gerne hättest, damit du sie lieben kannst und dich geliebt fühlst. Diese Art von Liebe ist mit Schmerz verbunden. Die Liebe, die im getrennten Bewusstsein verwurzelt ist, scheint zu beginnen und zu enden. Du liebst jemanden für eine bestimmte Zeit, für ein bestimmtes Verhalten, ein bestimmtes Gefühl, das er dir gibt, und im nächsten Moment schon, wenn deine Vorstellungen nicht erfüllt werden, scheint die Liebe abhandenzukommen.

Dabei lebt tief in dir eine Liebe, die dich immer liebt, die dich und andere bedingungslos annimmt und willkommen heißt. Egal, wie oft du dich nicht geliebt und verletzt gefühlt hast, der Urgrund allen Seins liebt dich. Du bist Bestandteil dieser universellen Liebe. Leidest du im Namen der Liebe, ist deine Betrachtungsweise von Liebe dual und illusionär. Dann bewegst du dich an der Oberfläche, wo die Liebe an Bedingungen geknüpft ist. In der Tiefe der Liebe ist nichts, was du für bedeutsam hältst, wirklich relevant. Diese ganzen Erwartungen, Vorstellungen und Identifizierungen rund um die Liebe fühlen sich, obwohl sie gehaltlos sind, so echt an, dass Ablehnung und Liebesentzug dich existentiell bedrohen und bis ins Mark treffen können. In der dualen Sicht von Liebe gibst du jemand anderem die Macht darüber, ob du dich geachtet und geliebt fühlst. Das aber nur, weil du die Liebe nicht als unerschöpfliche und unendliche Quelle wahrnimmst, sondern als begrenztes Gut, an dem es mangelt. Dabei bist du selbst dann geliebt, wenn dich jemand nicht zu lieben scheint. Die Liebe hat nie angefangen und nie aufgehört, dich zu lieben. Du warst, bist und wirst immer geliebt. Diese Liebe fließt durch alle Zeit und ist unerschöpflich.

Wenn du die Liebe im Dasein selbst fühlst, wird es immer unwichtiger, ob andere dich lieben. Du bist einfach nur, – du bist der Unendlichkeit von Liebe gewahr, die kein Anfang, kein Ende und keine Bedingung kennt. Wenn du dich tief getroffen fühlst, übersiehst du die unendliche Quelle der Liebe in dir und suchst sie stattdessen beim anderen. Du musst dir jedenfalls die Liebe nicht verdienen. Sie ist frei, kommt von selbst geflogen. Wenn du der Liebe in dir gewahr bist, erfährst du nichts als Liebe. Deine Erwartungen rund um die Liebe führen zu Leiden und Missverständnissen. Denn wenn sie nicht erfüllt werden, du nicht genug Liebe und Anerkennung bekommst, fühlst du dich zurückgewiesen und machst anderen Vorwürfe. Sind sie wirklich schuldig, nur weil sie deine Erwartungen nicht erfüllen? Du hast ja auch keine Lust, dich so zu verhalten, wie sie es von dir erwarten, und möchtest akzeptiert sein, wie du bist. Lass deine Vorstellungen los, wie sie sein und sich verhalten müssen. Sie halten sich sowieso nicht daran. Anstatt von ihnen zu erwarten, dass sie sich so verhalten, wie du es forderst, stell lieber deine Erwartungen in Frage und mache dich nicht von ihrem Verhalten abhängig. Überprüfe einmal, welche Bedingungen du an deine Liebe knüpfst, was du von anderen erwartest und was du machst, um dich anerkannt und geliebt zu fühlen? Wessen Liebe und Anerkennung glaubst du zu brauchen und was erwartest du von dir selbst?

Unabhängig von all dem ruht eine Liebe in dir, die keine Bedingungen kennt. Die Liebe liebt dich immer, egal, was du tust, egal, was geschieht. Niemand kann innerhalb oder außerhalb der Liebe sein, genauso wenig im oder außerhalb des ONE. Sie sind ungeteilt. Werde der Liebe in dir gewahr, unabhängig davon, ob du auf der Suche nach dem richtigen Partner bist, dich in deiner Partnerschaft nach mehr Frieden sehnst oder dir in beruflichen oder freundschaftlichen Beziehungen mehr Achtung wünschst. Sobald du glaubst, die Liebe anderer zu brauchen, und Angst hast, dass sie dir verwehrt oder entzogen werden könnte, wird es schmerzhaft.

Vielleicht hast du aber auch dein Herz verschlossen und versuchst dich zu schützen, nachdem du oft verletzt worden bist, oder verfängst dich schnell in

Streitereien und Machtspielen. Vielleicht regiert hinter deiner vermeintlichen Unabhängigkeit und Stärke, unbemerkt die Angst, verletzt zu werden, nicht gut genug und nicht geliebt zu sein. Vielleicht schützt du dich, indem du dich besonders selbstbewusst und unabhängig zeigst. Vielleicht kritisierst du gerne andere, um dich in einem besseren Licht erscheinen zu lassen. Vielleicht belasten dich auch die ständigen Streitereien mit deinem Partner.

Wenn du dich der Liebe in dir, die unabhängig von allen Verletzungen, heil und ganz in dir ruht, öffnest, können deine Wunden heilen, Machtspiele und all deine Beziehungsprobleme enden. Was immer dein Problem mit der Liebe ist, ob du dich von deinem Partner unverstanden fühlst, ihr euch immer wieder in Diskussionen verstrickt, es gilt, die duale Betrachtung von Liebe zu verlassen und dir der Unendlichkeit von Liebe bewusst zu werden. Du brauchst weder das Verständnis eines anderen, noch ist es relevant, dass er deine Meinung teilt. Bist du der Liebe gewahr, handelst du klar, ohne zu kämpfen und beleidigt zu sein. Die meisten Probleme in Beziehungen haben ihre Wurzel in der Erwartung, dass andere dich glücklich machen oder sich auf eine bestimmte Art und Weise verhalten müssen. Aus dieser Erwartung heraus entstehen Forderungen, Schuldzuweisungen, Streitereien und der Versuch, dem anderen deine Meinung aufzudrängen. Wenn alle Gespräche nichts bewirken, hilft es nicht weiter, zu diskutieren und zu streiten. Im Gegenteil: Das führt nur zu weiteren Kränkungen. Manchmal lässt sich ein Problem nicht gemeinsam lösen. Löse es für dich und überprüfe, was du vom anderen willst. Was glaubst du von ihm zu brauchen? Wovon willst du ihn überzeugen? Willst du sein Verständnis, sein Mitgefühl, seine Liebe? Oder willst du einfach nur Recht haben und ihn davon überzeugen, dass er sich ändern muss? Er muss dich nicht verstehen, dir nicht Recht geben, dich mögen oder sich anders verhalten. Anstatt von ihm etwas zu fordern oder auf sein Verständnis zu hoffen, erinnere dich an die Vollständigkeit deines Seins. Du glaubst nur, etwas von ihm zu brauchen, was du in Wahrheit nicht brauchst. Nimm alle Energie zu dir zurück. Denn es ist einzig dein Problem, selbst wenn er auch eins mit dir hat. Kläre für dich, was dich verletzt, was du erwartest und wo deine Illusionen liegen.

Um aus deiner Verstrickung auszusteigen, braucht es nur dich. Sorge selbst für dich, anstatt etwas erkämpfen und erzwingen zu wollen. Wenn du darauf wartest, dass der andere dich achtet und sich so verhält, wie du es erwartest, machst du dich von seinem Verhalten abhängig. Egal, wie komplex dein Beziehungsproblem zu sein scheint, es liegt immer in deinen Erwartungen begründet und darin, dass du dir deiner Vollständigkeit und der des anderen nicht bewusst bist.

Selbst wenn du einen Menschen total ablehnst, ihn sogar zu hassen scheinst, liebst du ihn in der Tiefe deines Seins. Du glaubst nur, ihn nicht zu mögen, weil dir sein Verhalten Angst macht oder er dir Aspekte spiegelt, die du an dir nicht wahrhaben willst und er deinen Vorstellungen nicht entspricht. Wie unerbittlich du in dem Moment selbst bist, übersiehst du. Wenn du jemanden verurteilst, ist es dein Thema. Dein Urteil sagt weniger über den anderen aus als vielmehr über dich. In der Tiefe gibt es nur Liebe, unser gemeinsames Sein. Verlass die duale Sichtweise von Liebe und lass dich in den Urgrund der Liebe fallen. Nimm wahr, wie die Liebe wie eine unerschöpfliche Quelle sprudelt. Du sitzt da, du bist geliebt und die Luft um dich herum berührt deine Haut, liebkost dich. Niemand kann dir die Liebe nehmen, weil sie schon in aller Vollständigkeit im Kern deines Seins gegeben ist. Selbst wenn die ganze Welt dich ablehnen würde, kannst du dich im Dasein selbst geliebt fühlen. Wann immer du dich zutiefst verletzt und nicht akzeptiert fühlst, bist du dir deiner eigenen Vollständigkeit, der allumfassenden Liebe nicht bewusst. Selbst wenn dich jemand absichtlich verletzt, ist er im Kern unschuldig. Genau wie du ist er sich der Liebe nicht bewusst.

Solange du jemandem Schuld zuweist, darauf bestehst, dass er sich anders verhalten müsste, bist du nicht frei. Wenn du Recht haben und ihn bestrafen willst, hältst du damit nur deine Verletzung aufrecht. Lass es endlich gut sein. Willst du deine Zeit verschwenden und die alten Verletzungen immer noch künstlich am Leben halten? Indem du Schuld zuweist, gibst du nur deine Selbstverantwortung, deine natürliche Macht ab. Du befindest dich in einer Sackgasse und verhinderst damit, dich von dieser Verletzung zu befreien.

Wenn du jemanden schuldig befindest, könnte er dasselbe mit dir tun. Denn gefangen in Illusionen, Erwartungen und Unbewusstheit, willst du dich rächen, indem du ihm Schuld zuweist. Das führt nur zur Fortsetzung deines Leidens. Ist jemand schuldig, weil du dir der Allumfassenheit von Liebe nicht gewahr bist? Bist du schuldig? Niemand ist schuldig.

Im ONE existiert keine Schuld. Trotzdem brauchst du nicht mitzuspielen, wenn sich jemand dir gegenüber geringschätzig und schlecht verhält. Du brauchst das nicht mitzumachen. Anstatt ihm Schuld zuzuweisen, schaue dir lieber deine Resonanz, deine Wunde an und lass sie heilen. Du kannst oftmals lange darauf warten, dass er „seinen Fehler“ einsieht und dich um Verzeihung bittet. Die Realität ist nun einmal, dass Menschen nicht immer nett miteinander sind. Du hast wirklich schlechte Karten, wenn du darauf hoffst, dass deine Vorstellung von immer wohlwollenden und in Harmonie lebenden Menschen in Erfüllung geht. Akzeptiere lieber, was ist, und werde dir deiner eigenen Vollständigkeit bewusst. Denn nur bedingt durch dein eigenes Gefühl mangelnder Liebe glaubst du, dass andere dir Liebe und Anerkennung geben müssten.

Dazu sind sie aber nicht da. Du erwartest von ihnen, dass sie liebevoll sind. Dabei kannst du sie selbst nicht so annehmen, wie sie sind. Egal, welche alten Verletzungen du mit dir herumträgst, lass diese Erfahrung nicht darüber entscheiden, ob du dich ein Leben lang nicht genügend geliebt fühlst. Achte und akzeptiere dich selbst. Das ist wichtig und weniger, ob andere das auch tun.

Falls du dich schon als Kind von deinen Eltern nicht geliebt gefühlt hast, war das deine Erfahrung mit zwei Menschen. Natürlich waren für dich deine Eltern der Nabel der Welt. Doch jetzt bist du kein Kind mehr. Willst du deinem Vater, deiner Mutter die Macht darüber geben, dass du ein Leben lang nicht glücklich bist? Lass lieber die allumfassende Liebe in dir erstrahlen. Sie ist immer da. Du musst sie nicht suchen, um sie kämpfen und sie erzwingen. Wenn du den Mangel an Liebe in deinem Inneren nicht behebst und deine Erwartungen in Frage stellst, werden andere dich immer wieder enttäuschen. Du erwartest viel zu viel von ihnen.

Fühle lieber, wie du im Da-Sein selbst geborgen bist. Dann wird es weniger bedeutend, ob dich jemand ablehnt oder schlecht über dich spricht. Selbst wenn du ein unerwünschtes, ungeliebtes Kind warst, haben deine Eltern dich gewollt. Ihre Resonanz ließ sie dich empfangen. Eine tiefere Ebene wollte dich, sonst wärest du nicht da. Sie hatten nur nicht die Reife, die Bewusstheit, das zu erkennen und das Leben zu akzeptieren, wie es ist. Sie haben sich von der Vollkommenheit des Lebens, in diesem Fall deiner Geburt, abgetrennt. In der Tiefe lieben sie dich, selbst wenn sie dich abzulehnen scheinen. Sie sind sich der unendlichen Liebe nur nicht bewusst. Vielleicht teilen sie mit dir die Erfahrung, sich abgelehnt zu fühlen. Vielleicht waren und sind sie in ihren Geschichten genauso gefangen wie du. Manchmal fühlst du dich vielleicht von Menschen verletzt und zurückgewiesen, nur weil sie die Wahrheit ausgesprochen haben, die du nicht hören und sehen willst. Vielleicht waren sie nur ehrlich, wollten dich nicht verletzen und lieben dich sehr. Vielleicht beziehst du manchmal viel zu viel auf dich, überreagierst, weil jemand deinen wunden Punkt getroffen hat.

Oftmals sind gerade die Menschen, die es dir schwermachen, ein großes Geschenk. Oberflächlich betrachtet, scheinen sie dich zu hindern. Dabei können sie dir in deine wahre Größe verhelfen und dir aufzeigen, wo du Illusionen unterliegst. Wenn du an deinem Ärger über sie festhältst, verpasst du deine Chance. Dort, wo du ins tiefste Mark zu treffen bist, spüre, was dich so tief berührt und erschüttert. Dieser Mensch ist dein kostenloser Therapeut, vielleicht hilfreicher, weil er dir nichts durchgehen und sich nicht um den Finger wickeln lässt. Du kannst ihn nicht mit Argumenten einfangen, nicht manipulieren. Er hält den Finger in deine Wunde. Unbestechlichere Lehrer als die Menschen, die unbequem für dich sind, findest du selten. Es rechtfertigt natürlich ihr möglicherweise unmögliches Verhalten nicht. Aber anstatt ein anderes Verhalten von ihnen zu fordern, wachse in deine Größe. Löse dich aus deiner Resonanz.

Außerdem weißt du nie, warum ein Mensch so ist, wie er ist und welchen Weg er hinter sich hat. Durch den dualen Blickwinkel von Liebe betrachtet, nimmst du vieles viel zu persönlich. Die Liebe ist unpersönlicher, als sie dir erscheint. Sie ist in ihrem Ursprung universell, obwohl sie sich sehr persönlich ausdrücken kann. Denn Liebe umfasst dein ganzes Leben und beschränkt sich nicht nur auf Liebesbeziehungen oder andere Formen menschlicher Beziehungen. In Liebe zu sein beinhaltet mehr, als in einen einzelnen Menschen verliebt zu sein. In Liebe zu sein schließt nichts aus, keinen einzigen Moment deines Lebens. Sie betrifft deine Arbeit, deine Beziehung, jeden Atemzug. Die Liebe ist dein Ursprung, ist weniger objektbezogen als vielmehr in dir und überall. Wenn du dir bewusst bist, dass du aus dir selbst heraus geliebt bist, gestalten sich deine Beziehungen unbelasteter und freier. Du forderst und erwartest nicht mehr von anderen, dass sie dich glücklich machen, weil du es bereits aus dir selbst heraus bist. Ein Nein in der Liebe oder eine Kritik stellen die Liebe nicht in Frage. Bedingungslos zu lieben bedeutet nicht, dass du immer Ja und Amen sagen und alles hinnehmen musst. Die Worte Ja und Nein existieren nicht umsonst. Sie sagen nichts über die Liebe aus. Du kannst in Liebe sein und trotzdem Nein sagen. Das allumfassende Ja, die Bedingungslosigkeit der Liebe, beinhaltet Ja und Nein. Sie sagt Ja zum Ja und Ja zum Nein. Ihre Akzeptanz ist nicht dual, steht nicht im Gegensatz zum Nein. Sie sagt Ja zu allem, zu der Sanftheit, der Wut, zur Geduld wie zur Ungeduld. Du kannst dich mit einem Menschen verbunden fühlen und trotzdem Nein sagen. Das allumfassende Ja der Liebe lässt dich im Herzen für alle Menschen offen sein und ihre Art, zu sein, akzeptieren, selbst wenn sie dir weniger entsprechen und die Chemie nicht stimmt. Der bedingungslosen Liebe gewahr zu sein, heißt auch nicht, dich schlecht behandeln zu lassen, alles zu erdulden und nicht die Dinge beim Namen nennen zu dürfen. Das allumfassende Ja sagt Ja zu allen Gefühlen und nicht nur zu liebevoller Sanftmut. Manchmal kann es angemessen sein, auf den Tisch zu hauen. In der Liebe kann alles wundervoll nebeneinander existieren. Selbst das berührt die Liebe nicht. Die Liebe ohne Bedingungen spielt sich auf einer anderen Bewusstseinsebene ab. In ihr ist alles enthalten. Sie schließt nichts aus, während die dual verstandene Liebe gewohnt ist, zu polarisieren und zu spalten. Der Verstand kann die Liebe nicht greifen, nicht verstehen. Doch etwas Tieferes in dir versteht, ohne zu verstehen. Viele Missverständnisse in Bezug auf die bedingungslose Liebe sind im dualen, polarisierenden Denken begründet, das etwas als Liebe und anderes als Nichtliebe identifiziert und damit voneinander trennt. Dabei ist alles „Gott", alles die Liebe. Sie klammert nicht aus. Sie braucht auch das Nein, um Dingen Einhalt zu bieten. Der bedingungslosen Liebe bewusst, bist du auch nicht immer nur sanft und nett, kannst Nein sagen und dabei im Herzen offen sein. Der Urgrund der Liebe wird dadurch nicht berührt. Spirituell geprägte Menschen glauben oft, dass, nicht zu urteilen, heißt, nichts mehr kritisch sehen oder anmerken zu dürfen. Andere nicht zu verurteilen, heißt aber nicht, alles durch eine rosarote Brille zu sehen.

Aus dem dualen Bewusstsein betrachtet scheinen manche Menschen mehr geliebt zu werden als andere, scheint es Menschen zu geben, denen die Zuneigung nur so zufliegt, und andere, die sich vergeblich darum bemühen. Doch im ONE, im Kern unseres Seins, gibt es keinen Unterschied, ist niemand mehr oder weniger geliebt. Denn die eine ungeteilte Liebe kennt und macht keinen Unterschied. Wenn du dich ungeliebt fühlst, lässt du die Liebe selbst nicht zu. Der Ursprung, die Liebe, ist in uns allen gleich. Unsere Eltern zu lieben und zu achten, scheint längst überholt und nur etwas für konservative, bibeltreue Menschen zu sein. Natürlich ist es wichtig, nicht alles ungefiltert von ihnen zu übernehmen und dein Leben so zu gestalten, wie es dir entspricht. Nur wenn du ihre Sicht- und Lebensweise in Frage stellst, heißt das nicht, sie damit automatisch abwerten zu müssen. Anstatt an ihnen rumzumäkeln und sie verändern zu wollen, lebe einfach selbst, was du für gut heißt, und lass sie in Ruhe. Denn selbst, wenn du glaubst, dass sie schlechte Beispiele für dich waren, haben sie dir gedient. Vielleicht waren sie dir ein Beispiel für das, was du nicht leben willst, und haben dir damit zur Klarheit verholfen. Wenn dein Vater dich geschlagen und getrunken hat, deine Mutter mit dir in Konkurrenz war und kein gutes Haar an dir gelassen hat, schau tiefer. Kennt deine Mutter es nicht anders, als von Kind an um die Liebe ihrer Eltern mit ihrer bevorzugten Schwester konkurrieren zu müssen? Hat sie Angst, älter zu werden? Bekommst du die Liebe und Aufmerksamkeit deines Vaters, die sie gerne hätte, aber nicht bekommt? Und dein Vater, war er, wenn er getrunken und dich geschlagen hat, unter Druck und kam mit seinem Leben nicht zurecht? Vielleicht hat er sich dir gegenüber hilflos gefühlt und nicht über die Stärke verfügt, die du mitbekommen hast. Letztendlich sind die Gründe dafür auch egal. Deine Eltern sind wie wir alle menschlich.

Habe Mitgefühl, auch wenn du dich klar abgrenzt und manches nicht gutheißt. Du bist aus ihnen hervorgegangen und bist ihnen, selbst wenn du dir in deiner Familie so fremd wie ein Kuckuckskind vorkommst, in vielem ähnlicher, als du glaubst. Wenn du sie nicht achten und lieben kannst und für ihre Menschlichkeit kein Verständnis hast, hast du es mit deinen Schwächen auch nicht. Habe Mitgefühl, dass wir alle manchmal in uns gefangen sind. Wenn du deinen Vater als schwach empfunden hast und seine Schwäche verurteilst, hast du Angst vor deiner eigenen Schwäche. Bist du wirklich größer und stärker als er? Und selbst wenn, was hast du davon? Du kannst keinen Menschen mit einem anderen vergleichen. Die Ausgangspunkte sind nicht dieselben. Vielleicht hat er von Kind an vielmehr Ballast mit sich herumgetragen, hatte ganz andere Voraussetzungen als du. Du kannst das alles nicht beurteilen, kannst dich vielmehr vor der vollkommenen Schöpfung verneigen, die deinen Vater, warum auch immer, so erschaffen hat, wie er ist. Wenn du mit ihm kämpfst, kämpfst du mit dir. Wenn du seine Menschlichkeit ablehnst, lehnst du deine ab. Auf einer anderen, tieferen Ebene verbindet euch Liebe, ungeachtet davon, ob du überhaupt noch mit ihm in Kontakt bist. Wenn deine Eltern in deinen Augen ein zerstörerisches Leben führen und sie dir nicht gut tun, brauchst du den Kontakt zu ihnen nicht zu suchen, oder du begegnest ihnen dort, wo du dich mit ihnen wohlfühlst. Aber egal wie, schließe Frieden mit ihnen in deinem Herzen. Achte sie. Lass all die Aspekte, die du an deinen Eltern, an deinem Chef oder deinen Kindern nicht magst, in dein Herz, bis nichts mehr ungeliebt und abgetrennt bleibt. – Du bist ONE – in der Liebe. Nimm die Menschen, die du ablehnst, in dein Herz auf. Anstatt sie wegzuschieben, lass sie von der Liebe, von der Kraft deines Herzens berührt und eins mit dir werden.

Des ONE, der Liebe, bewusst, gibst du ihnen trotzdem nicht die Macht, dich an deinem Glück zu hindern, und gestaltest dein Leben, wie es dir entspricht. Du lässt das, was dir nicht gut tut, nicht zu. Außerdem hast du dazu meist keine Resonanz mehr. Wenn du alles Ungeliebte in deinem Herzen aufnimmst, die Trennung von Liebe aufgibst, tauchst du ins ONE, in das Eine Herz, ein. Dann bekommst du allerdings noch lange keinen Heiligenschein. Selbst wenn du einmal wütend bist, wird die Liebe davon nicht berührt. Du bist dir bewusst, dass die Liebe unendlich ist, aber trotzdem manchmal eine sehr klare Sprache sprechen kann. Erinnere dich immer wieder daran, dass Liebe dein Sein ist. Ob du auf einen Partner hoffst, dir mehr Frieden in deiner Partnerschaft, mit deinen Eltern oder berufliche Anerkennung wünschst, lass es zu, selbst in Liebe zu sein. Sie liegt nicht außerhalb von dir, kann dir nicht geschenkt oder genommen werden, du kannst sie nur sein. Weise die Liebe nur nicht zurück. Lass sie dich in jeder Zelle deines Seins erfüllen.

Liebe kann sich allerdings auch so neutral anfühlen, dass du sie nicht mehr als solche wahrnimmst, weil du dich in einer stillen Akzeptanz bewegst. Jedenfalls ist sie nicht immer süßlich, sie kann sich in allen Facetten, überfließend, neutral, in Mitgefühl, sogar in Konfrontation ausdrücken. Sie spart nichts aus und nimmt nicht immer ein Blatt vor den Mund. Liebe kann alle Formen annehmen. Nur unsere Vorstellungen und Erwartungen begrenzen sie, während sie selbst unbegrenzt ist. Wenn du deine Vorstellungen und Erwartungen von Liebe gehen lässt, vernimmst du die Unendlichkeit der Liebe. Dann berührt sie dein ganzes Leben, es wird zum Fest der Liebe.

Fragender: *Ich liebe meine Frau, aber wir haben ständig Streit. Ich halte das manchmal nicht mehr aus und will endlich Ruhe haben. Ich habe schon einige Male überlegt, mich zu trennen. Wir haben zwei Kinder. Aber allein schon ihretwegen bin ich geblieben.*

Barbara: Wenn ihr keine Kinder hättet, würdest du dann gehen?

Fragender: *Wahrscheinlich auch nicht. Ich liebe meine Frau irgendwie doch. Wir können nicht ohne einander leben, sind aber auch miteinander nicht glücklich.*

Barbara: Was nervt dich an ihr so, dass du mit ihr streitest?

Fragender: *Sie macht mir ständig Vorwürfe. Alles, was ich tue, ist nicht richtig.*

Barbara: Kann sie ja machen. Nur wie du damit umgehst, ist die Frage.

Fragender: *Ich finde, dass sie das nicht so machen kann. Mich nervt das und ich lass mir das nicht bieten. Ich will diese ständige Streiterei nicht.*

Barbara: Prima. Aber wie reagierst du?

Fragender: *Ich sage ihr dann, dass ich das unmöglich finde, aber sie will ihren Fehler nicht einsehen. Sie ist sehr bestimmend und rechthaberisch.*

Ihre Negativität und Kritiksucht macht alles kaputt. Sie sollte mich akzeptieren, anstatt mich immer zu kritisieren. Und dann macht sie Meditationen zur bedingungslosen Liebe, so ein Quatsch. Da könnte sie besser gleich bei mir üben, mich anzunehmen, wie ich bin.

Barbara: Du kannst sie auch nicht akzeptieren, wie sie ist.

Fragender: *Doch schon. Ich kritisiere sie nicht, nur sie mich.*

Barbara: Was machst du denn die ganze Zeit anderes, als sie zu kritisieren?

Fragender: *Nein, ich kritisiere sie nicht, will nur, dass sie mit ihrer Kritik und den Streitereien aufhört.*

Barbara: Was ist das denn gerade anderes, als dass du ihre Kritik kritisierst.

Fragender: *Das war mir nicht bewusst.*

Barbara: Dass du es nicht magst, wenn deine Frau dich oft kritisiert, ist verständlich, aber anstatt mit ihr zu streiten und sie genauso zu kritisieren, kannst du dich auf ihr Verhalten nicht einlassen, kannst vielleicht manche Kritikpunkte auf ihren Wahrheitsgehalt überprüfen, sie zu verstehen versuchen oder nicht reagieren und ruhig bleiben. Du bist an diesen Streitereien beteiligt. Die Ursache ist nicht nur deine Frau. Du machst sie dafür allein verantwortlich und versuchst sie davon zu überzeugen, dass sie falsch liegt. Und dasselbe versucht sie mit dir. Ihr kommt beide an eure Grenzen und trefft eure wunden Punkte. Anstatt mit ihr zu kämpfen, sieh, wie es euch beiden ähnlich ergeht. Vielleicht wehrst du auch einen berechtigten Kritikpunkt immer ab. Manchmal versiegt die Kritik des anderen sofort, wenn wir sie annehmen, und es kann sogar Nähe entstehen. Auf Kritikpunkte, die vielleicht ungerechtfertigt sind und durch die deine Frau nur ihren Frust an dir auslässt, brauchst du nicht zu reagieren. Zentral ist aber, zu schauen, was sie bei dir trifft. Anstatt auf sie zu schauen, schau, wo deine Resonanz ist.

Wenn du Frieden willst, steig in die Streitereien nicht ein. Und schau, wo du dich abtrennst, von dir, von ihr, vom ONE. Wenn ihr streitet, kämpft meist deine Ich- Identifizierung mit ihrer.

Fragender: *Ja, es gibt einiges, mit dem sie Recht hat, was ich mir aber nicht eingestehen und nicht immer vor die Nase gehalten bekommen möchte. Ich habe immer befürchtet, wenn ich mir eingestehe und ihr sage, dass sie in manchen Punkten Recht hat, dass sie dann Oberhand gewinnt und erst recht den Finger in meine Wunden hält. Aber vielleicht ist es gar nicht so. Mir hilft gerade sehr, dass ich selbst Möglichkeiten habe, keinen Streit aufkommen zu lassen, und dass ich genauer hinschaue, wo ich ihn mitgestalte. Meine Frau sagt mir oft, an mir pralle alle Kritik ab. Ich merke gerade, dass ich auch eine bestimmte Härte ihr gegenüber entwickelt habe. Wenn sie sich entschuldigt, lasse ich sie manchmal zappeln, weil ich mich verletzt fühle.*

Barbara: Das ist menschlich von euch beiden. Kein Problem.

Fragender: *Es tut mir gerade leid, dass ich manchmal sehr hart mit ihr bin, auf meine stille, vielleicht weniger offensichtliche Art und Weise. Danke, Barbara. Ich habe einige Anhaltspunkte, anders mit der Situation umzugehen, aber besonders fühle ich gerade, dass der Kampf in mir mit ihr sich löst.*

* * *

Fragende: *Ich fühle mich sehr für meine Mutter verantwortlich. Sie ist immer alleine, hat keine Freunde und ihr einziger Lebensinhalt bin ich. Mein Vater ist vor 20 Jahren gestorben. Meine zwei Schwestern leben mit ihren Familien weit weg und sie machen sich über meine Mutter keine Gedanken. Ich habe schon als Kind auf sie geschaut, weil sie mir immer unglücklich und leidend vorkam. Ich habe mir immer gewünscht, dass sie mal glücklich ist. Ich habe selbst eine Familie, meinen Mann und meine zwei Kinder, den Haushalt und dann arbeite ich auch noch stundenweise. Ich kann mich nicht jeden Tag um meine Mutter kümmern. Körperlich ist sie total fit. Sie kann alles alleine machen. Sie macht mir zwar keine Vorwürfe, wenn ich mal nicht jeden Tag anrufe oder vorbeikomme, aber ich merke, dass sie darüber traurig ist. Ich habe ganz schnell ein schlechtes Gewissen, wenn ich mal nicht für sie da bin. Meinen Mann nervt das. Und ich kann ihn verstehen. Wir haben wegen seiner Arbeit und den Kindern sowieso nicht so viel Zeit füreinander. Er würde gerne mehr Zeit mit mir verbringen und ich auch mit ihm. Er meint, ich solle mich von meiner Mutter nicht so manipulieren lassen und dass sie für ihr Leben selbst verantwortlich ist. Grundsätzlich mag er sie, aber er meint, dass das zu weit geht. Sie ist doch meine Mutter und hat sonst niemanden. Mir fällt es schwer, sie zu enttäuschen. Ich kann sie doch nicht alleine lassen.*

Barbara: Deine Mutter ist eine erwachsene Frau. Wenn sie sich allein fühlt, ist es ihre Aufgabe, Kontakte zu knüpfen, aus dem Hause zu gehen und sich zu bewegen. Du versuchst scheinbar schon dein ganzes Leben lang, ihrem Leben Sinn zu geben und ihr Leid abzunehmen.

Fragende: *Ja, ich rede immer mit ihr, dass sie etwas unternehmen, alte Freundinnen anrufen oder therapeutische Unterstützung in Anspruch nehmen könnte. Ich versuche ihr zu helfen, Wege aufzuzeigen, aber sie reagiert auf nichts. Egal, was ich sage, sie nimmt nichts in Anspruch. Einerseits bittet sie mich immer um Hilfe, andererseits sage ich ihr immer dasselbe, bloß tut sie nichts. Meine Eltern hatten eine schwierige Ehe. Ich habe sie immer meinem Vater gegenüber verteidigt, weil sie mir so hilflos und schwach vorkam.*

Barbara: Ich habe nicht das Gefühl, dass sie so hilflos und schwach ist, wie du glaubst. Und selbst wenn, du siehst ja, dass dein Bemühen, sie glücklich zu machen und aus ihrem Leiden zu befreien, bis heute erfolglos ist. Du gibst so viel Energie in Form von Zeit, Aufmerksamkeit, die eigentlich verpufft.

Fragende: *Ja, das stimmt. Was sie alles aushält, das könnte ich nie. Sie ist auf ihre Art unglaublich zäh. Mein Mann sagt auch immer, deine Mutter steht alles durch, sie ist viel stärker, als du glaubst, auch wenn sie klagt. Das konnte ich nie* *nachvollziehen, weil ich immer nur sah, wie allein sie ist. Sie konnte mich schon immer schlecht loslassen.*

Barbara: Und du sie.

Fragende: *Nein, ich schon. Ich habe damit kein Problem. Sie klammert an mir, weil ich ihr Lebensinhalt bin.*

Barbara: Das mag so sein. Aber hier geht es um dich. Wenn sie an dir festhalten würde und du hättest keine Resonanz, wäre deine Situation nicht die, die sie ist. Nochmals: Wovor hast du Angst, wenn du sie und die Verantwortung, die du für sie empfindest, loslässt?

Fragende: *Ich habe Angst davor, dass sie dann ganz unglücklich ist, dass sie sich von mir im Stich gelassen fühlt. Ich habe Angst, dass sie krank wird, dass es ihr noch schlechter geht und ich verantwortlich bin. Ich will nicht, dass sie wegen mir leidet. Ich fühle gerade, wie belastend das für mich ist, dass mich das fast erdrückt.*

Barbara: Ja, es ist schwer, mit dem Gefühl zu leben, für das Glück und das Leben eines anderen Menschen verantwortlich zu sein. Deine Mutter ist eine erwachsene Frau, ihr Leben und ihr Glück liegen, wenn du es personengebunden siehst, in ihren Händen, letztendlich aber nur in dem ONE. Ich glaube, du hast auch Angst, dass du sie verlieren, dass du nicht mehr so wichtig sein könntest, wenn du dich nicht mehr für sie verantwortlich fühlst.

Fragende: *Ich liebe sie doch. Ich will sie nicht verlieren. Ich habe Angst, dass sie dann beleidigt ist und so enttäuscht, dass sie mich ablehnt. Meine Güte, ist das verrückt. Einerseits will ich nicht, dass ich so wichtig für sie bin, dass ihr ganzes Leben auf mich ausgerichtet ist, andererseits habe ich Angst, ohne sie und nicht mehr die tolle Tochter zu sein. Du hast Recht. Ich habe immer nur geglaubt, dass sie mich nicht loslassen kann. Sie gibt mir aber trotz allem eine Art emotionaler Sicherheit. Ich habe Angst, mich ohne ihre Liebe allein zu fühlen. Absurd, wo ich doch meine eigene Familie habe und nicht alleine bin. Wie schaffe ich es, sie loszulassen?*

Barbara: Es gilt, dir bewusstzuwerden, dass du, jeder, auch deine Ma vollständig ist und das „Heile Ganze“ in sich trägt. Wenn du dich daran erinnerst, musst du nicht mehr die Liebe bei ihr suchen und bist dir bewusst, dass sie nicht von deiner Liebe abhängig ist. Du bist frei und sie ist frei.

Fragende: *Das kann ich fühlen und gleichzeitig fühlt sich das nach totalem Risiko an, so frei zu sein, alles freizugeben, alles verlieren zu können.*

Barbara: Ja, das Leben ist lebendig, voller Risiken in jedem Moment. Dich nicht für das Leben deiner Mutter verantwortlich zu fühlen und zu schauen, wann du wirklich gerne mit ihr sein möchtest und wann nicht, heißt ja nicht unweigerlich, dass ihr keinen Kontakt mehr habt oder dass du sie nicht unterstützen kannst. Dich nicht mehr von ihrer Liebe abhängig zu machen, heißt auch nicht, dass du sie nicht weiterhin lieben kannst.

Es ist nur, dass du dich in dir selbst zu Hause fühlst, unabhängig von deiner Mutter, deinem Mann und deinen Kindern. Es geht gar nicht nur um deine Mutter. Sie ist nur ein Symbol dafür, dich erst durch einen andern Menschen geliebt und vollständig zu fühlen.

Fragende: *Ich habe das Alleinsein immer vermieden. Ich habe Angst davor, allein im Leben zu stehen, als wäre ich dann unglücklich und einsam. Ich merke auch bei meinem Mann, dass ich einiges mache, was ich nicht will, nur weil ich ihn nicht vor den Kopf stoßen will und damit er mich liebt. Dabei weiß ich, wovon du sprichst, ich hatte schon einmal Momente, wo ich mich im Leben und mir selbst irgendwie vollständig fühlte. Ich brauchte dazu weder meinen Mann noch meine Kinder. Ich fühlte mich voller Liebe für sie und dennoch irgendwie frei. Mir ist jetzt einiges mit meiner Mutter bewusst geworden und auch darüber hinaus. Was kann ich noch tun?*

Barbara: Das wirken lassen und den Rest wird das Leben zeigen. Lass uns dem Leben nicht vorgreifen. Tue einfach das, was sich im jeweiligen Moment dann passend anfühlt. Du kannst nichts falsch machen, vertraue dich dem ONE an.

Fragende: *Hört sich sehr gut an. Danke.*

DIE PRAXIS

Beantworte folgende Fragen:

Wessen Liebe und Anerkennung glaubst du zu brauchen?

Ohne wessen Liebe glaubst du nicht leben zu können?

Was tust du, um geliebt und anerkannt zu werden und deine Erwartungen und die anderer zu erfüllen?

Wann und wo weist du die Liebe selbst zurück, kannst du die Unendlichkeit der Liebe nicht annehmen und trennst dich ab?

Wo erwartest du Liebe und vergisst die Liebe, die einfach ist?

Was hält dich ab, in Liebe mit allem zu sein?

Was kannst du an dir und anderen Menschen nicht lieben? Was lehnst du bei dir und anderen ab?

Wunden heilen

Du legst dich entspannt hin und schließt deine Augen. Du reist durch die Zeit vom Mutterleib, zu deiner Geburt, durch verschiedene Stationen deines Lebens, Kindergarten, Schule, Ausbildung, Partnerschaft etc. in die Situationen, in denen du dich ungeliebt, nicht akzeptiert, nicht geachtet und von den Menschen, von Gott, vom Leben verlassen und verwundet gefühlt hast.

Sieh die Situation und die Menschen vor dir. Spüre all die Emotionen: die Angst, nicht genug geliebt zu sein, einen bestimmten Menschen zu verlieren, dich ungeliebt und nicht angenommen zu fühlen, verletzt, enttäuscht, schuldig und schlecht. Spüre die Traurigkeit, die Wut, die Enttäuschung, die Verletzung oder welches Gefühl auch immer erscheinen mag.

Du erlebst die Situation noch einmal. Erlebe deine Verwundung, diesen scheinbaren Mangel an Liebe.

Und jetzt erinnerst du dich an das Bewusstsein vollständiger Liebe, an die Liebe, die keinen Anfang, kein Ende und keine Bedingung kennt, die dich einfach immer liebt, die keinen Mangel an Liebe kennt. Nimm wahr, wie sie dich in jeder Zelle deines Seins erfüllt, in dir ist.

Lass zu, dass alle Liebe und Anerkennung, die du bei jemand anderem gesucht und nicht bekommen hast, jetzt in dir präsent ist. Erinnere dich an das heile Ganze, die Liebe, die immer ist. Lass sie dich erfüllen, lass sie deine Wunden heilen. Öffne dich jetzt der Unendlichkeit der Liebe, einer liebenden, allumfassenden Präsenz.

Verabschiede dich davon, Liebe von einem bestimmten Menschen, auf eine bestimmte Art zu wollen. Nimm die Unendlichkeit der Liebe mit der Luft, die du einatmest, auf, die Liebe, die in und hinter allem, selbst hinter lieblosem Verhalten ist.

Du durchwanderst jetzt nochmals diese Situationen, in denen du dich verwundet und ungeliebt gefühlt hast, doch diesmal im Bewusstsein der Liebe, das dich nicht verlässt. Es heilt diese Wunde. Darin löst sie sich auf. Erinnere dich an die Liebe als dein Dasein, die immer war, auch als du dich verletzt fühltest. Erinnere dich an die Unendlichkeit der Liebe, jetzt.

Übung: Liebe zulassen

Schließe deine Augen. Lass all die Liebe, die dir entgegengebracht wird und wurde, die Liebe, die immer ist, die du zurückgewiesen hast, in dein Herz. Lass die Unendlichkeit der Liebe zu. Weise sie nicht zurück. Nimm wahr, wie es kein Ende und keinen Mangel an Liebe gibt. Liebe wurde dir nie vorenthalten. Du hast sie selbst zurückgewiesen.

Meditation: Ins Herz lassen

Wen oder was lehnst du ab?
Welche Aspekte von dir?
Was kannst du an dir und anderen nicht annehmen?
Gegen welche Situationen und Gefühle sträubst du dich?

Sieh jetzt die Situation, den Menschen, den Aspekt von ihm, den du nicht lieben kannst, mit dem du haderst, vor deinem inneren Auge. Wenn es um dich selbst geht, sieh dich mit dem Aspekt von dir, den du nicht annehmen kannst, vor dir.

Experimentiere jetzt damit, diesen Aspekt, diese Situation, diesen Menschen loszuwerden, auszumerzen, mit allen Mitteln zu bekämpfen. Schau, was geschieht.

Und dann experimentiere damit, wenn du diesen Menschen, diese Situation, diesen Aspekt von dir selbst in dein Herz lässt. Lass die Kraft deines Herzens sie aufnehmen, absorbieren. Nimm alles, was du nicht haben willst, auf, in die Glückseligkeit deines Herzens. Lass alles in dein Herz, bis nichts mehr bleibt, du einfach nur noch in Liebe bist.

Erzwinge nichts. Wenn du Widerstände spürst, umarme deinen Widerstand, die Liebe umfasst auch ihn.

ENERGETISCHE KÖRPERÜBUNGEN:

Herzchakraöffnung im Stand

Füße hüftbreit stellen, Knie locker, nicht durchgedrückt, Augen sind geschlossen.

Die Fingerspitzen beider Hände zum Herzchakra führen.

Die Person vor deinem inneren Auge erscheinen lassen, durch die du dich zutiefst verletzt gefühlt hast, die du ablehnst, oder den Aspekt von dir sehen, den du nicht annehmen kannst.

(Dies ist auch als reine energetische Körperübung ohne Visualisierung möglich, um dein Herz einfach nur dem Leben selbst, dem Göttlichen, absichtslos zu öffnen.)

Ganz langsam, im Zeitlupentempo, öffnest du jetzt die Hände nach vorn, bis die Arme ganz ausgestreckt sind, und bewegst sie dann in einem Halbkreis nach außen, bis sie seitlich in der Waagerechten, also horizontal ausgestreckt sind.

Öffne die Hände nur so weit, wie sie sich wirklich öffnen wollen, – erzwinge nichts. Lass die Hände deinem inneren Gefühl entsprechend sich langsam, im Zeitlupentempo bewegen. Fühle dann, wie es ist, mit geöffneten Armen und geöffnetem Herzen da zu sein.

Verweile mit deiner Aufmerksamkeit im Herzbereich und atme in deinen Herzbereich, in diese Brustdehnung

Im Zeitlupentempo die Bewegung mehrfach wiederholen.

FOLGENDE ÜBUNG ANSCHLIESSEN:

Mit offenen Armen durchs Leben gehen

Mit den geöffneten Armen in der Waagerechten durch den Raum gehen, dabei den Raum, die Umgebung wahrnehmen. Falls andere Menschen mit im Raum sind, wahrnehmen, wie du dich fühlst, geöffnet, nackt, mit offenen Armen den Menschen, dem Leben zu begegnen. Umarme mit offenen Armen die ganze Welt, heiße dich in der Welt willkommen. Niemand ist da, um dich zu bedrohen. Alles ist Gott, alles Liebe.

Herzchakraöffnung im Liegen

Auf dem Rücken am Boden liegen, Arme seitlich in der Waagerechten knapp über dem Boden halten, Handflächen zeigen nach oben, ins Herz fühlen und tief in den Brustkorb atmen. Arme langsam nach oben in die Senkrechte führen und wieder zurück. Sei mit deiner ganzen Aufmerksamkeit im Herzbereich.

Übung: Verbindung von Kopf, Herz und Wurzelchakra
Manchen Menschen fällt es schwer, in ihrem Herzen präsent zu sein, weil sie mit ihrer Aufmerksamkeit in ihren Gedanken gefangen sind. Anderen fehlt die Erdung, die Verbindung zum Wurzelchakra. Diese Übung kann ein Fließen der Energien unterstützen.

Partnerübung:
Du liegst entspannt auf dem Rücken und öffnest dich.

Dein Partner legt seine Hand auf deine Stirn und die andere auf dein Herz.

Dein Partner stellt sich dabei vor, wie von deiner Stirn Energie durch seinen Arm, durch sein Herz und von dort aus durch seinen anderen Arm in dein Herz fließt.

Du kannst das auch visualisieren, aber besser noch einfach den Fluss, die Verbindung von Kopf und Herz fühlen. (circa 5 Minuten.)

Dann legt dein Partner seine Hände auf dein Herz und dein Wurzelchakra (Energiefluss oder Visualisation wie oben).

Übung: Ich bin, du bist geliebt

Musik: Ich bin, du bist geliebt,- Daniela Mayr

Durch den Raum gehen. Vor jemandem stehen bleiben, ihn anschauen. Hand aufs Herz, Aufmerksamkeit im Herzbereich, singen: Ich bin, wie ich bin, und so, wie ich bin, liebe ich mich und bin geliebt. Immer wieder gehen, stehen bleiben und wieder mit einer anderen Person die Übung machen.

Dann: Du bist, wie du bist, und so, wie du bist, liebe ich dich und bist du geliebt. Dabei wieder eine Person anschauen, singen und die Liebe fühlen.

Herzenergieaustausch

Partnerübung im Sitzen:
Im Schneidersitz sich gegenüber sitzen; Knie der Partner berühren sich. Beide legen die Hände auf ihr Herzchakra und spüren die Energie. Dann legen beide

Partner jeweils die linke Hand auf das Herzchakra des anderen und umfassen mit der rechten Hand seine linke Hand, die auf dem eigenen Herzen liegt.

Energie und Liebe durch die Arme ins Herz des Partners und wieder zurück, wie in einem Kreislauf fließen lassen. Den Energiefluss spüren. Zum Ende Hände wieder zum eigenen Herzen zurückführen.

Übung: Liebesabhängigkeiten lösen

Zu dritt:

Partner A steht vor dir und schaut dich an. Er symbolisiert den Menschen, von dem du Liebe und Anerkennung erwartest oder glaubst, ihm geben zu müssen.

Du sprichst den Satz aus, die Erwartung, das Gefühl, das dich an A bindet, wie zum Beispiel: „Ich brauche deine Liebe“ oder „Ich darf dich nicht im Stich lassen.“ Du spürst die Abhängigkeit von der Liebe dieses Menschen.

Diesen Satz circa 30-mal wiederholen. Partner A schweigt.

Jetzt stellt sich Partner B in einem größeren Abstand hinter dich und symbolisiert die Liebe, die einfach ist, die dein Sein ist. Er erscheint, um dich an die Liebe, die du bist, die in deinem Dasein selbst liegt, zu erinnern, die du in den Momenten, wenn du dich verstrickst und bei anderen nach Liebe suchst, vergisst.

Du nimmst jetzt B, die Liebe hinter dir, wahr. Du gehst Schritt für Schritt zurück. Mit jedem Schritt wirst du dir mehr der Liebe bewusst, die du einfach bist, so lange, bis du schließlich mit B verschmilzt. B umarmt dich von hinten.

Im Bewusstsein der Vollständigkeit deines Seins, der Liebe, schaust du wieder Partner A, den Menschen an, dessen Liebe du glaubtest zu brauchen.

Schau, was geschieht. Folge deinen weiteren Impulsen.

ÄNGSTE DURCHSCHREITEN

Ängste basieren auf Illusionen. Obwohl sie sich sehr real anfühlen und dich leiden lassen können, werden sie nur durch deine Vorstellungswelt erschaffen. Ein Gedanke erscheint und plötzlich hast du Angst davor, zu versagen, deinen Partner zu verlieren oder dich zu blamieren. Dabei ist keinerlei „Gefahr" gegeben. Du spürst Angst, obwohl du sicher und entspannt in deiner Hängematte liegst und dir die Sonne auf den Bauch scheint. Selbst wenn du gerade einem Hund begegnest und Angst hast, er könne beißen, beißt er dich gerade nicht. Es ist nur deine Vorstellung, dass er es tun könnte. Eigentlich ist alles in Ordnung. Wenn du Angst hast, bist du mehr in deiner Vorstellungswelt als in der Realität verankert. Du stülpst einer neuen, unbelasteten Situation deine alten Erfahrungen über und erhältst sie damit aufrecht. Wie oft schon hast du geglaubt, dass du etwas nicht überlebst, und lebst immer noch? Vielleicht glaubtest du damals, als dein Partner dich verlassen hat, dass du nie mehr glücklich sein würdest. Heute lebst du mit einem neuen Partner und hast den alten schon lange vergessen. Vieles, was dir einst als Katastrophe erschien, ist heute bedeutungslos. Rückblickend erkennst du oftmals in Situationen, die dir zunächst als Katastrophe erschienen, einen Sinn, manchmal sogar ein wahres Geschenk. Anstatt erst im Rückblick festzustellen, dass das Leben immer dein Bestes im Auge hat, gib ihm einen Vorschuss, sogar dann, wenn du das nicht fühlen kannst. Jeder Situation, egal, wie schrecklich sie dir erscheinen mag, liegt Vollkommenheit zu Grunde, und sei es nur, um dich etwas Bestimmtes lernen zu lassen. Aber selbst wenn all deine Befürchtungen eintreten, haben sie, wenn du sie in der Realität erlebst und dich nicht verrückt machst, nicht den Schrecken, den du in ihnen vermutest. Du erfährst sie und stirbst in der Regel nicht. Nur deine Vorstellungen gaukeln dir vor, dass du bestimmte Gefühle nicht überlebst. Gefühle lassen dich nicht sterben. Du erfährst sie und dann vergehen sie. Es passiert nichts. Natürlich gibt es Situationen, in denen dein Körper und sein Überleben einmal bedroht sein können. Nur ist das äußerst selten der Fall im Vergleich dazu, wie häufig du alltägliche, unbegründete Ängste für wahr hältst. Du nimmst die Ängste ernst und bist dessen nicht mehr gewahr, dass die Situation, vor der du Angst hast, in dem Moment gar nicht Realität ist, und du weißt nicht, ob sie überhaupt jemals eintritt. Die Wahrscheinlichkeit, dass sie eintritt, ist sehr gering. Selbst wenn sie eintreten würde, passiert nichts. Du durchlebst sie und dann ist es gut. In der Regel ist alles halb so schlimm, wie du befürchtest. Außerdem begleitet dich inmitten aller Herausforderung das ONE-Bewusstsein. Wenn du dich nicht verrückt machst, können gerade die größten Herausforderungen deines Lebens sehr zentrierend sein. Zu erfahren, was du fürchtest, hilft dir, zu spüren, dass das Wahre in dir nicht stirbt, dass das ONE größer ist als alle Angst und du inmitten deiner größten Angst sogar im ONE geborgen bist. Wenn du deine Ängste durchlebst und nicht ausweichst, zerplatzen sie in der Realität wie Seifenblasen. Menschen, die wirklich in Not sind, erfahren manchmal Momente größter Klarheit, weil sie keinen Spielraum mehr haben, sich verrückt zu machen. Du hast keine Zeit, um Angst zu haben. Du bist klar, handelst und bist nicht hilflos und kein Opfer. Wenn du dich in deine Angst hineinsteigerst, ist niemand in deinem Körper zu Hause, um besonnen und klar in der Situation zu handeln. Es ist wichtig, dich in der Gegenwart zu verankern und dich, egal welche Ängste du hast, an deine natürliche Macht, das ONE zu erinnern. Wenn du deinen Ängsten und Illusionen glaubst, übersiehst du die Fülle an Möglichkeiten und sogar die Geschenke, die selbst in den schwierigsten Situationen deines Lebens liegen. Gerade in den Situationen, die du am liebsten vermeiden würdest, liegt die Möglichkeit größter Erkenntnis.

Wovor hast du Angst? Was glaubst du nicht überleben zu können? Hast du Angst, nicht mehr geliebt zu sein, zu versagen, dein Gesicht zu verlieren? Hast du Angst vor einem Überfall, vor körperlicher Gewalt, vor Armut, davor, deine Ziele nicht zu erreichen, Erwartungen nicht zu erfüllen, oder hast du Angst, einen bestimmten Status, deinen Partner oder deine Kinder zu verlieren?

Wenn du Angst hast, ist es wichtig, dir bewusstzumachen, wo du bist, deinen Körper wahrzunehmen und ganz präsent zu sein. Gib deinen Gedanken und Vorstellungen keine Nahrung. Komm mit deiner Aufmerksamkeit völlig im gegenwärtigen Moment an. Nimm wahr, dass deine Gedanken nur Luftblasen sind, sie jeglicher Grundlage entbehren und du nicht weißt, was kommen wird. Vertraue dich lieber einem neuen Moment, einer neuen Erfahrung an. Ängste entstehen wirklich nur, wenn du nicht in der Realität und in deinem Körper verankert bist. Deine Gedanken produzieren eine potentielle Gefahr. Du malst dir alles Mögliche aus und machst aus einer Mücke einen Elefanten. Dabei ist da nicht mal eine Mücke. Wenn die Angst immer wieder nach dir greift und alle Anregungen, die ich dir hier gebe, trotzdem nichts helfen, erfahre die Angst und all die damit verbundenen Gefühle bedingungslos. Weiche nicht, flüchte nicht und stirb den inneren Tod. Gerade deine Angst zu durchleben, kann dir die Möglichkeit eröffnen, das zu erkennen, was nicht stirbt. Und selbst, wenn dein Körper sterben würde, geschieht nichts. Du bist im ONE, dem Unsterblichen, geborgen. Dir kann nie etwas wirklich passieren. Nur deinen Identifizierungen und Illusionen geht es an den Kragen, sie sterben, aber was du in Wahrheit bist, ist ewig. Eigentlich kann dir nichts Besseres passieren, als dass deine Fehlidentifzierungen und Illusionen sterben. Du wirst dir des ONE bewusst.

Deine Ängste scheinen große Macht und dich im Griff zu haben, wenn du ihnen glaubst. Dann beschränken sie dein Potential, machen dich manipulierbar und halten dich klein. Wenn du deinen Ängsten jedoch nicht glaubst, sie nicht nährst, haben sie keine Macht. Die Angst lebt davon, sich aufzuplustern, dich zu beeindrucken und zu erschrecken. Das muss sie, weil sie eigentlich keine Substanz hat. Und obwohl sie substanzlos ist, beherrscht sie unser persönliches und gesellschaftliches Leben. Witzigerweise werden wir dann als realistisch angesehen, wenn wir uns nach allen Seiten absichern und uns gegen alle möglichen Gefahren schützen. Ängste scheinen normal zu sein. Wir hinterfragen sie in der Regel nicht und verpacken sie bestmöglich, damit wir selbst und andere sie nicht erkennen. Es scheint, als wärest du unrealistisch, wenn du nicht überall Gefahr witterst, wo keine ist. Natürlich ist es Dummheit, immer allem und jedem zu vertrauen oder deinen Geldbeutel bewusst im offenen Auto liegen zu lassen. Es gilt nicht, das Schicksal herauszufordern. Dabei kannst du dir die Finger verbrennen. Deinem natürlichen Instinkt zu vertrauen, ist aber etwas anderes, als irrationalen Ängsten zu glauben. Absicherungen sind auf Sand gebaut. Jeder Moment deines Lebens ist ein Risiko. Schon mit einem Wimpernschlag kann alles, was dir wichtig ist, nicht mehr sein.

Natürlich kannst du jetzt viele Argumente nennen, warum deine Ängste keine Illusion sind und sich sehr real anfühlen. Trotzdem sind sie an sich aus Luft gemacht. Ich kenne Ängste sehr gut, weiß aus eigener Erfahrung, wie lähmend Angst sein kann, wie sie erdrücken, dir die Luft zum Atmen nehmen und wie das Leben zur Qual werden kann. Wenn du ihnen glaubst und Macht gibst, lassen sie dich traurig und unsicher werden, anderen misstrauen und hinter allem etwas befürchten. Vor allem verhindern sie, dich frei zu entfalten und dich der Schönheit des Lebens hinzugeben. Genauso ist sinnlos, dir einzureden, dass Ängste nur Illusionen sind, oder sie abzutun, wenn sie dich im Griff haben. Dann durchlebe sie und richte deine Aufmerksamkeit auf das Unzerstörbare, Ewige, das alle Erfahrungen überlebt und mit allem in Frieden ist. Ängste leben u.a. auch von maßlosen Übertreibungen, die wir in der Regel nicht in Frage stellen.

Als es vor fünfzehn Jahren um die Veröffentlichung meines ersten Manuskriptes ging, wurde mir die Illusion meiner Ängste mit Hilfe meines Mannes bewusst. Nachdem ich alle Verlage, die interessant waren, angeschrieben hatte und nur Absagen erhielt, sagte ich zu meinem Mann: „Ich weiß nicht mehr, was ich mit dem Manuskript machen soll. Scheinbar will es keiner." Er antwortete: „Warum schickst du es nicht noch einmal an die zwei Verlage, die dir wirklich am Herzen liegen." Ich sagte zu ihm: „Das mache ich nicht, bin doch nicht verrückt. Die wollen es nicht. Ich habe es ihnen doch schon geschickt. Die denken ja, ich sei blöd und hätte immer noch nicht kapiert, dass sie mein Manuskript nicht wollen." Mein Mann antwortete: „Was kann dir denn passieren? Wenn du das Manuskript zu den zwei Verlagen schickst, bei denen du es am liebsten veröffentlichen würdest, lesen es zwei Lektoren. Das kann bedeuten, dass sich vielleicht zwei Personen und das ist auch nicht einmal sicher, über dich lustig machen und schlecht über dich denken. Was sind zwei Personen, die dich vielleicht peinlich finden könnten, im Vergleich dazu, alle Chancen zu nutzen, um dein Buch zu veröffentlichen?" Als er sagte, dass zwei Menschen schlecht von mir denken könnten, löste sich meine Angst plötzlich in Luft auf. Ich war verblüfft. Nur zwei Menschen und doch nicht die ganze Welt. Alle Kraft kam zu mir zurück. Und plötzlich war es mir ganz egal, ob die ganze Welt schlecht über mich denkt. Ich spürte, dass es nur meine Bewertung, meine Ängste und Gedanken waren. Dabei stellte sich eine eigenartige Neutralität ein, die Bewertung meiner scheinbaren Person verschwand. Im Zuge dessen schaute ich mir damals all meine Ängste an. Ich überprüfte sie an der Realität, sie schrumpften zunächst auf eine realistische Größe, bis sie dann in ihrer Zeit schließlich zerplatzen. In den Begegnungen mit deinen Ängsten eröffnet sich eine ungeheure Freiheit, so zu sein, wie du bist, und das zu tun, was du für richtig hältst, ungeachtet davon, nicht geliebt, nicht richtig, peinlich oder was auch immer zu sein. Du lässt dich nicht mehr von deinen Vorstellungen, Illusionen und Identifizierungen bluffen und aufhalten.

Ein weiterer Trick der Angst ist, dich glauben zu machen, dass du für immer peinlich, für immer ein Versager, für immer arm, für immer erfolglos, geächtet, missachtet, ruiniert, von Gott verraten und verlassen bist und nie frei sein wirst. Die Angst arbeitet mit irrationalen Superlativen wie: für immer, überall und bei allen Menschen. Sie differenziert nicht und scheint sich bis ins Unendliche steigern zu können. Untersuche diese undefinierbaren Größen und Verallgemeinerungen wie alle, für immer, überall, dividiere sie auf ein realistisches Maß herunter.

Die Angst lässt dich auch vergessen, dass sich alles in jedem Moment wandeln kann, dass Erfahrungen und Gefühle kommen und gehen, dass du nicht nur dein Körper bist, sondern das, was nicht geboren wird und nicht stirbt. Wenn du aus deinem Film aussteigst und deine Geschichte nicht künstlich nährst, bist du frei, ein leeres unbeschriebenes Blatt. Die Karten werden neu gemischt. Sehr hilfreich im Umgang mit deinen Ängsten kann auch sein, dich mit deinen schlimmsten Befürchtungen innerlich zu konfrontieren. Was geschieht, wenn sie eintreten würden? Anstatt sie erfolglos loswerden zu wollen und nach dir greifen zu lassen, packe sie lieber am Schopfe, durchlebe sie und lerne ihre Lektion. Erfahre, wie das ist, wenn keiner mehr mit dir spricht und alle mit dem Finger auf dich zeigen. Lass die Erfahrung und die damit verbundenen Gefühle und Ängste zu. Konzentriere dich auf die Angst, durchlebe die Gefühle und spüre dann die Kraft, dass, was dich all das überleben lässt, dich durch all das trägt, das ONE. Wenn du zum Beispiel Angst hast, geächtet zu sein, spiele die verschiedenen Situationen durch, wie du in deinem direkten Umfeld gemieden wirst, in dem ganzen Dorf oder dem Stadtteil, in dem du lebst, und dann in der ganzen Stadt, dem ganzen Land, in der ganzen Welt. Wenn du deine schlimmsten Befürchtungen innerlich durchlebst und dich nicht verrückt machst, wird etwas in dir ruhig. Du bemerkst, dass, egal, was geschieht, etwas unantastbar und stärker ist als all deine Gedanken und Erfahrungen. Außerdem übersiehst du in deiner Angst auch, dass Situationen, Menschen sich wandeln, dass nichts bleibt, wie es ist, es immer weitergeht und nicht einmal der Tod das ONE aufhalten, geschweige denn zerstören kann.

In deiner Angst gefangen, glaubst du auch, dass bestimmte Ereignisse und Menschen dein Leben und dein Glück in der Hand haben. Niemand hat Macht über dich, es sei denn, du lässt es zu und gibst sie freiwillig ab. Nimm all deine Energie zu dir zurück und mache dich nicht zum Opfer. Das, was du glaubst, was andere über dich denken, denkst du über dich. Ein weiterer Trick der Angst ist auch, dich glauben zu lassen, dass sie nie endet. Dabei ist sie nur wie eine Welle, die sich auf- und auch wieder abbaut. Du gehst davon aus, dass sie sich bis ins Unendliche steigern und dich töten könnte. Meist müsstest du nur einen Moment ruhig weiteratmen und sie durchleben, bis sie dann von selbst abflacht und sich in Luft auflöst. Wenn du nicht aussteigst, sondern weiteratmest, bemerkst du, dass nichts passiert. Um wahrzunehmen, wie sich die Welle abbaut, das Gefühl sich auflöst, musst du einfach nur da bleiben. Steige einfach nicht aus, verweile. Wenn du vor deinen Gefühlen fliehst, hältst du sie aufrecht. Wenn du sie vorbehaltlos erfährst, können sie sich nicht halten. Gefühle kommen und gehen, selbst die, die du besonders gerne magst und am liebsten festhalten würdest. Genauso löst sich auch deine Angst auf, wenn du sie nicht künstlich festhältst oder leugnest. Erfahre deine Ängste und Gefühle unmittelbar, anstatt sie mit Essen, Alkohol, übertriebenem Sport oder Arbeit zu betäuben. Manchmal hemmt uns unsere Angst auch, das zu leben, was möglich wäre. Wir leben nur einen Bruchteil unseres Potentials, wenn wir Angst haben, zu versagen oder Erwartungen nicht zu erfüllen. Wir haben dann Angst vor dem Unbekannten und bewegen uns lieber in unseren altbekannten Strukturen, selbst wenn sie uns nicht gut tun. So beschränkt dich deine Angst. Wenn du in deine Größe erwachen und dein Potential leben willst, ist es wichtig, deinen Ängsten in die Augen zu schauen. Je mehr du durch deine Ängste hindurchgehst, spürst du, dass dir nichts geschieht. Du stellst dich dem Ungewissen, Nichtkontrollierbaren und lässt dich in das ONE fallen. Du kommst in Kontakt mit dem, was du wirklich bist. Die Ängste zu durchschreiten, sie anzuschauen, ist eine Möglichkeit, des ONE gewahr zu werden. "Feal the fear and do it anyway." „Fühle die Angst und tue es trotzdem." Lass dich von der Angst nicht aufhalten. Glaube ihr nicht. Sie ist nicht dein Feind und kann dich nicht zerstören. Wenn du mit ihr kämpfst, dich vor ihr fürchtest, hältst du sie für gewichtiger, als sie ist.

Sie lehrt dich, das Ewige, Unsterbliche zu erkennen. Wenn du all diese inneren Tode durchlebst, bemerkst du, dass der Körper, Gefühle und Gedanken vergänglich sind, der Kern deines Seins aber unsterblich ist. Deine Ängste sind wunderbare Lehrer.

Natürlich musst du nicht immer alle Ängste konfrontieren. Manchmal ist einfach nicht die Zeit dazu und du lebst gut mit deiner Angst. Es ist nicht das Ziel, angstfrei und unverletzbar zu sein. Es gibt kein Ziel. Nicht einmal die Angst trennt dich vom ONE. Du bist immer ONE, auch inmitten und hinter aller Angst. Manchmal ist es gut, dir deine Ängste anzuschauen, manchmal ist es unangebracht und unpassend. Wenn die Zeit reif ist, kannst du sie wie ein Forscher untersuchen, durchleben oder ihnen die Luft nehmen. Deine Ängste nähren sich von deinem Widerstand. Wenn du sie zu deinem Freund machst, sind sie wie ein kostbarer Diamant. Die Sufis sagen: „Stirb, bevor du stirbst."

Du stirbst inmitten des Lebens und wirst lebendiger denn je. Alles sterben zu lassen, dich dem Unbekannten, dem Nichts zu stellen, eröffnet dir das ONE–das Unsterbliche. Denn nur deine Vorstellungen von dir und dem Leben, Erwartungen und Illusionen können sterben, doch das Ewige ist und bleibt. Und obwohl dir in Wahrheit nichts passieren kann, hast du Angst davor, dich ins Ungewisse, ins Nichts fallen zu lassen. Es ist so angstbesetzt, dass du es tunlichst vermeidest und lieber auf der Flucht bist und dich beschäftigt hältst. Dabei sehnst du dich danach, anzukommen, sehnst dich danach, nicht immer nach etwas streben, etwas festhalten oder loswerden zu müssen, sondern nackt im Leben selbst geborgen zu sein. Wenn nichts mehr ist, kannst du das erkennen, was nicht stirbt und nicht geboren wird, was voller Frieden und ewig ist, und du bist in nichts und allem zu Hause.

Fragende: *Ich habe keine Frage, möchte nur von meiner Erfahrung mit deiner Angstübung erzählen. Die Angst, inmitten einer Menschenmenge unangenehm aufzufallen, dass alle mich verurteilen und sich über mich lustig machen könnten, beeinflusst mich schon lange. Ich hatte auch immer Angst, dass meine Familie mich verurteilen würde: „Nie kannst du dich benehmen, immer musst du auffallen."*

Als ich vorhin meiner Übungspartnerin, die meine Angst verkörperte, gegenüberstand, wurde ich plötzlich unruhig, bekam zittrige Knie und mir wurde wirklich schlecht.

Vor allem aber war ich wie gelähmt, konnte mich keinen Millimeter mehr vorwärtsbewegen. Die Angst erfasste mich ganz und schien übermächtig zu sein.

Leider machte meine mir gegenüberstehende Angst keine Anstalten, zu verschwinden und das Feld zu räumen. Es dauerte, bis ich Mut fasste und den ersten kleinen Schritt wagte. Immer, bevor ich mich den nächsten Schritt zu gehen traute, war ich wie angewurzelt. Doch je näher ich meiner Angst kam, desto leichter konnte ich weitergehen, – es war plötzlich alles halb so schlimm. Als ich dann direkt vor meiner Angst stand und ihr in die Augen schaute, dachte ich: „Aha, die macht dir ja gar nichts, sie tut nichts, ist einfach nur da." Ich konnte sogar an ihr vorbei-, durch sie hindurchgehen, betrachtete sie von allen Seiten und war über die Machtlosigkeit meiner Angst unglaublich erleichtert. Diese schier übermächtige Angst, die mich ohnmächtig und bewegungslos fühlen ließ, war selbst machtlos, ohne Macht über mich und lebte nur davon, wie viel Macht ich ihr gab und wie sehr ich mich beeindrucken ließ. Es war für mich genial zu sehen, wie mir normalerweise meine Angst allein schon in meinen Gedanken die Luft zum Atmen nahm, sich in der Realität aber so harmlos und unaufgeregt zeigte.

* * *

Fragende: *Ich habe bei der Angstübung, der Angst, meinen Mann zu verlieren, in die Augen geschaut. Das ist mit Abstand meine allergrößte Angst. Ich liebe ihn so. Ich habe Angst, wenn er sich in eine andere Frau verlieben oder sterben würde, nicht mehr glücklich sein zu können. Es war für mich sehr schwer, dieser Angst zu begegnen. Allein, als ich daran gedacht habe, musste ich schon weinen. Ich weiß schon seit längerer Zeit, dass es für mich wichtig ist, ihn trotz meiner Liebe mehr loszulassen. Ich kann ihn ja nicht anbinden. Ich merke auch im Alltag, dass ich mich selbst verliere, weil ich mich von ihm und seiner Liebe zu abhängig mache. Er liebt mich sehr, ist ein sehr liebevoller Mann. Wir haben uns gesucht und gefunden. Vielleicht gerade deswegen, weil es mit ihm so schön ist, ist meine Angst so groß. Eigentlich bräuchte ich keine Angst zu haben, aber sicher ist man nie. Diese Übung gerade war für mich super. Ich habe geweint und geweint. Es war schwer für mich, der Angst entgegenzugehen, so schwer, dass ich am liebsten weggelaufen wäre. Nachdem ich durch die Angst hindurchgegangen bin, bin ich stehen geblieben und habe mich, nachdem alles verloren war, allein vollständig gefühlt. Ich glaubte immer, dass ich das nur mit ihm so fühlen kann, aber es war ohne ihn da. Liebe war mir schon immer so wichtig, aber ich dachte, wenn ich niemandem meine Liebe schenken kann und ich allein bin, macht mein Leben keinen Sinn, bin ich nichts. Ich konnte die Liebe in mir spüren. Sie war einfach da und ich fühle mich wunderbar.*

Barbara: Ja, wir sind geprägt davon, dass wir nur durch andere vollständig sind, dass wir zum Glücklichsein etwas oder jemanden brauchen. Dabei liegt es im Dasein selbst.

Fragende: *Mir war das schon immer bewusst, trotzdem konnte ich das nicht fühlen. Ich hatte es im Kopf als Gedanken, aber noch nicht in meinem Herzen. Jetzt spüre ich das. Danke dir.*

* * *

Fragende: *Meine Angst vor einem Überfall werde ich nicht los. Ich lebe alleine in meinem großen Haus. Nachts wache ich bei jedem Geräusch auf und halte die Luft an.*

In der Nachbarschaft ist vor einiger Zeit eingebrochen worden. Manchmal bete ich vor lauter Angst und versuche mich zu entspannen. Das greift aber alles nicht. Ich habe trotzdem panische Angst. Was mir hilft, ist eine liebe Freundin, die ich, wenn ich es gar nicht mehr aushalte, nachts anrufen darf.

Barbara: Hast du diese Angst erst, seit in der Nachbarschaft eingebrochen wurde?

Fragende: *Nein. Die hatte ich schon vorher. Eigentlich begleitet mich die Angst vor Gewalt schon immer. Auch in meinen Träumen. Ich habe manchmal Alpträume, in denen nach meinem Leben getrachtet wird.*

Barbara: Fühlst du dich manchmal dem Leben gegenüber hilflos? Ist dir manchmal alles zu viel?

Fragende: *Ja, total. Die letzte Zeit ist mein Leben sehr anstrengend und es ist mir echt alles zu viel. Egal, wie sehr ich mich anstrenge und hoffe, dass es besser wird, kommt das nächste Problem. Ich finde das Leben eigentlich schon immer anstrengend und es gab schon Momente, in denen ich am liebsten nicht mehr da gewesen wäre.*

Barbara: Diese Ängste und Alpträume spiegeln Aspekte in dir selbst, die um Leben und Tod kämpfen. Du willst dein Leben, deine ganze Kraft nicht annehmen.

Fragende: *Ja, ich lasse mich schnell überfahren. Ich habe oft das Gefühl, ich kann mich nicht wehren. Ich fühle mich dann wie gelähmt und ohnmächtig. Ich lasse viel zu viel mit mir machen.*

Barbara: Schau dir die Illusion von Macht und Ohnmacht an. Du kannst dir einmal in Ruhe folgende Fragen stellen: Hat jemand anderer Macht über dich? Wo gibst du sie ab? Wer bist du? Bist du dein Körper, der getötet werden kann? Wo bekämpfst, beschneidest du deine natürlichen Impulse, deine Lebendigkeit und deine Vitalität?

Fragende: *Ja, ich bin oft total schlapp.*

Barbara: Wundert mich nicht. Ich mache gleich mit euch eine Übung, wo du innerlich in die Situation größter Angst reist und schauen kannst, was dann passiert! Das ist effektiver und hilfreicher, als wenn wir jetzt hier weiter sprechen.

Fragende nach der Übung: *Am Anfang habe ich mir mit der Übung schwergetan. Erst einmal konnte ich mich kaum konzentrieren und außerdem wollte ich mich nicht mit meiner Angst konfrontieren. Ich hatte schon Angst vor meiner Angst. Ich habe mich versucht zu beruhigen und mir gesagt: „Das ist ja nur eine Übung und nicht die Realität." Danach ging es besser. Als ich mich dann auf die Situation eingelassen habe, habe ich zunächst kaum mehr Luft bekommen, mein Hals war wie abgeschnürt, mein Magen nervös. Aber als ich durch die Angst hindurchging, fiel ich in einen Frieden, war dieser Frieden mit oder ohne Körper. Ich war weiter. Ich spürte, dass die Menschen mir nichts können und nichts wollen, nur selbst Angst haben, dass meine Seele immer bleibt, selbst wenn mein Körper getötet würde.*

Fragende: *Barbara, hast du keine Angst mehr. Verschwinden im ONE alle Ängste?*

Barbara: Ich hatte früher viele Ängste. Diese alltäglichen Ängste habe ich so schon lange nicht mehr. Trotzdem bin ich zum Beispiel nicht ganz entspannt, wenn ich beim Zahnarzt bin. Ich bin nach wie vor menschlich und nicht perfekt. Ich habe auch nicht die Erwartung, dass ich angstfrei sein muss. Selbst wenn Angst auftaucht, macht und sagt das nichts. Das ONE ist immer und wird davon nicht berührt.

Fragende: *Es hilft mir, dich zu sehen und was du sagst. Du bist wirklich so herrlich menschlich und gleichzeitig spüre ich bei dir, wie du in dir ruhst, etwas mit dir anders ist.*

Es hilft mir, mit meiner Menschlichkeit Frieden zu schließen. Durch dich spüre ich, wie nah und einfach es ist und irgendwie normal.

DIE PRAXIS

Beantworte folgende Fragen:

Was vermeidest du aus Angst, was lebst du nicht?

Welche Angst scheint dich gefangen zu halten? Die Angst, verletzt, nicht geliebt und abgelehnt zu werden, zu versagen, Kontrolle zu verlieren, vor dem Ungewissen, dem Nichts, vor Nähe, Sexualität, etwas Bestimmtes oder alles zu verlieren? Oder hast du vielleicht Angst vor bestimmten Tieren, vor Spinnen, davor, arm zu sein, vor vielen Menschen zu sprechen, dich zu blamieren, ausgeschlossen und verspottet zu sein?

Von welchen Ängsten lässt du dich in Beziehungen, im Kontakt mit anderen gefangen nehmen?

Welche Ängste scheinen dich zu hindern, frei das zu tun und zu sein, was du bist?

Mit der Erkenntnis des „Ewigen“ erscheinen und vergehen Gefühle, wir durchleben sie, aber sie können uns nicht mehr vorgaukeln, unser Sein hänge davon ab. Den Ängsten in die Augen zu sehen, ist ein wichtiger Schlüssel zur Freiheit. Du bist größer als jede Angst, als jeder Schmerz. Wenn du durch die Angst gehst, erkennst du, was nicht zerstört werden kann. Erfahre sie, durchlebe sie, weiche nicht.

Der Angst begegnen

1. Überprüfe die Realität. Was ist wirklich in diesem Moment? Angst existiert nur in deiner Vorstellung. Sie ist eine Luftblase, die du für ein schreckliches, reales Monster hältst.

2. Überprüfe in Verbindung mit deiner Angst Bewertungen, Vorstellungen und Verallgemeinerungen wie: für immer und ewig, nie wieder, alle Menschen.

Überprüfe Gefühle und Gedanken, Maßstäbe, die übertreiben und ins Unendliche reichen.
Wenn du das Gefühl hast, dass die ganze Welt dich nicht mag, überprüfe, ob es vielleicht doch nur eine Person ist oder ob es sich nicht vielmehr um dich dreht, du dich selbst nicht magst und du dich verurteilst.

3. Ängste und Gefühle töten nicht, durchlebe sie, wehre dich nicht.

4. Lass dich nicht bluffen, auch deine Ängste hindern dich nicht daran, im ONE zu ruhen.

5. Spüre deine Körper, bleibe mit der Aufmerksamkeit dort.

6. Spüre, dass dich hinter aller Angst, Stille, Frieden, das Ewige, Unzerstörbare trägt.

7. Feel the fear and do it anywhere (Fühle die Angst und tue es trotzdem).

8. Erfahre die Angst, stirb tausend Tode, bis nichts mehr bleibt.

Angst vor dem Nichts

Lass all das, was in deinem Leben bedeutsam ist, vor deinem inneren Auge erscheinen: die Menschen, die du liebst, Erfolg, Besitz, Wünsche und Träume und all die Probleme, die dich zu hindern scheinen.

Alles, was dir wichtig erscheint, lässt du in deiner Zeit hinter dir. Du entfernst dich Schritt für Schritt.

Du gehst so lange, bis du alles hinter dir gelassen hast, alles verschwindet, bis nichts mehr bleibt.

Es gibt nichts mehr, an dem du dich festhalten kannst. Lass dich jetzt ins Nichts fallen.

Wenn dir das schwerfällt, schau, woran du festhältst. Was zu verlieren hast du Angst? Schau dir die Angst vor der Leere, dem Nichts an.

HINWEIS:

In deiner Vorstellung mag das Nichts beängstigend sein. Im Nichts liegt aber kein Schrecken, im Nichts bist du geborgen. Wenn du leer bist, kann das Leben dich erfüllen. Wenn du voller Vorstellungen, Erwartungen und Anhaftungen bist, kannst du das Wesentliche nicht vernehmen. Das Nichts, die Leere, erfüllt dich von selbst.

Übung: Stirb, bevor du stirbst

Stirb die Tode deiner Identifizierungen, deines Egos. Das ONE, das Ewige, ist und bleibt.

Schließe deine Augen. Konfrontiere dich jetzt mit der Angst vor dem Tod. Lass sie zu. Lass diese Situation in dir aufsteigen und erlebe sie.

Was hast du Angst, im Angesicht des Todes zu verlieren?

An wen, an was haftest du?

An welchen Vorstellungen, an welchen Wünschen?

Was scheint im Angesicht des Todes unerledigt zu sein?

Welche Erwartungen sind nicht erfüllt?

Welche Menschen siehst du?

Was glaubst du festhalten zu müssen bzw. nicht bekommen zu haben?

Sieh, was wirklich wichtig ist!

Und dann siehst du, wie du in Frieden Abschied nimmst von deiner Geschichte. Nimm wahr, was bleibt, wie du zurückkehrst zur Quelle allen Seins, die du immer bist. Und dann nimm jetzt deinen Körper wahr, wie du hier liegst oder sitzt, wie du jetzt des Unsterblichen bewusst, voller Lebendigkeit ganz präsent in deinem Körper bist.

Du hast alles hinter dir gelassen, dich von allem gelöst und dennoch bist du präsenter als je zuvor in deinem Leben.

Gestorben sind nur Bilder, Vorstellungen, Anhaftungen, Verstrickungen, das ONE bleibt, das Einssein.

Übung: Ängste lösen

Partnerübung Aufstellung:

Dein Partner steht in großem Abstand vor dir und schaut dich an. Er symbolisiert deine Angst, wie zum Beispiel die Angst, völlig hilflos und ausgeliefert zu sein.

Du schaust deinem Partner, der Angst, völlig hilflos und ausgeliefert zu sein, in die Augen.

Du lässt die Situation, die du am meisten fürchtest, jetzt präsent sein.

Lass sich diese Situation so zuspitzen, wie sie schlimmer nicht sein kann.

Du siehst die beschriebene Situation mit dem schlimmstmöglichen, verheerendsten Ausgang vor dir, bis es keine Steigerung gibt.

Du lässt die damit verbundene Angst, alle Emotionen und Körperreaktionen zu.

Dann gehst du in deiner Zeit Schritt für Schritt auf die Angst zu, durch sie hindurch (d.h. die letzten Schritte neben ihr weiter). Lass dir Zeit, jeden Schritt bewusst zu setzen und die Angst zu fühlen. Du bleibst immer wieder zwischendurch stehen und fühlst.

Du kannst die Angst dann auch umarmen, oder was immer sich passend anfühlt.

Experimentiere einfach damit, der Angst in die Augen zu schauen, ihr entgegen- und durch sie hindurchzugehen.

Übung: Ängste erlösen innere Reise

Schließe die Augen und sieh die Situationen und Gefühle, die dir Angst machen, vor dir. Vielleicht gibt es eine konkrete, alltägliche Angst, die sich sofort einstellt, die Angst vor einer bestimmten Situation, einem bestimmten Menschen, die Angst zu versagen, vor vielen Leuten zu sprechen, jemanden zu verlieren, allein zu sein, oder vor Krankheit.

Lass die Angst und die damit verbundene Situation so intensiv und lebendig wie möglich vor dem inneren Auge erscheinen. Wer ist anwesend, was geschieht? Lass die Angst ganz real und greifbar werden.

Wo in deinem Körper fühlst du diese Angst? Wo sitzt sie, wie fühlt sie sich an? Was hat sie dir zu sagen?

Und wie verändert sich dein Körper?

Bekommst du feuchte Hände, Angstschweiß, verspannst du deinen Nacken, wirst du nervös, verengt sich dein Hals, wird dir flau im Magen, spürst du Hitze oder Kälte? Machst du dich klein und wärest am liebsten ganz unsichtbar?

Lass sich diese Situation so zuspitzen, wie sie schlimmer nicht mehr werden kann.

Du siehst die beschriebene Situation mit dem schlimmstmöglichen, verheerendsten Ausgang vor dir, bis es keine Steigerung gibt, – bis zum Tod des physischen Körpers, zum Tod deiner Identifizierung.

Während du das erlebst, fokussiere dich auf das Eine Sein, lass dich fallen in das unsterbliche Selbst, in das, was unberührt und unzerstört bleibt. Erinnere dich an das Unsterbliche. Alles kann sterben, doch das Wesentliche bleibt.

Selbst in der scheinbar grauenhaftesten Erfahrung spüre das, was unberührt und unzerstört bleibt. Das, was du bist, ist ewig, ist stärker als jede Angst und jeder Schmerz.

IDENTIFIZIERUNGEN LÖSEN

Ich bin, ich bin nicht. Das ist das Spiel der Trennung. Anstatt einfach nur zu sein und unbeschwert zu leben, will sich das Ich zuordnen und identifizieren. Es hat Angst davor, alles und nichts, ONE zu sein. Es will immer jemand sein, getrennt und besonders. Dabei bist du nicht die Person, für die du dich hältst. Sie ist substanzlos und fällt, wenn du sie nicht durch deinen Glauben nährst, wie ein Kartenhaus in sich zusammen. Dein Leben, deine Erfahrungen sind nur eine Geschichte. Das ONE jedoch ist immer, war bereits, bevor du deinen Körper angenommen hast, und ist auch noch, wenn du deinen Körper wieder ablegst. Es ist zeitlos, es ist jetzt, es ist das, was du immer bist.

Das scheinbar getrennte Ich liebt das Spiel der Identifizierungen, der Auf- und Abwertung.

Du wurdest von Kind an gelehrt, besser, anders und besonders sein zu müssen und nicht einfach nur zu sein, wie du bist. Genau wie deine Eltern und wie ihre Eltern wurdest du auf Trennung programmiert. Dabei bist du alles und nichts, das ONE, das Namenlose, sind wir alle eins. Außerdem bist du einfach nur, wie du bist, und musst dich nicht definieren. Die Leichtigkeit des Seins entfaltet sich, wenn du alles sein darfst und nichts Bestimmtes sein musst. Was glaubst du, wie du bist? Womit identifizierst du dich? Wie möchtest du von anderen gesehen werden? Möchtest du attraktiv, tolerant, souverän, unkompliziert, erfolgreich, spirituell, optimistisch und stark wirken? Versteckst du deswegen manchmal deine Schwäche, deine Traurigkeit, deine Unsicherheit? Verneinst du die spielerischen, albernen Aspekte in dir, weil es dir wichtig ist, seriös zu wirken und ernst genommen zu werden. Wenn du auf eine bestimmte Art und Weise sein und wahrgenommen werden willst, verschließt du dich der Unendlichkeit des Seins, den vielfältigen anderen Aspekten, die du genauso bist. Die Vorstellung davon, wer du bist und wie du zu sein hast, hält dich im dualen Bewusstsein gefangen. Sie hindert dich, du selbst zu sein. Es ist dir wichtiger, einem Bild zu entsprechen, als zu sein, wie du gerade wirklich bist. Dabei bist du alles und darfst alles sein. Deine Bilder und Vorstellungen von dir begrenzen die Unendlichkeit deines Seins. Das führt dazu, dass du Gefühle und Verhaltensweisen, die deinem Bild nicht entsprechen, unterdrückst. Du versuchst dich und andere glauben zu machen, dass du so bist, wie du sein willst. Deine Gedanken und Gefühle unterziehst du deiner Bewertung und beschneidest dich. Dabei bist du aber in kein Konzept zu pressen. Dein Sein ist unendlich und kann in jedem Moment völlig neue Seiten von dir erscheinen lassen. Du begrenzt dich durch deine Konditionierungen und Vorstellungen unnötig und lässt sie darüber bestimmen, wer und wie du zu sein hast. Du übersiehst deine natürliche Schönheit, um ein Produkt deiner Vorstellungen aus dir zu machen. Du glaubst vielleicht, das Beste aus dir herauszuholen, dabei bist du blind für die Vollkommenheit, die du ganz natürlich ohne deine Manipulationen bereits bist. Das Produkt deiner Vorstellung ist substanzlos, schwächt dich und wird nie der Weisheit und Vollkommenheit dessen, was du wirklich bist, standhalten können.

Dein Problem ist nicht, dass du nicht gut genug und wunderbar bist, sondern blind. Anstatt den Goldschatz in deinem Inneren zu entdecken, suchst du dort, wo du es nicht findest. Du musst deinen Bildern nicht entsprechen. Vertraue dich lieber der Schöpfung, dem ONE, an. Wie wäre es mit Demut, – dich der Schöpfung vorbehaltlos hinzugeben, ohne deine Einmischung? Du musst nichts kontrollieren, nicht definieren, wer du bist und wie du zu sein hast. Sei einfach und mach dir kein Bild davon. Erfahre dich und das Leben lieber direkt und unmittelbar, anstatt dich zu bemühen, ein besonders gutes Ich zu sein und dein Ego zu polieren. Nimm wahr, dass du bereits wundervoll bist und nicht anders sein musst. Lass das einmal wirken: „Du darfst alles sein und musst nichts Bestimmtes sein." Wenn du immer nur das sein darfst, was du für gut hältst, trennst du dich vom ONE ab, das aber alles beinhaltet. Du manipulierst an dir herum. Und egal, wie sehr du dich anstrengst, du wirst es nie schaffen, deinen Vorstellungen zu entsprechen. Nie bist du gut genug. Du erhoffst dir davon Glück, Liebe, Orientierung und Sicherheit. Das Leben aber kennt keine Sicherheit, hält den Finger in deine Wunde und konfrontiert dich mit Situationen, in denen du dich genauso verhältst, wie du es nicht sein willst. Es spielt bei deinen Bemühungen, ein besonders gutes Ich zu sein, nicht mit und wirft dich zu Boden. Diese Demütigung deines Ichs dient der Bewusstwerdung des ONE, der Erkenntnis, dass du alles bist. Vieles funktioniert bei weitem besser ohne dein Eingreifen, deine Kontrolle. Dein Herz schlägt ja auch von selbst und du atmest einfach. Das Meisterwerk Leben ist so vollkommen, dass es weiser ist, dich ihm zu überlassen, als dich zu verbiegen. Warum lässt du dich nicht einfach sein? Nichts, was du erfüllen, nichts dem du entsprechen müsstest. Dein Ausdruck, deine Gefühle dürfen frei fließen. Sie sind weder gut noch schlecht, sie sind einfach, erscheinen und vergehen. Alle Gefühle sind im ONE enthalten. Überlasse sie ihrem eigenen Fluss.

Jedes Gefühl hat seine eigene Intensität, seine eigene Dauer. Selbst wenn du das Gefühl hast, deine Traurigkeit wird nie enden, erfahre sie vorbehaltlos. Es ist nur deine Befürchtung, dass sie nie enden könnte. Schmerzhaft wird sie nur, wenn du Widerstand leistest, in ihr etwas Schlechtes vermutest und deine Leidensgeschichten fütterst. Wenn du aber deine Traurigkeit einfach nur zulässt, liegt in der Traurigkeit kein Schrecken, sondern Frieden. Du kannst dich auch in deiner Traurigkeit geborgen fühlen. Wenn du sie jedoch unterdrückst, verwandelt sie sich in eine undefinierbare Schwere und es fällt dir dann schwer, dich des Lebens zu erfreuen.

In Bezug auf die Natur ist dir vielleicht bewusst, wie arrogant und fahrlässig es ist, ihre Weisheit und Schönheit zu missachten. Dasselbe gilt aber genauso für deine wahre Natur, für deinen natürlichen, gottgeschaffenen Ausdruck. Du beschneidest genauso ohne Demut und Achtung deine menschliche Natur, wenn du deine Gefühle, deinen Ausdruck unterdrückst und manipulierst. So wie die Natur gilt es, deinen natürlichen Ausdruck zu achten und dich nicht zum Kunstprodukt zu machen. Ein Baum blüht im Frühling, im Sommer trägt er Früchte, im Herbst fallen die Blätter und im Winter steht er kahl da. Dieselben natürlichen Rhythmen erfährst du. Manchmal blühst du, dann trägst du Früchte, verlierst deine Blätter, bis du schließlich kahl und nackt dastehst. Du willst aber am liebsten immer nur deine Blüte- und Erntezeit erleben. Den Verlust, nackt dazustehen und nichts mehr in der Hand zu haben, versuchst du zu vermeiden. Bei einem Baum ist es unvorstellbar, dass er nur noch Frühjahr und Sommer erleben will und sich gegen den Herbst und Winter sträubt. Bei uns Menschen hingegen ist das zur Normalität geworden. Für uns ist der Widerstand gegen den natürlichen Fluss des Lebens, gegen unsere wahre Natur so selbstverständlich, dass wir es nicht einmal bemerken. Dabei sind auch all unsere Erfahrungen nur neutrale, natürliche Abläufe. Wie der Baum nicht verhindern kann, dass seine Blätter fallen, kannst du bestimmten Erfahrungen und Gefühlen auch nicht entfliehen. So sehr sich ein Baum auch anstrengen würde, eine Blume zu sein, aus ihm wird keine. Selbst die Bemühung einer Tanne, zum Laubbaum zu mutieren, mutet absurd an. Du bist ein Mensch mit allen Ecken und Kanten. Es ist hoffnungslos, aus dir und deinem natürlichen Ausdruck eine Marionette deiner Vorstellungen zu machen. Lebe und sei einfach nur, wie du bist. Auch wenn du schüchtern bist, dich schlecht zeigen und ausdrücken kannst, unsicher und nicht immer souverän bist, bist du ONE. Mache dir auch nicht zum Ziel, immer du selbst sein zu müssen. Das wird zum Stress. Die Akzeptanz für dein Sein umschließt alles, egal, wie gefangen du dich empfindest, ob du schüchtern bist, unsicher oder Angst hast. Du bist immer geliebt. Auch all das trennt dich nicht vom ONE.

Das „Ich bin" sagt nur, dass du bist. Es sagt nichts darüber aus, was und wie du sein musst. Es bezeichnet nichts. Es sagt nicht: „Ich bin dieses oder jenes". Es sagt nur „Ich bin". Und selbst das ist eigentlich schon zu viel, denn es ist jenseits von Worten. Es deutet nur auf das Sein selbst hin. Spüre das „Ich bin", dein Da-Sein an sich, alles andere lass offen. Keine weitere Bezeichnung, Zuordnung oder Anforderung. Du bist einfach, musst nichts erreichen und keine Erwartung erfüllen. Spüre, wie es ist, einfach nur da zu sein.

In dieser Einfachheit des Seins liegt eine Freiheit und Leichtigkeit, die du schmerzlich vermisst, wenn du dich in ein Schema, in ein Korsett von Identifizierungen und Vorstellungen presst. Das „Ich bin" sagt nicht, wer du bist, wie du bist, was du bist, nur dass du bist, weil die Unendlichkeit deines Seins nicht einzufangen ist. Außerdem veränderst und entwickelst du dich ständig. Stelle die Vorstellungen und Erwartungen, wie du sein und was du fühlen musst, in Frage. Fühle das, was du fühlst, und nicht das, was du glaubst fühlen zu müssen. Was soll denn schon an dir falsch sein? Warum solltest du nicht jetzt schon, so wie du bist, gut sein? Warum musst du erst etwas werden? Dass du bist, reicht völlig aus. Das „Ich bin" bezieht sich auch nicht auf die Zukunft oder die Vergangenheit. Es sagt nicht: „Ich war" oder „Ich werde sein". Es sagt: „Ich bin". Es verweist dich auf den gegenwärtigen Moment. Du bist jetzt und das ist alles. Alles, wovon du glaubst, dass es dir noch fehlt, um ONE zu sein, ist unnötig. Du bist ONE jetzt. Nichts trennt dich, nichts fehlt dir, weil du es jetzt bereits bist. Du bist, – mehr musst du nicht sein oder werden. Spüre die Kraft, die daran liegt, hier und jetzt anzukommen.

Dem Ego reicht das aber nicht. Ihm erscheint es zu einfach, zu langweilig zu sein, sich nur des Daseins zu erfreuen. Außerdem hat es Angst davor, sich im ONE aufzulösen. Es lebt davon, sich eine eigene Identität aufzubauen. Das Ego erlebt das ONE als Bedrohung, will sich von anderen abheben und oftmals auch über sie erheben. Dieses aufgeblasene „große Ich" will Stärke demonstrieren und versucht andere zu beeindrucken und zu dominieren. Gemäß dem Motto „Angriff ist die beste Verteidigung" wirkt es zwar stark und souverän, überspielt aber eigentlich nur seine Angst. Das „kleine Ich" hingegen ist voller Zweifel und hat Angst, den Erwartungen und Anforderungen nicht zu entsprechen. Egal, ob du eher mit einem großen oder kleinen Ich identifiziert bist, du bist dir in dem Moment nicht der natürlichen Macht des „Ich bin“ bewusst. Die Auf- und Abwertung deines Seins hat nichts mit dem zu tun, was du wirklich bist. Es sagt nichts über deinen Wert aus. Das sind nur Aufstieg und Fall deines scheinbaren Egos. Bist du dir deines natürlichen Seins gewahr, geht es nicht mehr um Auf- oder Abwertung. Du spürst die Freiheit deines Seins unabhängig von jeder Bewertung. Das kleine wie das große Ich haben keine Substanz. Sie verbrauchen unnötigerweise eine Menge Energie, kämpfen um Macht, um Raum und um ihre scheinbare Existenz. Dabei sehnst du dich nach Frieden, danach, nur sein zu dürfen, und hast keine Lust mehr, um deinen Raum, um deine Daseinsberechtigung kämpfen zu müssen. Obwohl dein scheinbares Ich, deine Identifizierungen viel Leid mit sich bringen, scheinen sie dich auszumachen und dir Sicherheit zu geben. Es fühlt sich vertrauter an, als ONE, nichts und alles zu sein. Du hast Angst davor, in die Leere absorbiert zu werden, niemand mehr zu sein, dass dein Ich, dein Bild von dir, sich im ONE auflösen.

In Wahrheit gibt es aber weder ein großes noch ein kleines Ich oder ein Ego. Also musst du eigentlich nicht einmal ein Ego überwinden. Im ONE ist alles eins. Nur der Geist der Trennung bringt diese scheinbaren Egos hervor. Das ONE beinhaltet Ego und Nichtego, bewegt sich jenseits davon. Im Bewusstsein des ONE sind auch Ego und Nicht-Ego eins, letztendlich nicht existent. Das Loswerden und Überwinden des Egos wird meist missverstanden. Du musst kein Ego loswerden, weil da in Wahrheit nichts ist. Es kreiert ein schlechtes Gewissen, kein Ego haben zu dürfen, und lässt uns heiliger sein, als wir sind. Das Bestreben, dein Ego überwinden zu müssen, erzeugt oftmals Stress und Heuchelei. Du darfst einfach nur sein, musst nicht besser, nicht besonders, nicht anders und auch nicht egolos sein. Spüre wieder nur die Kraft des „Ich bin“. Du bist. Spüre das: „Ich bin.“ Nicht „Ich war“, nicht „Ich werde sein“, nur „Ich bin“. Und selbst das „Ich bin“ verschwindet im ONE. Du bist einfach nur jetzt.

Fragende: *In meiner Kindheit habe ich schon sehr früh gelernt, stark sein zu müssen, egal, wie ich mich innerlich fühlte. Ich baute Schutzmauern um meine wahren Gefühle. Ich lernte im Außen eine Person zu spielen, die immer alles im Griff hat, obwohl ich mich innerlich oft schwach, verletzt und ängstlich fühlte. Ich glaubte nur dann liebenswert zu sein und geliebt zu werden, wenn es mir gut geht und ich stark bin. Mein enormes Bewertungssystem teilte meine Gefühle in gut und schlecht ein. Während des ONE- Trainings lockerten sich* *diese Schutzmauern mit jedem Tag mehr. Meine unterdrückten Gefühle zeigten sich und ich fühlte mich verletzlich und schwach. Meine Angst, die Kontrolle vollständig zu verlieren und einfach nur noch schwach zu sein, wurde immer größer. Bei einer Beziehungsübung wurde ich zweimal von verschiedenen Teilnehmern ausgewählt, eine sehr dominante starke Person zu spielen. Das war für mich ein Schlüsselerlebnis. Ich empfand es unwahrscheinlich anstrengend und ich fühlte mich in diesen Rollen unendlich hilflos und überfordert. Es wurde für mich unerträglich, immer stark sein zu müssen und meine wirklichen Gefühle zu überspielen. In dem Augenblick, in dem du dann noch sehr klar mit mir sprachst, mich nicht ausweichen und hinschauen ließt, fühlte ich, wie alles in mir zerbrach. Ich fühlte mich so schwach. Eine riesige Trauer erfüllte mein ganzes Wesen, eine unendliche Angst, nicht mehr geliebt zu werden. Ich konnte mein Schutzsystem nicht mehr aufrechterhalten. Dann kamen all die unterdrückte, schier endlose Trauer, Wut und Ohnmacht in mir hoch, die endlich gefühlt werden wollten. Ich machte dabei die Erfahrung, dass ich auch diese ganz „belastenden" Gefühle überlebe, wenn ich sie ganz und gar fühle. Als ich mich ihnen bedingungslos öffnete, ohne die Geschichte, die sich in meinem Kopf dazu abspielte, zu berühren, war da gleichzeitig so ein tiefer Frieden und ein unendliches Vertrauen. Seit dem ONE- Training erlebe ich das Leben, die Farben, die Natur, alles um ein Vielfaches intensiver. Auch meine Ernährung hat sich verändert. Da ist eine tiefe Hingabe ans Leben, eine völlig neu erwachte Präsenz und Akzeptanz für das, was ist. Das erfüllt mich mit so viel Liebe und Freude. Manchmal kommen auch Gefühle und Ängste, die mich scheinbar wieder trennen könnten, die ich mich immer noch nicht wirklich zu fühlen getraue. Ich spüre erstaunlicherweise selbst dann Gleichmut und Frieden. Selbst dann fühle ich, dass mich nichts von der Quelle trennen kann. Ich danke dir.*

* * *

Fragende: *Ich verstehe das nicht ganz mit dem ONE. Wir sind doch nicht alle gleich. Ich bin eher der temperamentvolle Typ, mein Mann eher der Ruhige. Ich bin eher schnell und praktisch, er ist eher bedächtig. Außerdem sagst du selbst manchmal zu jemandem: Du bist wunderbar, oder ungeduldig. Dann ordnest du ja auch zu.*

Barbara: Danke, dass du das erwähnst. Wir sind unterschiedlich und haben unterschiedliche Prägungen. Nur was wir im Kern, hinter einer scheinbaren Person sind, ist dasselbe Sein. Es geht auch nicht darum, nichts bezeichnen zu dürfen oder nicht zuzuordnen. Wir verständigen uns ja über Sprache. Das an sich erzeugt kein Leiden. Nur wenn du dich mit etwas total identifizierst und anderes ausschließt, wenn du dich gegen den Fluss des Lebens und die Unendlichkeit sträubst, wenn du dich mit einem scheinbaren Ich komplett identifizierst, leidest du. Du kannst den ganzen lieben Tag zuordnen und Dinge, Menschen bezeichnen. Wenn du das alles nicht so ernst nimmst und nicht damit komplett identifiziert bist, ist das kein Problem. Ich reagiere nun einmal auf den Namen Barbara und beim Fußball fiebere ich mit der deutschen Mannschaft und den Bayern. Das könnte man auch eine Art Identifizierung nennen. Dieses Leben ist wunderbar, wenn du es nicht todernst nimmst. Für mich ist das alles spielerisch.

Fragende: *Ist es praktisch dasselbe, wie wenn du sagst, dass im Jetzt zu leben nicht ausschließt, trotzdem zu planen und manchmal von der Zukunft oder Vergangenheit zu sprechen?*

Barbara: Ja. Es geht nicht um ein neues Lebenskonzept, nicht mehr über Vergangenheit und Zukunft zu reden oder nichts mehr zuordnen zu dürfen. Ich möchte dich nur auf das hinweisen, was du jenseits deiner Identifizierung, deines Körpers bist, was ewig, unsterblich immer ist. Es geht nur um das Bewusstsein dessen, was hinter all dem ist, das Größere, – das ONE. Auf der Erscheinungsebene muss sich gar nichts ändern. Dein Leben kann im Außen unverändert bleiben. Doch du siehst das Leben mit anderen Augen. Die Suche und das Leiden enden. Mehr nicht.

Fragende: *Ah, jetzt wird mir das klar. Ich habe mich zu sehr an der äußeren Ebene orientiert und versucht, mir ein Bild zu machen, damit ich Anhaltspunkte habe.*

Barbara: Ja, es ist tiefer und hat keine Anhaltspunkte. Es betrifft eine andere Ebene. Es ist nicht dual.

DIE PRAXIS

Beantworte folgende Fragen:

Welche Selbstbilder, welche Identifizierungen hast du in Bezug auf:
Beruf?
Familie?
Geld?
Sexualität?
Beziehungen?
Deine äußere Erscheinung?
Glück?

Wie glaubst du zu sein:

mutig, ehrgeizig, ausdauernd, sensibel, schüchtern, extrovertiert, mystisch, süchtig, chaotisch, heilig, gebend, romantisch, gutmütig, stolz, arrogant, spirituell …?

Welche Glaubenssätze hast du in Bezug auf dich?

Identifizierungen lösen: Wer bist du?

1.Teil

Du sitzt deinem Partner gegenüber. Ihr schaut euch an.

Dein Partner fragt dich: „Wer bist du?"

Du antwortest unmittelbar, ohne intellektuellen Filter, was immer kommt.

Deine Antwort muss keinen Sinn machen, nicht schlau, philosophisch oder spirituell sein. Es gibt keine richtige oder falsche Antwort.

Lass die Antworten einfach fließen, während dein Partner dir immer nur die eine Frage stellt: „Wer bist du?"

Ihr wiederholt das circa 5-10 Minuten.

Was immer als Antwort kommt, und sei sie noch so unsinnig, sprich sie aus.

2.Teil

Dann fragt dein Partner dich immer wieder: „Wer bist du?"
Doch diesmal schließt du die Augen und schweigst.
Du hörst immer noch die Fragen deines Partners an dich: „Wer bist du?"
Doch du musst nicht mehr darauf antworten.
Schau, wie es ist, keine Antwort darauf haben und dich nicht definieren zu müssen, alles und nichts sein zu dürfen.
Nach einiger Zeit schweigt ihr beide, seid einfach nur in der Stille.
Dann wechseln.

Diese Übung lässt deine Identifizierungen in den Hintergrund treten und dich alles und nichts sein, – einfach nur sein, was und wie immer du bist,- ohne es benennen zu müssen.

Meditation allein: Wer bin ich?

Die vorhergehende Übung kannst du auch alleine machen.
Entspanne dich.
Lass die Frage „Wer bin ich?" in dein Bewusstsein dringen.
Lass aus der Tiefe Antworten, Empfindungen, Wahrnehmungen auftauchen, ohne Sinn und Absicht, nur spielerisch.
Es gibt keine richtige Antwort. Lass alles, was kommt, auftauchen. Wenn es Erklärungen des Verstandes sind, gehe tiefer.

Und dann hörst du diese Frage innerlich immer noch, doch du brauchst nicht zu antworten, dich nicht zu definieren, musst nichts und niemand sein.

Meditation: ONE – Ich bin unsterbliches Bewusstsein

Es gibt eine alte hinduistische Meditation, die teils aus der Wiederholung von „Ich bin nicht meine Gedanken, ich bin nicht mein Körper" besteht. Sie ist besonders dann hilfreich, wenn deine Gedanken und Gefühle von dir Besitz ergreifen, um dir des ONE, des unsterblichen Bewusstseins, gewahr zu werden.

Natürlich bist du auch dein Körper, dein Gehirn und deine Gedanken. Nur bestehst du nicht nur aus diesen. Diese sind vergängliche Aspekte von dir selbst. Eine Über-Identifizierung damit kann die Erkenntnis des ONE, dem, was dahinter unvergänglich und ewig ist, erschweren.

Setze dich aufrecht hin. Lasse deinen Atem nach und nach tiefer und länger werden.

Lenke deine Konzentration von deinem Atem auf deinen Körper.

Erlaube deinem Bewusstsein, durch ihn zu wandern.

Sei ganz präsent in deinem Körper. Dieser Körper ändert sich täglich; nach acht Jahren ist jede Zelle erneuert worden.

Bist du dieser sich dauernd verändernde Körper?

Wenn du nicht dein Körper bist, wer bist du?

Wenn du nicht deine Gedanken und Gefühle bist, wer bist du?

Nimm wahr, wie du dich jetzt gerade fühlst. Entspannt? Glücklich? Traurig? Neutral?

Was ist dieses Gefühl? Wo ist es? Verändert seine Beachtung es irgendwie?

Nimm wahr, wie deine Gefühle kommen und gehen. Wie sie nicht die Bedeutung haben, die du ihnen gibst. Manchmal gaukeln dir Gefühle vor, dass du sie nicht aushalten, nicht überleben kannst.

Diese Meditation sagt nicht, dass Gefühle und Gedanken schlecht sind und verschwinden sollten. Sie sind Teil der Farbenpracht des Lebens. Sie werden nur zum Problem, wenn du dich von ihnen kontrollieren lässt und es zu unnötiger Angst, Wut und Frustration führt.

Die Über-Identifizierung mit deinen Gefühlen führt zu Leiden. Dir bewusst zu sein, dass Gefühle vergänglich sind, hilft dir, dich nicht zu verstricken.

Und dann richte deine Aufmerksamkeit auf deine Gedanken: Welche Gedanken erscheinen?

Gedanken sind nicht schlecht, sie hindern dich nicht. Nur wenn du dich mit ihnen identifizierst, erzeugen sie oftmals Schmerzen und sorgen für Unruhe.

Auftauchende Gedanken lässt du einfach weiterziehen.

Sobald du zur Ruhe gekommen bist, wiederholst du immer wieder folgende Sätze:
Ich habe Gefühle, aber ich bin nicht meine Gefühle.
Ich habe einen Körper, aber ich bin nicht mein Körper.
Ich habe Gedanken, aber ich bin nicht meine Gedanken.
Sie erscheinen und vergehen. Sie sind vergänglich.
Ich bin unsterblicher Geist. Ich bin alles und nichts.

Nicht verhaftet sein

Wonach greifen deine Gedanken und Gefühle in diesem Moment?

Wenn du nach Gedanken, Meinungen oder Gefühlen greifst, sieh ihre Substanzlosigkeit. Lass sie gehen. Ruhe in einem weiten Geist, in dem Gedanken und Meinungen schwerelos sind, wie Seifenblasen.

Wenn du nach einer Empfindung greifst, schaue tief in sie hinein. Sie ist nicht festgelegt oder solide. Sie hat keinen Boden, sie kommt und geht.

Wenn du nach einem Gefühl greifst, nimm wahr, wie flüchtig und wechselhaft es ist. Reduziere dich nicht auf dein Gefühl. Nimm die unendliche Weite deines Seins, den Frieden hinter allem wahr.

Wenn du nach einem geliebten Menschen greifst, werde der Unendlichkeit der Liebe gewahr, der Liebe als Da-Sein an sich. Das Anhaften, Festhalten oder die Sorge um ihn können sich auflösen. Du kannst frei ohne Erwartungen oder Anhaftung sein und lieben.

Wenn du eine Situation oder einen Menschen ablehnst, dann sieh, dass du dich selbst ablehnst, abtrennst von dem ONE. Durch deinen Widerstand gibst du der Situation oder den schwierigen Eigenschaften dieser Person Macht und Bedeutung und verstärkst sie.

Verweile in einem ruhigen, nicht ergreifenden Geist, verweile in dem tiefen Frieden, der Stille hinter all den Gedanken und wiederhole den folgenden Vers:

Möge ich mich und die Menschen so akzeptieren, wie sie sind.
Möge ich Frieden finden. Mögen alle Wesen Frieden finden.
Mögen wir alle glücklich sein und frei von Angst.

Du kannst immer in Liebe und Frieden sein, musst dazu nichts erzwingen, nichts festhalten oder ablehnen. Selbst wenn du an etwas festhältst, etwas erzwingst oder ablehnst, spüre den Frieden, die Stille im Kern deines Seins.

Lösung aus deinen Geschichten/Identifizierungen

Du erzählst deinem Partner, was dich in deinem Leben gerade berührt bzw. beschäftigt und wo du dich verstrickt fühlst. Er hört nur zu bzw. stellt Verständnisfragen.

Mitten im Gespräch lässt er einen Gong oder eine Glocke bimmeln, worauf du deine Geschichte unterbrichst, schweigst und deine Augen schließt. Kehr zurück zur Stille jenseits dieser Geschichte, zurück in eine Art Nullraum.

Nach kurzer Zeit des Schweigens schlägt dein Partner wieder den Gong und du erzählst von neuem, was dich gerade beschäftigt. Dann schlägt er wieder den Gong und du schweigst.

Das wiederholt ihr circa 10-mal.

Du kannst somit lernen, dich schneller von deiner Geschichte, deinen Identifizierungen zu lösen und das, was hinter allem still und unberührt ist, das ONE, zu vernehmen.

Falls es dir schwerfällt, dich zu lösen, die Gedanken sich nicht abstellen und die Identifizierung mit der Geschichte weiterläuft, vernimm hinter und mitten in der Geschichte, die Stille, den Frieden.

Großes Ich, kleines Ich

Wir können das Selbst, die Stille, die Liebe nicht mehr vernehmen, wenn wir in der Identifizierung mit dem Ego, den Auf- und Abwertungen unserer Person beschäftigt sind. Wir machen uns kleiner oder größer, als wir sind, anstatt einfach nur in unserer natürlichen Größe zu erstrahlen. Unsere Identifizierungen, Vorstellungen und Erwartungen verschleiern das natürliche Sein, das „Ich bin".

Beantworte folgende Fragen:

Wo und wie mache ich mich größer, stärker, mächtiger, als ich bin, und blase mich auf?

Wo und wie mache ich mich kleiner?

Was, wenn ich einfach nur bin, wenn klein oder groß, besser oder schlechter zu sein keine Rolle spielt?

Rollenspiel

Tauche durch deine Körperhaltung, Bewegung und Sprache in die Rolle des großen Ichs ein. Du spielst allein oder mit anderen das große starke Ich, das alles im Griff hat, immer erhaben, unantastbar und vor allem besser als andere ist. Du gehst durch den Raum, lebst die Energie, die Identifizierung des großen Ichs, experimentierst mit Körperhaltung und spürst die damit verbundenen Emotionen.

Jetzt tauchst du, während du durch den Raum gehst, in die Identifizierung mit dem kleinen Ich ein, das Angst hat, sich wenig traut, gerne versteckt, sich hilflos und oftmals als Opfer fühlt. Lass auch die damit verbundenen Emotionen zu.

Jetzt gehst du durch den Raum in der natürlichen Kraft des „Ich bin", jenseits von klein und groß, im natürlichen Sein ruhend. Du musst dich nicht mehr kleiner oder größer machen, als du bist, niemand mehr sein. Du bist einfach nur in deiner natürlichen Kraft und Größe.

GLÜCKLICH – FREI VON VERSTRICKUNGEN UND ABHÄNGIGKEITEN

Wir vermuten das Glück nicht allein in unserem Dasein, sondern binden es an glückliche Ereignisse und an Menschen, die wir lieben. Glücklich nur aus uns selbst heraus zu sein, ist in der Regel für uns nicht selbstverständlich. Wir glauben dazu bestimmte Menschen und Erfahrungen, schlichtweg die perfekten Umstände zu brauchen. Was wir für glückbringend halten, versuchen wir festzuhalten, und das, was wir als hinderlich betrachten, loszuwerden. In Wahrheit ist dein Glück weder von glücklichen Ereignissen abhängig noch von den Menschen, die du liebst. Das stille Glück liegt im Kern deines Seins und ergießt sich aus sich selbst heraus. Wenn du dir des ONE, deiner Vollständigkeit nicht bewusst bist, bist du immer bedürftig und musst ständig um dein Glück kämpfen. Denn du glaubst, dass es durch bestimmte Menschen und Erfahrungen behindert werden könnte. Dieser Glaube entspringt dem Geist der Trennung. Du trennst dich von der Allumfassenheit des Glücks ab. In Wahrheit bedeutet nichts Bestimmtes dein Glück und nichts kann es behindern. Es liegt einzig im Bewusstsein des ONE, des stillen Glücks in dir. Sobald du andere Menschen für dein Glück mitverantwortlich machst, bist du von ihrem Verhalten abhängig und verstrickst dich. Dabei brauchst du aber nichts und niemanden für dein Glück. Dein Partner, deine Kinder, deine Eltern und Freunde, sie alle können dein Leben bereichern, aber sie sind nicht da, um dich vollständig zu machen. Sie alle enttäuschen deine Erwartungen irgendwann. Sie können nicht all deine Bedürfnisse stillen. Dein Glück in Verbindung mit glücklichen Ereignissen und bestimmten Menschen zu bringen, impliziert schon, dass du leidest, sobald du das, was du zu brauchen scheinst, nicht bekommst. Selbst wenn du das Gefühl hast, dein Glück gefunden zu haben, hast du Angst, es wieder zu verlieren, und versuchst es festzuhalten. Dabei ruht stilles Glück bereits frei und unabhängig von allem in dir. Sobald du es aus dir selbst heraus erstrahlen lässt, kannst du unbelastet das Zusammensein mit anderen genießen. Sobald du dein Glück woanders als in dir suchst, sitzt du in der Falle. Denn nichts und niemand ist für dein Glück verantwortlich, genauso wenig wie du für das anderer. Manchmal kann das Gefühl der Verantwortung für das Glück der Eltern, des Partners oder der Kinder so weit gehen, dass du das Gefühl hast, nicht glücklich sein zu dürfen, solange jemand von ihnen leidet. Mehr oder weniger bewusst glaubst du, sie sonst im Stich zu lassen und als sei es ein Ausdruck mangelnden Mitgefühls, wenn du trotzdem glücklich bist. Indem du auch leidest oder versuchst, ihre Lasten mitzutragen, erlöst du sie aber nicht von ihrem Leid. Du kannst mitfühlen, sie unterstützen, aber mehr nicht. Wenn du darauf wartest, dass sie erst glücklich sind, bevor du vollständig im ONE ruhen darfst, kannst du lange warten. Wenn du es aber wirklich wissen, wirklich glücklich sein willst, lasse dich sowohl von den Leidensgeschichten anderer als auch von deinen eigenen nicht mehr aufhalten. Du fühlst zwar mit anderen mit, aber machst ihr Leid nicht mehr zu deinem. Du zeigst ihnen absichtslos, dass es möglich ist, aus sich selbst heraus glücklich und ohne Leid zu sein. Wenn du wirklich nicht willst, dass Menschen leiden, höre selbst damit auf. Du bist da, um in der Vollständigkeit des ONE zu erstrahlen. Lass dieses Licht aus deinem Inneren leuchten. Vollzieh selbst den Quantensprung, anstatt auf andere zu warten. Vielleicht tragen sie den Wunsch, frei und glücklich sein zu wollen, nicht in dem Maße in sich wie du. Wie oft schon hast du versucht, jemandem zu helfen, und es zeigte keine Wirkung, weil er es selbst nicht wirklich wollte. Akzeptiere, dass ihr Weg vielleicht ein anderer ist als deiner. Wenn du Leiden wirklich für überflüssig hältst, nimm die ganze Energie, die du auf die Befreiung anderer richtest, zu dir zurück. Erkenne, dass es dein Brennen nach Freiheit, nach einem Leben ohne Leiden ist, anstatt jemandem helfen zu wollen, der dazu nicht bereit ist. Vielleicht liegt für ihn ein Gewinn darin, zu leiden. Vielleicht leidest du sogar mehr als er selbst. Schaue dir lieber dein Leiden an, wenn du seins nicht aushalten kannst. Vielleicht kommt es dir unbewusst sogar gelegen, weil du selbst Angst davor hast, glücklich und frei zu sein. Vielleicht ist der andere nur dein Alibi, um das Glücklichsein auf morgen zu verschieben. Wenn jeder Mensch sich selbst befreit, sind alle frei. Das kannst du nicht für jemand anderen tun. Wenn du leidest, leidet wieder jemand wegen und mit dir. So nimmt das Leiden kein Ende. Befreie dich. Erlaube stillem Glück, jetzt in dir zu erstrahlen. Du kannst und darfst vollständig glücklich sein. Fällt dir das schwer? Glaubst du das nicht vollständig zu können oder zu dürfen? Fühlst du dich für das Glück deiner Mutter, deines Bruders, deines Sohnes verantwortlich, und glaubst du sie nicht im Stich lassen zu dürfen? Selbst wenn sie sich von dir verlassen fühlen und wegen dir zu leiden scheinen, bist du nicht die Ursache, sondern nur ihre Projektionsfläche.

Denn du kannst ihnen in der Tiefe ihr Glück nicht nehmen. Selbst wenn du ihnen dein ganzes Leben schenken würdest, kannst du auf Dauer ihre Schwere, ihr scheinbares Unglück nicht ausgleichen. Egal, was und wie viel du gibst, es wird nie reichen. Es hilft eher, wenn du den Leidensgeschichten keine Aufmerksamkeit mehr schenkst. Manchmal sind wir erst mutig genug, uns aus dem Leiden zu befreien, wenn wir nicht mehr ausweichen können, nichts und niemand mehr für kurze Erleichterung sorgt und es so richtig weh tut. Es kann der Startschuss sein, um etwas zu verändern. Aber egal wie, es liegt in der Verantwortung jedes Einzelnen. Natürlich hast du als Mutter eine Verantwortung für dein Kind. Natürlich geht es nicht um Verantwortungslosigkeit, nur darum, dich aus emotionalen Verstrickungen, die Leiden erzeugen, zu befreien. Es geht auch nicht um Egoismus, Kälte, Gefühllosigkeit oder darum, auf Kosten anderer zu handeln, sondern um wirkliches Mitgefühl und eine gesunde Fürsorge. Wenn du in stillem Glück ruhst, gehst du in der Regel von selbst achtsam mit anderen um. Egal wie, jedenfalls kann das ONE, das vollkommene Glück in uns, niemand beschädigen. Experimentiere oder meditiere einmal mit folgendem Satz: „Ich kann niemanden schädigen, mich kann niemand schädigen," um dir der Unzerstörbarkeit deines Seins bewusst zu werden. Das bezieht sich allerdings nur auf den Kern deines Seins, der ewig und unsterblich ist, und nicht auf deine körperliche Hülle. Wenn dich jemand schlecht behandelt und dich zu schädigen versucht, ist es natürlich nötig, dich klar abzugrenzen. Diese Ebenen gilt es nicht zu verwechseln. Auch in Menschen, die du als zerbrechlich, ohnmächtig, klein und sehr in sich gefangen empfindest, ruht das unzerstörbar Ewige. Hinter jedem scheinbar kleinen, hilflosen, gefangenen Ich steckt unerkannte Größe. Sieh den Kern, ihre wahre Größe, die hinter ihrer Abhängigkeit, ihren Ängsten und Verstrickungen weilt. Auch wenn du dich einmal klein, abhängig und voller Selbstzweifel fühlst, ist es nur ein Aspekt von dir. Indem du dich vollständig damit identifizierst, schwächst du dich. Lass dich von diesen kleinen, abhängigen, verstrickten Ichs nicht bluffen. Erinnere dich an die Vollkommenheit, die Ganzheit, die in dir und allem ruht. Der Vollständigkeit in dir selbst bewusst, siehst du sie automatisch in jedem Menschen. Gib allem anderen keine Macht. Gib dir die Erlaubnis, endlich glücklich zu sein, des Ewigen, Unsterblichen gewahr. Du trägst alles Glück in dir, lass es zu und entzieh den Mangel- und Leidensgeschichten die Nahrung. Untersuche, was dich noch hindert, vollständig frei und glücklich zu sein. Glaubst du, dein Partner, deine Kinder müssten sich anders verhalten, damit du glücklich sein kannst? Glaubst du, beruflich erfolgreicher, schlanker, attraktiver, anerkannter sein und mehr Geld haben zu müssen? Was, glaubst du, fehlt dir noch, um vollständig glücklich zu sein? Was, wenn das alles eine Lüge ist, wenn dich weder mehr Geld noch mehr Anerkennung, mehr Liebe wirklich glücklich sein lassen, sondern die Bewusstwerdung des ONE. Selbst wenn all deine Wünsche in Erfüllung gingen, würdest du wieder etwas Neues finden, das dir zu fehlen oder dich noch zu hindern scheint. Komm lieber hier und jetzt in stillem Glück an. Spüre das stille Glück in dem Urgrund deines Seins. Du kannst jetzt vollkommen glücklich sein. Wenn du glaubst, dass dich daran etwas hindert, ist es nur das, was du willst, dass es dich hindert. Dann willst du lieber leiden als glücklich sein.

Nichts hält dich auf, wenn du dich nicht aufhalten lässt. Alles Glück ist da. Wenn du jetzt bereit bist, in die Freiheit deines Seins, des stillen Glücks zu erwachen, lass den Glauben an alles, was deinem Glück im Wege stehen könnte, enden. Nimm wahr, wie du jetzt da bist, nichts brauchst und dich das Dasein selbst nährt. Komm in dir an. Stilles Glück ist immer gegenwärtig, unabhängig von allen Menschen und Geschehnissen.

Es ist nur der Geist der Trennung, der durch seine Bewertung etwas als Glück oder Unglück interpretiert. Dabei liegt in jeder Erfahrung Frieden. Es erscheint, als gäbe es Glück und Unglück. Dabei kannst du, egal, was du erfährst, in dem stillen Glück ruhen. Es ist unabhängig von Ereignissen, von deinen Emotionen, von anderen Menschen, unabhängig von Geburt und Tod.

Wenn dein Sehnen ist, in jedem Moment deines Lebens glücklich zu sein, lass dich von den Geschehnissen und von Emotionen nicht zu sehr beeindrucken. Sie können dich berühren, aber selbst dann kannst du im unsterblich Ewigen ruhen. Normalerweise glauben wir, dass das erst möglich ist, wenn wir sterben. Dabei kannst du jetzt schon quicklebendig in Frieden ruhen und nicht erst, wenn du deinen Körper verlässt. Der Frieden des Ewigen, des stillen Glücks ist immer in dir. Er begleitet dich durch alle Zeit. Darin liegt alle Erfüllung. Alles andere, wovon du dir Glück versprichst, ist vergänglich. Bist du dir des stillen Glücks bewusst, kannst du die vergänglichen Freuden genießen, aber ob du sie erfährst oder nicht, ist für dein Glück nicht mehr wichtig.

Fragende: *Immer glücklich zu sein, ist das überhaupt möglich? Es gibt doch Unglück, wie zum Beispiel einen Unfall oder einen finanziellen Bankrott zu erleiden.*

Barbara: Ich kenne eine alleinerziehende Mutter von zwei Kindern, die eine sehr erfolgreiche große Firma aufgebaut hatte, über die in Wirtschaftszeitungen berichtet wurde. Nach vielen Jahren musste sie plötzlich Insolvenz anmel-

den. Sie musste ihr Auto, ihre Eigentumswohnung, alles abgeben. Es erschien ihr, als sei ihr ganzes Leben ruiniert, einen Moment dachte sie sogar daran, vor einen Baum zu fahren. Doch ihrer Verantwortung gegenüber ihren Kindern bewusst, spürte sie plötzlich, dass sie nicht aufgeben will. Sie sagte mir, dass das, was ihr als Katastrophe erschien, für sie ein großes Geschenk war. Früher eine sehr erfolgreiche Geschäftsfrau war sie vor ihren eigenen Augen plötzlich niemand mehr. Sie entdeckte aber, dass sie auch geliebt wird, wenn sie nichts leistet, kein Geld hat. Sie erfuhr viel Unterstützung von Freunden und erlebte einen neuen Reichtum, der nichts mit Geld zu tun hat. Früher hatte sie einen Sechzehn-Stundentag, ein Kindermädchen und kaum Zeit für ihre Kinder. Jetzt hat sie Zeit für ihre Kinder, die sehr glücklich darüber sind. Sie entdeckte den Wert von menschlichen Qualitäten, hat eine neue Sicht auf das Leben. Sie baute wieder ein neues, sozial engagiertes Business auf. Jedoch mit einer ganz anderen Motivation als früher. Sie sagt, dass ihr Unglück ein Glück war, weil sie heute erfüllter und angstfreier lebt.
Ein Mann, dessen Frau Ende 30 an Krebs starb, sagte zu mir: Ich habe umfassend lieben gelernt und erfahren, dass die Liebe den Tod übersteigt. Was zunächst der absolute Alptraum für mich war, lässt mich heute das Leben bewusster und dankbarer leben. Er hat eine neue Partnerin gefunden. Ich selbst hatte in meiner Jugend sehr schwierige Jahre, in denen ich unbeschreiblich gelitten habe. Gerade, weil ich so unglücklich war, mich so getrennt fühlte, wollte ich zur Einheit zurückfinden und gab dafür alles. Dieses unendliche Leiden war vielleicht ein Antrieb, der mir half, des ONE, des stillen Glücks bewusst zu werden. Ich wollte nichts anderes als das. Was ist Glück, was Unglück? Ich weiß das nicht. Wenn du das Glück an scheinbar „glückliche Ereignisse" bindest, ist es unmöglich, immer glücklich zu sein. Da würde ich dir zustimmen. Das stille Glück, von dem ich spreche, meint eine andere Ebene. Es ist unabhängig von den Ereignissen, es ist dein Sein. Glück und Unglück bewegen sich an der Oberfläche, sind nicht fix und außerdem noch eine Frage der Definition.

Fragende: *Mir fällt es schwer, meinen Frieden unabhängig von den äußeren Geschehnissen zu fühlen. Ich verspreche mir von bestimmten Situationen Glück und Unglück. Ich bin kein ängstlicher Typ, aber manchmal begleitet mich eine leichte undefinierbare Angst, dass wir kein Geld mehr haben könnten, obwohl wir genug haben, dass jemand aus meiner Familie krank werden könnte, obwohl alle gesund sind, oder jemand seinen Job verlieren könnte. Ich weiß, dass selbst dann das Leben weitergeht. Und doch fällt es mir schwer, einfach zu leben* *und glücklich zu sein. Diese Gedanken greifen nach mir und irgendwie strebe und hoffe ich immer noch auf das Glück.*

Barbara: Selbst wenn diese Gedanken, diese Ängste erscheinen, ruht darunter stilles Glück. Es kommt und geht nicht, ist unter allem. Was, wenn du in der Zukunft nicht mehr Glück finden kannst, als jetzt sowieso schon ist? Was, wenn du nicht mehr danach strebst, wenn du jetzt ankommst, trotz dieser Gedanken? Schließe deine Augen. Was fühlst du?

Fragende: *Nichts.*

Barbara: Okay.

Fragende: *Ich möchte aber gerne etwas fühlen. Ich möchte glücklich sein.*

Barbara: Wie fühlt sich das an, nichts zu fühlen?

Fragende: *Neutral.*

Barbara: Leidest du?

Fragende: *Nein. Es ist okay. Aber ich wäre gerne glücklich.*

Barbara: Ja, genau. Da liegt das Problem, dass du glücklich sein willst und das an bestimmte Vorstellungen und Erwartungen bindest. Was stellst du dir denn darunter vor?

Fragende: *Beschwingt und voller Freude zu sein.*

Barbara: Warum kannst du nicht glücklich sein, wenn du nichts fühlst oder alles gerade neutral empfindest? Ich empfinde oft eine gewisse Neutralität. Ich bin damit sehr glücklich, weil ich nicht erwarte, immer beschwingt und voller Freude zu sein. Wenn ich es bin, ist es gut, wenn nicht, genauso.

Fragende: *Das ist mir zu wenig.*

Barbara: Da ist einfach nicht mehr, nichts und alles.

Fragende: *Weil du Glück an keinem Gefühl oder Ereignis festmachst, kannst du auf deine Art immer glücklich sein, nur anders, als ich es verstehe. Ist das so?*

Barbara: Ich tue nichts dazu. Es ist einfach so. An sich ist das für jeden Menschen möglich. Das Wort Glück ist natürlich eine Frage der Definition. Da kann es zu Missverständnissen kommen, denn ich verstehe es anders als im herkömmlichen Sinne.

Fragende. *Ich spüre das bei dir, sonst könnte ich es nicht glauben. Es scheint jedenfalls zu funktionieren. Allerdings wirklich anders, als ich mir Glück immer vorgestellt habe.*

Barbara: Es ist tiefer, freier, unabhängiger und allumfassend.

Fragende: *Das heißt, ich kann auch immer glücklich sein, wenn ich das, was ich fühle oder nicht fühle, akzeptiere, wenn ich das akzeptiere, was gerade ist, ob ich Leere fühle, Liebe, Wut, Freude oder sogar Unglück.*

Barbara: Ja.

Fragende: *Das fühlt sich unbegrenzt und so frei an, irgendwie regel- und grenzenlos.*

Barbara: Ja.

Fragende: *Wenn ich die Dinge nehme, wie sie sind, kann ich dann noch etwas verändern, was mir nicht gefällt?*

Barbara: Natürlich. Das hat doch damit nichts zu tun. Nur hängst du dein Glück nicht an diese Veränderung. Es ist frei davon.

Fragende: *Ich kann das Glück nun nicht mehr fassen. Was ist das Glück, wenn es alles ist?*

Barbara: Es ist nicht fassbar, nicht beschreibbar. Es ist jenseits von Worten. Spüre es selbst.

Fragende: *Ich freue mich gerade so, dass es so grenzenlos ist. Ich habe es immer in einen Käfig gesperrt und das nicht einmal bemerkt.*

DIE PRAXIS

Beantworte folgende Fragen:

Was, glaubst du, hindert dich, frei und vollständig glücklich zu sein?

Was, glaubst du, steht zwischen dir und dem Glück?

Wo bist du verstrickt?

Wo ziehst du Schmerz und Leid dem Glücklichsein vor?

Wofür dient dir das Leid?

Wovor hast du Angst, wenn du frei von allem in deiner Essenz ruhen könntest?

Was zu verlieren hast du Angst?

Für wessen Glück fühlst du dich verantwortlich?

Wen glaubst du nicht im Stich lassen zu dürfen?

Wen machst du für dein Glück verantwortlich?

Wen glaubst du zu brauchen, um glücklich zu sein?

Was bringst du mit Glück in Verbindung? – Womit identifizierst du Glück? Was bedeuten Glück und Unglück für dich?

Wie, glaubst du, müsste dein Leben sein, damit du glücklich sein kannst?

Wie sollten dein Partner, deine Kinder, dein Chef, die Welt sich verhalten, damit du glücklich sein kannst?

Was fehlt dir, um vollständig glücklich zu sein?

Welche Glaubenssätze hindern dich, glücklich zu sein? Wie zum Beispiel:

„Ich darf nicht glücklich sein, wenn andere leiden. Ich muss das Leid anderer mittragen. Ich darf sie nicht im Stich lassen, das wäre Verrat. Ich bin des Glücks, des Göttlichen nicht würdig etc.

Geh jetzt jede einzelne Antwort durch und mache dir bewusst, dass dich in Wahrheit nichts aufhält.

Nimm wahr, wie alles, was du als hinderlich für dein Glück ansiehst, letztendlich substanzlos ist.

Du kannst unabhängig von allem im stillen Glück, vollständig aus dir selbst heraus ruhen. Wenn du all dem nicht glaubst, es hinter dir lässt, bleibt stilles Glück.

Es gibt keinen Mangel an Glück. Du glaubst nur, es würde dir vorenthalten oder dass dich etwas daran hindert. Lass die Quelle des Glücks dich erfüllen. Sei glücklich – nur aus dem Dasein selbst heraus. Dazu brauchst du nichts. Nichts hindert dich.

Grundlos glücklich

Vervollständige folgende Sätze:

Ich wäre glücklicher, wenn ich …
(z.B. Ich wäre glücklicher, wenn ich nicht so eifersüchtig wäre.)

Ich wäre glücklicher, wenn …
(z.B. Ich wäre glücklicher, wenn mein Mann nicht so unaufmerksam wäre.)

Ich wäre glücklicher, wenn …
(z.B.: Ich wäre glücklicher, wenn mein Chef meine Leistung endlich anerkennen würde.)

Was, glaubst du, fehlt dir zu deinem vollständigen Glück?
Zu meinen vollständigen Glück fehlt mir …
(z.B. Zu meinem vollständigen Glück fehlt mir Geld und beruflicher Erfolg.)

1. Teil

Du sitzt deinem Partner gegenüber.

Du sagst zu deinem Partner einen deiner Glaubenssätze, wie z.B. „Ich wäre glücklicher, wenn mein Mann nicht so unaufmerksam wäre."

Dein Partner antwortet aus dem Bewusstsein vollständigen Seins, glücklich aus sich selbst heraus: „Was hat dein (wahres) Glück damit zu tun?"

Du lässt seine Antwort wirken. Ihr wiederholt den gesamten Ablauf circa 30-mal.

Schau, was geschieht, wenn dein Partner nicht deinen Ausflüchten, warum du nicht glücklich sein kannst, zustimmt, sondern dich an das stilles Glück, das immer, ungeachtet aller äußeren Umstände, in dir ruht, erinnert.

2. Teil

Dann wiederholt dein Partner jetzt deinen Glaubensatz: „Ich wäre glücklicher, wenn mein Mann nicht so unaufmerksam wäre."

Du hörst dir deinen Glaubenssatz von deinem Partner ausgesprochen an. So hast du die Möglichkeit, deinen verinnerlichten Glaubenssatz mit Abstand zu betrachten.

Jetzt antwortest du aus dem Bewusstsein vollständigen Seins, glücklich aus dir selbst heraus: „Was hat dein (wahres) Glück damit zu tun?"
(circa 30-mal wiederholen)

Befreiung aus Verstrickungen in Beziehungen

Bei wem vergisst du deine Vollständigkeit, die Unabhängigkeit deines Glücks?

Wen oder was glaubst du zu brauchen, um glücklich zu sein?

An wen bist du gebunden, mit wem bist du verstrickt?

Schau, welches Gefühl, welcher Glaube, dich an diese Person bindet?

Wie z.B.: „Ich kann ohne dich nicht glücklich sein." „Ich will deine Erwartungen erfüllen."

„Ich fühle mich für dich und dein Glück verantwortlich." „Ich brauche deine Anerkennung." „Ich fühle mich schuldig." „Ich darf dich nicht im Stich lassen." „Ich darf nicht glücklich sein, wenn du leidest." „Ich brauche deine Liebe."

Übung zu dritt:

Du stellst dich hin. Das Wesen, an das du dich gebunden fühlst, bei dem du die Vollständigkeit und Unabhängigkeit deines Glücks vergisst, dein Partner, deine Mutter, dein Vater, dein Chef, steht durch Partner A symbolisiert direkt vor dir.

Du schließt deine Augen, siehst diesen Menschen, mit dem du verstrickt bist, vor deinem inneren Auge, spürst die Gefühle, die mit eurer Verstrickung, deinem Glaubensatz verbunden sind.

Dann öffnest du die Augen und siehst Partner A an.

Du sagst deinen Glaubenssatz, wie z.B.: „Ich kann ohne dich nicht glücklich sein."

Partner A steht nur vor dir und antwortet nicht. Du wiederholst circa 30-mal deinen Glaubensatz, wie zum Beispiel: „Ich kann ohne dich nicht glücklich sein", und schaust, was geschieht. Lass die Gefühle fließen.

Partner B symbolisiert dein wahres Selbst, unabhängiges Glück, das vollständig aus sich selbst heraus ist, das du aber in Momenten emotionaler Verstrickung nicht wahrnimmst.

Er stellt sich jetzt in großem Abstand hinter dich, bringt dir das vollständige, stille Glück, dein Sein wieder ins Bewusstsein.

Mit jedem Schritt, den du dich innerlich von der Verstrickung mit diesem Menschen, symbolisiert durch A, lösen kannst und dir des unabhängigen Glücks bewusst wirst, gehst du einen Schritt rückwärts, bis du dich schließlich ganz von ihm gelöst hast. Du kommst ganz in stillem Glück bei Partner B an und wirst eins damit.

Dann schaust du aus dem Bewusstsein stillen Glücks Partner A, der deine Mutter, deinen Vater, deinen Partner symbolisiert, an und schaust, was von selbst geschehen will.

Während der ganzen Übung tue das, was sich für dich passend anfühlt. Erzwinge nichts, sei wahrhaftig.

Das innere Lächeln

„Das innere Lächeln" erinnert dich an das grundlose Glück in dir und hat einen entspannenden Effekt auf Körper, Seele und Geist, auch auf die Muskulatur. Zunächst mag es dir vielleicht künstlich vorkommen und als würdest du deine Gefühle überspielen oder mit der Vorstellung verbunden, immer gut drauf sein zu müssen.

Mit der Zeit merkst du aber, dass es vielmehr die feine, leichte Schwingung deines Selbst, deiner Buddhanatur, widerspiegelt und du dir dessen bewusst wirst, was tiefer ist als alle Ängste, alle Sorgen.

Lege dich bequem auf den Rücken und nimm zunächst deinen Körper wahr. Spüre, wie dein Atem fließt und allmählich tiefer wird. Entspanne dich.

Mit jedem Ausatmen entspannen sich deine Füße und Beine, Bauch und Becken, dein Rücken, die Schultern, Arme und Hände und schließlich Hals und Kopf.

Atme dabei tief und gleichmäßig und vertiefe die Ausatmung immer mehr. Dein Körper wird entspannt und gelöst.

Lass ein Lächeln entstehen, ein ganz feines, das innen beginnt und sich langsam auf deinem Gesicht ausbreitet. Stell dir vor, dass du dir selbst zulächelst.

Schicke dieses innere Lächeln zuerst in deinen Solarplexus, etwas oberhalb des Nabels. Das Lächeln entspannt den Bereich um den Nabel herum.

Lächele dann den Organen in deinem Unterleib zu.

Darm, Blase, Nieren und Fortpflanzungsorgane entspannen sich durch das innere Lächeln.

Spüre, wie sich dein ganzer Bauch durch dein Lächeln entspannt.

Lächele dann deinem Magen, deiner Bauchspeicheldrüse, der Leber und der Gallenblase zu. Lächele in dein Herz hinein, in deine Lungen und Bronchien.

Lächele zuletzt deinem ganzen Körper zu, deinem ganzen Wesen. Lass sich dieses Lächeln überall in dir ausbreiten, dich ganz erfassen. Werde zu diesem feinen Lächeln inneren Friedens und reinen Seins. Lass es in jeder Zelle deines Seins erstrahlen.

Unsere tiefste Angst ist nicht, dass wir unzulänglich sind.
Unsere tiefste Angst ist, dass wir unermesslich machtvoll sind.
Es ist unser Licht, das wir fürchten.
Wir fragen uns: Wer bin ich denn eigentlich, dass ich leuchtend,
hinreißend, begnadet und phantastisch sein darf?
Wer bist du denn, es nicht zu sein?
Du bist ein Kind Gottes.
Wenn du dich klein machst, dient das der Welt nicht.
Es hat nichts mit Erleuchtung zu tun, wenn du schrumpfst,
damit andere um dich herum sich nicht verunsichert fühlen.
Wir wurden geboren, um die Herrlichkeit Gottes zu verwirklichen,
die in uns ist.
Sie ist nicht nur in einigen von uns, sie ist in jedem Menschen.
Und wenn wir unser eigenes Licht erstrahlen lassen,
geben wir unbewusst anderen Menschen die Erlaubnis, dasselbe zu tun.
Wenn wir uns von unserer eigenen Angst befreit haben,
wird unsere Gegenwart ohne unser Zutun andere befreien.

Nelson Mandela, Antrittsrede 1994

ONE – DAS EINE BEWUSSTSEIN

Kennst du die Sehnsucht in das stille Glück, in die Einheit, in bedingungslosen Frieden eintauchen zu wollen, danach, dich glücklich und sorglos zu fühlen? Erscheint dir das manchmal hier auf Erden unmöglich? Dabei hast du die Einheit, das stille Glück nie verlassen. Obwohl es sich vielleicht so anfühlt, bist du aber nie aus dem Paradies gefallen. Einzig das identifizierte duale Bewusstsein hat dich glauben lassen, getrennt vom ONE zu sein. Nur die Tatsache, dass du dich komplett mit einem getrennten Ich, mit einer Person identifiziert hast, hat dich den scheinbaren Fall aus dem Paradies fühlen lassen. Wenn du mit deinem getrennten Ich identifiziert bist, fühlt es sich unmöglich an, in einem Körper den Himmel auf Erden zu leben und vollständig glücklich zu sein. Du brauchst aber nicht erst ins Paradies, „nach zuhause“, zurückzukehren, weil du schon immer ONE, das Eine, bist. Du kannst nur den Schleier lüften und den Glauben überwinden, dass du getrennt bist. Es geht weniger ums Tun, als zuzulassen, dass du jetzt ONE, jetzt zu Hause bist und unbewusst nicht mehr weiter nach dem Paradies suchen musst. Du findest es, wenn du der Illusion der Trennung nicht glaubst. Der Apfel der Versuchung liegt in deinem scheinbar getrennten Ich, in dem Bestreben, jemand sein zu wollen. Den Preis, den du dafür zahlst, ist der Schmerz der Trennung.

Wenn du die Illusion der Trennung überwindest, geht deine Individualität, deine Einzigartigkeit, trotzdem nicht verloren. Du bist einfach nur ungeteilt im ONE zu Hause, des Einen hinter allem gewahr. Hinter aller Unterschiedlichkeit existiert nur Einssein, dasselbe Selbst. Es gibt Milliarden von Menschen und kein Mensch ist wie ein anderer. Und doch ist ihr aller Ursprung das ONE. Gerade wenn du dir des ONE hinter allem gewahr bist, kannst du die Individualität eines jeden Menschen schätzen und spürst gleichzeitig das gemeinsame Sein dahinter.

Wenn du dich abtrennst, fällt es dir schwer, die unendliche Vielfalt menschlichen Seins zuzulassen, weil du dich davon bedroht fühlst.

Du empfindest dann vieles als Angriff gegen dich und deine Vorstellung vom richtigen Leben, bewertest andere und vergleichst dich. Des ONE gewahr kannst du diese Unterschiedlichkeit schätzen. Obwohl du das ONE hinter allem vernimmst, wird nicht alles beliebig oder austauschbar. Nach wie vor spürst du eine Anziehung zu bestimmten Menschen, Orten und Erfahrungen. Nur fühlst du dich nicht mehr bedroht und verspürst kein Bestreben mehr, Recht haben zu müssen.

Manche Menschen kennen das undefinierbare Gefühl, die Einheit, das Paradies „im Himmel" erfahren zu haben, als sie noch keinen Körper hatten. Es ist wie eine ferne Erinnerung an etwas Unfassbares. Wenn du die Einheit unbewusst irgendwo anders und nicht in deinem Körper vermutest, bist du gerne mit deinen Gedanken woanders und nicht in deinem Körper präsent. Du glaubst unbewusst, dich von deinem Körper lösen zu müssen, um das ONE zu erfahren. Du sträubst dich dagegen, dich ganz auf dein Leben, einzulassen, hast Angst, dann das Paradies endgültig zu verlieren. Du glaubst einen Hauch davon halten zu können, indem du nicht ganz ankommst. Wenn in dir die Sehnsucht nach dem Einen groß ist, du dich aber nicht ganz mit deinem Erdendasein abfinden kannst, befindest du dich in einem Dilemma. Du lebst nun einmal hier in einem Körper. Das nicht zu wollen, ist schmerzhaft und bringt dir das ONE, „dein Zuhause", nicht näher. Es erschwert dein Leben enorm, wenn du dir immer eine Hintertür, sei es in Beziehungen, in deiner Partnerschaft oder im Beruf offen lässt. Wenn du dich nicht ganz auf das Leben einlässt und immer ein bisschen im Widerstand bist, kann das Leben sich beizeiten wie eine Bürde anfühlen. Du lebst mit angezogener Handbremse und schöpfst nicht aus dem Vollen. Wenn du das ONE, das Paradies, getrennt von dir wahrnimmst oder an einem fernen, unbekannten Ort vermutest, greife jetzt einfach diese Illusion auf. Nimm das Paradies, das Sein vollkommenen Friedens, mit in deinen Körper, hole es „vom Himmel" herunter und verankere es in deinem Körper. In Wahrheit kannst du es nicht zu dir herunterholen und verankern, denn es ist dein Sein, es ist überall. Aber vielleicht hilft es dir dabei, nicht mehr nach dem Glück, nach bedingungsloser Liebe zu suchen, sondern sie hier und jetzt ungeteilt zu fühlen. Du kannst das Paradies nicht an einem anderen Ort oder in der Zukunft finden, sondern nur hier und jetzt in dir.

Es ist unglaublich, wo wir es überall vermuten, nur nicht hier und in uns selbst. Wir können es nur nicht erkennen, weil wir bestimmte Vorstellungen und äußere Merkmale daran knüpfen. Unbewusst wartest du auf eine bessere Welt, die hier auf Erden nicht möglich zu sein scheint. Das Paradies hat aber nichts mit deinen Vorstellungen von einem Paradies gemein, das an äußeren Merkmalen und Bildern festzumachen ist. Es betrifft die innere Dimension.

Unabhängig von den äußeren Erscheinungen findest du es im Frieden, in der Liebe, im stillen Urgrund deines Seins.

Wenn deine Vorstellung vom Paradies ist, dass alle Menschen immer nett miteinander sein müssen, hast du natürlich hier auf Erden schlechte Karten. Das Paradies scheint dann Lichtjahre entfernt zu sein. Auf Erden geht es um die Meisterschaft. Hier wirst du nicht in Watte gepackt, begegnest Streit, Krieg, Kampf und Gefühlen wie Einsamkeit, Traurigkeit, Verletzung, Trennung und Härte. Das Leben bewegt sich nicht im Weichspülgang oder auf einer rosa Wolke. Hier ist es eine große Herausforderung, des ONE gewahr zu sein, und erfordert die Bedingungslosigkeit deiner Liebe. Wenn alles an der Oberfläche paradiesisch anmutet, ist es einfach. Dann ist das ONE, das Paradies, durch perfekte paradiesische Umstände getragen. Hier gilt es tiefer zu schauen, dich von den Illusionen nicht täuschen und von den Verführungen nicht locken zu lassen. Hier kannst du lernen, dass das ONE keine Bedingung kennt, nicht einmal die Bedingung, dass alle immer freundlich sein müssen. Du kannst lernen, dass das ONE wirklich alles umfasst, überall ist, selbst dort, wo du es am wenigsten vermutest. Egal, wie weit dir manches vom ONE entfernt zu sein scheint, es ist trotzdem das Eine. Es schließt nichts aus, auch nicht das Hässlichste und Grauenvollste. Die Welt muss nicht erst friedlich und liebevoll werden. Es reicht, wenn du jetzt selbst in dir Frieden findest. Der Rest regelt sich von selbst. Du kannst im ONE ruhen, unabhängig davon, was du erfährst. Du musst dich von den äußeren Dingen nicht bluffen lassen. Sie kommen und gehen. Das Paradies ist aber immer in dir. Du bist ONE, egal, wo du dich befindest, ob du in einem Körper lebst oder ihn verlassen hast. Du bist darin zu Hause, immer und überall. Wenn du in stillem Frieden ruhst, wird deine Welt friedlich. Selbst wenn alles Äußere unverändert bleibt, erscheint sie dir in einem anderen, friedvolleren Licht.

Wenn du das Gefühl hast, dass dir etwas fehlt, um vollständig glücklich zu sein, und du mit bestimmten Situationen deines Lebens unzufrieden bist, haderst du unbewusst mit dem Schicksal, „mit Gott". Dann kannst du bestimmte Aspekte deines Lebens nicht akzeptieren, z.B. nicht akzeptieren, dass du noch nicht den perfekten Partner gefunden hast, nicht über mehr Geld verfügst und dass sich deine Kinder, dein Chef, die Nachbarn oder Politiker nicht so verhalten, wie du es erwartest. Vielleicht wirfst du auch unbewusst „Gott" oder dem Schicksal vor, dass die Welt so ist, wie sie ist, dass Menschen leiden und sogar Kriege führen. Du haderst vielleicht auch damit, dass das Leben nicht immer friedlich und liebevoll ist, das das „Größere" die scheinbare Abtrennung der Menschen von der Liebe, vom Frieden zugelassen hat und du dich oft hart durchkämpfen musstest. Vielleicht haderst du auch mit deinem Schicksal, weil deine Mutter so früh gestorben ist oder weil dir bis jetzt die große Liebe vorenthalten wurde und du dich stattdessen mit deinem schwierigen Partner herumquälst. Vielleicht haderst du damit, alleine zu leben, dass du nicht das Ansehen, den Job und das Geld hast, von dem du glaubst, dass es dir zusteht. Vielleicht fragst du dich manchmal, warum das so ist, und verstehst den Sinn nicht. Das Leben ist aber zu groß, zu unendlich, als dass es sich erfassen und sich ein Sinn definieren ließe. Alle Erklärungen sind nur ein kleiner Ausschnitt, eine relative Wahrheit. Du musst und kannst das Leben nicht wirklich begreifen, aber du kannst es akzeptieren, dich nichts wissend der unendlichen Weisheit hinter allem hingeben. Du glaubst nur, dass es dir helfen würde, mehr zu verstehen. Dabei hindert es dich oftmals mehr, als dass es dir hilft.

Wenn du dir bewusst wirst, dass dein Verstand zu klein ist, um die Unendlichkeit zu erfassen, wirst du demütig und gibst dich ihr einfach hin. Du kannst den Kampf gegen „Gott", gegen das Leben nicht gewinnen. Sie lehren dich schmerzhaft eines Besseren. Die Welt beugt sich nicht deinen Vorstellungen. Schau dir lieber einmal das Wunder des Lebens an. Glaubst du dann immer noch, dass du alles besser weißt? Wenn du als getrenntes Ich glaubst, alles wissen und in der Hand haben zu müssen, wird das Leben zur Last. Du scheiterst, weil es aussichtslos ist. Das Leben unterliegt nicht deiner Kontrolle und du musst auch nicht alle Probleme der Menschheit lösen. Es stellt sich auch die Frage: Gibt es überhaupt ein Problem, oder folgt alles einem vollkommenen Fluss?

Dein Leben wird leicht, wenn du nicht mehr gegen das ONE, das Größere, kämpfst, sondern mit ihm fließt, in ihm aufgehst. Du vertraust dich sorgenlos dem Größeren an und leistest deinen Beitrag, um das Paradies auf Erden zu leben. Gib einfach all deine Fragen, Ängste, alle scheinbaren Probleme, für die du keine Lösung findest, in die Hände des Einen. Gib dich, gib alles dem ONE hin. Die Vorstellung, dass sich dein Ich wieder mit dem ONE vereinen und sich ihm hingeben muss, ist eigentlich eine Illusion, weil es kein Ich getrennt vom ONE gibt. Trotzdem kann das hilfreich sein in den Momenten, in denen du dich vom ONE getrennt fühlst.

Wenn du dich total mit deinem scheinbaren Ich, mit deinen Gefühlen, Gedanken, den Ereignissen deines Lebens identifizierst, werden die kleinsten Kleinigkeiten zu einem Problem. Dann ist es fast aussichtslos, dein Leben entspannt und glücklich zu leben. Du überbewertest die Geschehnisse, deine Gefühle, Gedanken und Erwartungen. Dabei sind sie wenig relevant für dein Glück.

Erinnere dich jetzt lieber an das vollkommene Sein, an das Paradies, das ewig unzerstörbar in dir ruht. Es ist näher als nah. Es ist hier und jetzt. Du bist es, warst es, wirst es immer sein. Du kannst es jetzt sein, oder nie. Lass es zu, dass es jetzt ist. Du musst nicht mehr danach suchen. Du bist ONE, du bist zu Hause, jetzt. Lass das Paradies, das du so weit von dir entfernt vermutet hast, in deinem Körper, in deinem Herzen Platz nehmen. Der Schleier der Trennung, des Vergessens will fallen. Du bist ONE, immer, ewig und jenseits aller Zeit.

Fragende: *Als Kind weinte ich manchmal, wenn ich abends im Bett lag. Ich sagte zu meiner Mutter: „Mama ich will heim, ich habe Angst." Meine Mutter reagierte verwundert, so, als würde sie mich nicht verstehen: „Aber du bist doch daheim."*

Während der Übung, die du mit uns gemacht hast, erinnerte ich mich an all das wieder. Zum ersten Mal begriff ich, wonach ich mich seit meiner Kindheit gesehnt habe, nach diesem heilen Ort. Ich konnte es plötzlich erfahren und fühlen. Ich war so tief berührt, dass die Tränen nur so liefen. Ich habe erstmals begriffen, dass meine tiefe Sehnsucht nach Zuhause immer diesem Frieden, dieser Unendlichkeit galt. Gleichzeitig fiel mir wie Schuppen von den Augen, dass ich das hier und jetzt erfahren und hier und jetzt meinen Frieden finden kann. – Nicht erst körperlos, als „freie leichte Seele." Ich fühlte mich so erleichtert und erkannte, dass mein Sein nie endet und ich mich nicht mehr nach etwas Vollkommenen sehnen muss, weil es hier ist, so vollkommen wie das Leben als Seele auch. Ich bin immer noch überwältigt. Ich fühle diese Liebe, diesen Frieden immer noch.

Barbara: Das freut mich. Genieße es einfach.

* * *

Fragender: *Ich habe eine Frau, die ich sehr liebe, zwei wunderbare Kinder, ein großes Haus, bin beruflich sehr erfolgreich, und finanziell gesehen geht es uns auch sehr, sehr gut. Ich habe wirklich alles, was ich mir je erträumt habe. Ich glaubte immer, dass ich dann endlich glücklich wäre. Aber es ist nicht so. Irgendetwas fehlt mir trotzdem. Zum einen merkte ich plötzlich, dass dieses Glück zerbrechlich ist, und dann, dass mir innerlich etwas fehlte. Ich wusste zunächst nicht, warum ich zu dir wollte. Ich gehe normalerweise nicht zu solchen Veran-*

staltungen. Das ist das erste Mal. Ich sah ein Foto von dir und war berührt. Ich konnte es nicht erklären und dachte nur: „Da gehe ich mal hin. Als ich hierher fuhr, dachte ich, ich kehre wieder um. Was soll ich da? Was mache ich für einen Quatsch? Das brauche ich doch nicht." Erst jetzt, nach dieser Übung gerade, weiß ich, warum ich hier bin. Ich habe nach dieser allumfassenden Liebe gesucht, danach, mich wieder ganz zu fühlen. Die Übungen vorher haben schon etwas in mir bewegt, aber bei dieser Übung musste ich weinen. Ich weine sonst nie. Ich bin von meiner Sehnsucht, meinem Schmerz überwältigt worden und dann waren es Tränen voller Glück und Freude. Ich habe geweint, weil ich das so vermisst habe. Spannend war für mich dann auch, dass ich das alles in mir trage, dass ich es bin. Da war nichts mehr, ich war einfach nur und bin es noch. Es klingt vielleicht komisch. Ich kann das nicht so gut beschreiben. Ich habe keine Frage an dich. Ich wollte nur meine Erfahrung mitteilen. Alle Fragen, mit denen ich gekommen bin, spielen gerade keine Rolle mehr. Es ist, als hätte ich die Antwort in dieser Erfahrung, in diesem Gefühl gefunden. Ich freue mich sehr, hier zu sein. Gut, dass ich doch gegangen bin.

Barbara: Ja, wunderbar, dass du da bist. Bei dir wird besonders deutlich, wie wir alles haben können und doch die Suche erst in dem Dasein selbst endet. Wir sind so geprägt worden, dass wir glauben, wenn ich erst den richtigen Mann, die richtige Frau, einen gut bezahlten Job, ein tolles Haus hätte, dann wäre alles gut, dann wäre ich endlich glücklich.

Fragender: *Ich wollte immer glücklich sein, deswegen habe ich alle Kraft in die Erfüllung meiner Träume gegeben, um festzustellen, dass es um etwas ganz anderes geht. Ich bin gerade dankbar, dass ich so viel Kraft investiert habe, alles zu erreichen, von dem ich glaubte, dass es mich glücklich macht. Erst dann konnte mein Irrglaube platzen. Sonst hätte ich wahrscheinlich weiter geglaubt, dass ich dann, wenn ich alles habe, glücklich wäre. Ich bin sehr dankbar für meine Frau, meine Kinder und meine Arbeit. Ich bin reich beschenkt und weiß das zu schätzen. Das ist nicht selbstverständlich. Und doch bin ich so froh für das, was ich jetzt fühle, unabhängig von allen äußeren Dingen und allen Menschen.*

* * *

Fragende: *Wenn ich so höre, was die anderen alles erfahren haben, habe ich das Gefühl, etwas verpasst zu haben. Ich konnte nicht ganz folgen, bin zwischendurch eingeschlafen. Ich tue mich schwer. Ich kann das nicht so wie die anderen.*

Es fällt mir sogar schwer, jetzt zu sprechen, weil ich mich so anders fühle, als gehöre ich nicht hierhin, obwohl ich mich schon so lange auf das Training gefreut habe. Ich kenne das Gefühl, dass ich nicht dazugehöre, weil ich manches nicht so hinbekomme wie die anderen.

Barbara: Weshalb solltest du nicht dazugehören? Für mich bist du willkommen wie alle hier. Es geht nicht um eine bestimmte Erfahrung, um ein Ergebnis. Die Übungen sind Angebote. Nicht jedem liegt jede Übung. Für den einen ist sie intensiv, für den anderen nicht. Um all das geht es hier nicht. Es geht um keine Leistung, um keine bestimmte Erfahrung. Das ONE schließt alle Erfahrungen, alle Gefühle mit ein, auch die, die du erfahren hast. Was hast du während der Übung gefühlt?

***Fragende:** Zunächst war ich total entspannt, deine Stimme hat mir gut getan. Ich lag da, war ganz ruhig. Dann bin ich eingeschlafen. Ich habe normalerweise Schwierigkeiten einzuschlafen. Ich liege immer lange wach. Und ausgerechnet jetzt bin ich hier eingeschlafen.*

Barbara: Ja, prima.

***Fragende:** Ich wollte doch die Übung machen. Ich habe mich dann geärgert, konnte nicht mehr richtig folgen.*

Barbara: Was, wenn du dich nicht geärgert hättest und nicht den Glauben gehabt hättest, dass dir etwas Wichtiges entgeht?

***Fragende:** Dann hätte ich wohl ganz entspannt dort weiter gelegen. An sich tat mir das total gut. Ich konnte loslassen, musste nicht denken, wie sonst, wenn ich liege.*

Barbara: Was willst du mehr? Egal, was ist, es ist gut. Es geht nicht um besondere Erfahrungen, sondern um den tiefen Frieden mit allen Erfahrungen. Das ONE ist in und hinter allen Erfahrungen. Du kannst dich darin entspannen. Es ist wie ein Urgrund, der unter allem liegt. Selbst Glückseligkeit ist eine Erfahrung, die kommen und gehen kann.

Du trennst in gute und schlechte Erfahrungen. Vertraue dem, was ist, und nicht, was du denkst, was sein sollte. Du hast deinen Frieden nur durch deine Vorstellung gestört, dass du eine andere Erfahrung machen müsstest und weil du geglaubt hast, dass du etwas falsch machst. Dabei sieh, welche Weisheit darin lag, dich diese Erfahrung machen zu lassen, die du gemacht hast. Wie wunderbar, dass du dich entspannen konntest.

***Fragende:** Ja, das stimmt. Oft reicht mir das, was ich tue und wie ich bin, nicht. Du meinst, das war okay, was ich gefühlt habe und dass ich geschlafen habe?*

Barbara: Ja, klar. Warum nicht?

Fragende: *Es gibt Richtungen, die sagen, dann gehe die Achtsamkeit verloren, dass es nicht gut ist, beim Meditieren einzuschlafen. Ich meine, in manchen buddhistischen Linien gibt es einen Hieb. Dann war ich doch nicht achtsam, sondern sehr unbewusst.*

Barbara: Ich kann nur sagen, dass ich mich über dich freue, und auch, dass du geschlafen hast. Was ist gegen deinen Schlaf einzuwenden? Ob du bewusst oder unbewusst bist, spielt auch keine Rolle. Das ONE umfasst beides. Das Bewusstsein, von dem ich spreche, kennt kein Gegenteil. Darin ist unsere duale Vorstellung von bewusst und unbewusst auch enthalten. In beidem liegt Frieden. Was bei dir Stress verursacht, ist nicht, dass du der Übung nicht gefolgt bist, sondern wie du das bewertet hast. Das ONE, das Leben ist doch immer mit oder ohne diese Übung. Es ist an nichts gebunden. Ob du Karten spielst, schläfst oder herumalberst. Das ist alles nicht so todernst.

Fragende: *Bei dir klingt das alles so leicht.*

Barbara: Ist es auch. Egal, was du tust, erfährst oder fühlst, du bist ONE. Nichts kann dir passieren.

Fragende: *Das heißt, dass selbst die unspirituellen Dinge spirituell sind?*

Barbara: Es stellt sich ja schon die Frage, was spirituell ist und was nicht? Ich kann das nicht beantworten. Für mich gibt es diese Trennung nicht. Bin ich unspirituell, weil ich gerne Fußball gucke, herumgröhle, Sport mag, oder spirituell, weil ich mich fast ausschließlich vegan ernähre, gerne die Stille in den Bergen mag und wir keinen Fernseher zu Hause haben. Um all das geht es nicht. Das ONE ist tiefer, es ist auch, wenn ich Fleisch essen würde, von morgens bis abends Fernsehen schauen und nie meditieren würde. Du bist immer ONE, kannst immer darin ruhen. Ich habe nie bewusst meditiert, hatte auch keinen Meister. Ich erfülle viele spirituelle Klischees nicht, im Gegenteil. Außerdem ist es, wenn du einfach in dir in Frieden bist, egal, ob du spirituell bist oder nicht oder wie jemand das bewertet. Wer soll ONE, wer soll erwacht sein, wer nicht? Das ist belanglos. Und wenn du daliegst und schläfst und dich wohlfühlst, ist das doch wunderbar!

Fragende: *Ich fühle mich gar nicht mehr so falsch und anders. Aber warum fühle ich mich oft so anders als andere und fremd?*

Barbara: Deine Erscheinung, dein Ausdruck ist ja einzigartig und anders als der anderer. Niemand ist wie ein anderer. Auch wenn wir dahinter nur dasselbe sind. Ich kenne das gut. Ich habe mich früher oft so gefühlt. Barbara heißt witzigerweise noch die Fremde, Fremdländische. Als Kind nahm ich schon manches anders wahr als andere und stieß auf Unverständnis. Ich beschäftigte mich mit dem Sinn des Lebens, mit dem Tod, dem Glück. Besonders in der Pubertät war das ganz schwierig, als alle zu Partys gingen und ich mit vielem, was ihnen wichtig erschien, nichts anfangen konnte. Selbst beim Studium war ich anders, gab es manches, das sich nicht überbrücken ließ. Der Schmerz hörte auf, als ich das akzeptierte, als ich nicht mehr erwartete, sie müssten mich verstehen oder ich müsste anders sein. Als ich erkannte, wie wir demselben entspringen, dasselbe sind, trotz aller Unterschiedlichkeit, spürte ich Frieden, ein zartes Band der Liebe. Ich wollte und suchte nicht nach mehr. Ich war einfach da.

Schauen wir mal, wer hier noch das Gefühl kennt, nicht dazuzugehören?

Fragende: *Was, so viele, und ich dachte, ich wäre die einzige.*

Barbara: Ja, so ist das mit unseren Vorstellungen und Gedanken. Wie fühlst du dich jetzt?

Fragende: *Gut. Ich fühle mich gerade sehr verstanden und nicht anders und allein. Es ist schön, dass das so viele nachvollziehen können.*

Barbara: *Und selbst wenn wir dich nicht verstehen würden, selbst dann wärest du all-eins. Selbst unser Verständnis ist nicht nötig, um im ONE zu ruhen.*

Fragende: *Ja, das ist gut, dass du mir das noch mal sagst. Es tut mir aber trotzdem auch gut, dass ihr mitfühlen könnt und mich versteht.*

Barbara: *Das eine schließt das andere ja nicht aus.*

DIE PRAXIS

Beantworte folgende Fragen:

Wo haderst du mit dem Schicksal oder mit „Gott"?

Was, glaubst du, sollte anders sein in dieser Welt?

Wo fühlst du dich vom Schicksal benachteiligt oder vergessen?

Was, glaubst du, wird dir vorenthalten?

Glaubst du der vollkommenen Liebe, des ONE, nicht würdig zu sein?

In welchen Aspekten kämpfst du gegen das Leben?

Hingabe des Ichs

Du siehst all die Fragen, Probleme, all das, was ungelöst zu sein scheint, dass du dich im Kreis drehst und es keine Lösung zu geben scheint, vor dir. Spüre die Grenzen deiner persönlichen Macht.

Lege all das dem Göttlichen, der Quelle, dem ONE, dem größeren Ganzen, zu Füßen in einer Form, die dir passend scheint. Du kniest hin oder verbeugst dich, übergibst alle Probleme, alle Fragen, alles Persönliche dem Göttlichen.

Du kannst das mit Worten unterstützen: „Ich erkenne das größere Ganze an. Ich gebe mich dem göttlichen Willen, dem Einen Sein hin und handle in diesem Sinne, wo immer dieser Weg mich hinführen mag. Ich stelle alles in seinen Dienst. Ich gebe mein ganzes Leben, alles Persönliche in die Hand des Einen. Ich lasse mich fallen. Ich bin einfach nur, ohne Vorstellungen, wie die Welt zu sein hat, wie ein Kind, das zum ersten Mal die Welt erblickt."

Du übergibst so alle Vorstellungen, alle Erwartungen, jegliches Wollen dem ONE, bis nichts mehr bleibt, und wirst selbst zu dieser göttlichen, namenlosen, formlosen Kraft. Erzwinge jedoch nichts, – wenn du Widerstände spürst und Angst hast, dich ganz hinzugeben, nimm wahr, woran du festhältst.

Letztendlich kannst du dein Ich nicht dem ONE, dem Göttlichen, hingeben, weil es kein Ich getrennt von Gott gibt. Aber in der Illusion eines persönlichen Ichs und seiner Kontrolle kannst du so in dem ONE-Bewusstsein aufgehen.

Wenn du mit deinem Leben oder bestimmten Aspekten des Lebens haderst, dich von der Quelle, dem ONE getrennt und vergessen fühlst:

Experimentiere mit folgenden Sätzen:

Ich hadere/fühle mich zurückgewiesen und vergessen, weil ich die Liebe nicht sehen und zulassen kann.

Ich weiß nichts wirklich.
Ich weiß nicht, wofür die Dinge gut sind.

Ich erkenne die Weisheit des Lebens an.

Ich akzeptiere, sein Schüler zu sein und nicht alles besser zu wissen.

Ich öffne mich für die Unendlichkeit der Liebe.

Dort, wo ich Mangel sehe, ist Fülle. Dort, wo ich Unvollkommenheit sehe, ist nichts als Vollkommenheit.

Und dann schaue, ob es dir möglich ist, dich der Vollkommenheit des Seins, dem ONE anzuvertrauen, hinzugeben.

Rückkehr zur Einheit – die Schleier fallen

Die folgende Übung ist hilfreich, wenn du dich von dem ONE, der Einheit, getrennt fühlst. Dass du getrennt vom Einen bist, ist bereits die Illusion. Ich greife diese Illusion aber auf, um sie dann enden zu lassen. Diese Übung fungiert wie eine Brücke, dich des ONE gewahr werden zu lassen. Sprich dir den Text auf einen Tonträger, oder lass ihn dir vorlesen.

Und nun schließ deine Augen. Erlaube deinem Körper, sich vollständig zu entspannen. Lass dich fallen, lass dich berühren von dem sanften Geruch, von der sanften Berührung ewiger, unsterblicher Liebe, die dich von innen durchströmt und von außen umhüllt. Es gibt nichts zu tun. Du bist willkommen. Es gibt nichts zu erzwingen, nichts, was du falsch machen könntest. Diese Reise hat ihre eigene Weisheit. Du musst nichts steuern. Selbst wenn scheinbar nichts geschieht, geschieht etwas. Bewusstsein, Energie wirkt von selbst. Reines Da-Sein, mehr nicht. Spüre die Weite, nur zu sein. Und mit jedem Atemzug entspannst du dich tiefer. Mit jedem Atemzug spürst du tiefen Frieden. Allein diese Worte, die Energie, die mit diesen Worten in Verbindung ist, wirkt. Gib ab, gib dich hin. Und so nimmst du jetzt wahr, wie du von dem ewigen, unsterblichen Licht aus der Quelle allen Seins durchströmt, durchflossen und umhüllt bist. Kein Anfang, kein Ende, vollkommen durchströmt von unsterblichem, ewigem Bewusstsein.

Nimm wahr, wie du jetzt in absoluter Geschwindigkeit, wie ein Wimpernschlag, durch die Welten reist, zu der Dimension, wo du dich zu Hause und zugehörig fühlst.

Nimm wahr, wie du dort hingelangst und wo du jetzt bist. Nimm deine Umgebung wahr. Gibt es dort Formen? Gibt es dort Farben, Gebäude, Wesen? Und wie sehen diese aus? Nimm die Wesen wahr, wenn es welche gibt, die du als deine Familie empfindest. Spüre ihre Energiequalität.

Vielleicht ist es auch eine Dimension, die keine Formen kennt, die formlos ist oder wo die Formen wechseln. Vielleicht ist es eine Dimension großer Neutralität oder intensiver Liebe. Vielleicht machst du auch ganz andere Erfahrungen, die nicht in Worte zu fassen sind.

Tauche ganz ein in diese Dimension, in der du zu Hause bist. Genieße es.

Gibt es Wesen, mit denen du verbunden bist? Oder bist du allein? Vielleicht bist du kein Körper, keine Form mehr. Sei einfach dort, in dem Da-Sein, wo du „zu Hause“ bist. Genieße es, „zu Hause“ zu sein. Nimm die Gefühle wahr, wenn es Gefühle gibt. Nimm die Einheit, den Frieden wahr, in dem du bist.

Genieße das Da-Sein in der Existenz, die dir so nah und so sehr vertraut ist, den tiefen Frieden.

Und dann nimm wahr, wie du davon gehört hast, dass du die Dimension der Erde betreten wirst. Nimm deine Gefühle, deine Gedanken in diesem Zusammenhang wahr. Nimm wahr, wie die Entscheidung, der lmpuls geschehen ist, diese Dimension zu betreten.

Und dann ist deine Zeit gekommen, in dieses Leben zu gehen. Du verabschiedest dich von den Deinen. Nimm deine Gefühle wahr, die damit in Verbindung stehen, die Dimension, in der du dich zu Hause gefühlt hast, zu verlassen. Schau, was geschieht.

Reise dann weiter zu dem Zeitpunkt, wo du in energetischem Kontakt bist mit deinen Eltern, mit deiner Mutter, die dich gebären wird. Du näherst dich der Dimension der Erde, der Verdichtung, zunächst nur im Feinstofflichen an.

Nimm wahr, wie es ist, nahe der Energie deiner Eltern und doch noch nicht in einem Körper zu sein. Die Verbindung zu deinen Eltern wird stärker.

Du kommst in Kontakt mit dem Bauch deiner Mutter, in Kontakt mit deinen Eltern. Du bist jetzt auch in Verbindung mit dem kleinen Körper, der in dem Bauch deiner Mutter wächst.

Nimm wahr, wie es ist, im Mutterleib zu sein, bei deiner Mutter zu sein und die ersten Schritte der Verdichtung zu erleben. Nimm die Gefühle wahr, das Da-Sein im Mutterleib, die Schwangerschaft, die Annäherung von der feinstofflichen in die grobstoffliche Welt des Körpers und der Materie.

Nimm dann wahr, wie der Zeitpunkt deiner Geburt gekommen ist. Freust du dich oder gibt es Widerstände? Nimm wahr, was du fühlst.

Dann gehst du durch die Erfahrung deiner Geburt. Lass deine ersten Wahrnehmungen zu, dein Sein in einer neuen Dimension. Eine neue Zeit ist angebrochen. Du bist in dieser Welt.

In deiner eigenen Zeit kannst du jetzt durch die Erfahrungen deines Lebens, die jetzt noch immer Auswirkungen auf dich haben, bis zum jetzigen Zeitpunkt reisen. Es gibt nichts zu tun. Du musst es nicht forcieren, dich zu erinnern. Schau, was von selbst kommt. Nur die vergangenen Erfahrungen, Wahrnehmungen und Gefühle, die jetzt noch relevant sind und Auswirkungen auf dich haben, erscheinen. – Mögen es freudige oder schmerzhafte Ereignisse gewesen sein, alles ist willkommen. Tue nichts. Erzwinge keine Erinnerungen. Es liegt eine Weisheit darin, dass bestimmte Gefühle, Gedanken und Erinnerungen von selbst kommen. Wenn sie nicht kommen, liegt eine Weisheit darin, dass sie nicht kommen. Tue nichts! Sei da und nimm wahr, was von selbst kommt. – Seien es Traurigkeit, Freude, Schmerz, Angst, Verletzung oder Wut. Vielleicht gibt es auch eine Neutralität oder der Schmerz darüber, hier zu sein und dich fremd zu fühlen. Vielleicht fühlst du dich auch wohl, geliebt und angenommen. Alles ist willkommen.

Lass die Gefühle, die Erfahrungen in dir zu. Nimm dir dazu die Zeit, die du brauchst.

Wenn es abgerundet ist, lässt du alle Bilder, Gefühle und Wahrnehmungen, all die Geschehnisse in deinem Leben hinter dir, als hätte es sie nie gegeben.

Und jetzt reist du noch einmal zurück in die Dimension, das Sein, in dem du dich zu Hause fühlst. Diesmal wirst du das Bewusstsein der Einheit nicht verlassen, es bewusst in dein Da-Sein, in dein jetziges Leben mitnehmen. Du wirst geboren in diese Dimension, in dein Leben, diesmal ohne die Bewusstheit der Einheit zu verlassen, ohne dich in die Illusion der Trennung zu verstricken.

Du wirst das vollständige Bewusstsein, das du bist, mitnehmen und verankern. Du kannst es eigentlich gar nicht verankern oder mitnehmen. Du bist es bereits. Du lebst nur nicht mehr in der Illusion, dass du „die Einheit, den inneren Frieden“, verlassen haben könntest und dass er getrennt von dir existiert.

Tauche jetzt wieder ein in die Dimension, in das Da-Sein, in dem du ganz zu Hause bist. Magst du es mit Neutralität, „Nichts“, ewiges Selbst, bedingungslose

Liebe, Frieden, oder mit reinem Sein bezeichnen, Worte sind hier nicht wichtig und auch nicht ausreichend.

Doch während der Reise, die du gleich machen wirst, wirst du nichts davon verlieren. Du bleibst und bist zu Hause in der Einheit allen Seins. Jetzt nimmst du wahr, wie du dich von der Dimension, in der du vor deiner Geburt existiert hast, verabschiedest. Du verabschiedest dich und fühlst die Vollständigkeit, nimmst wahr, wie die Ganzheit, die volle Bewusstheit, zugegen ist.

Und auch jetzt nimmst du wahr, wie die Zeit gekommen ist, die Dimension zu verlassen und weiterzureisen, zur Erde, um in dieses Leben einzutreten. Während allem, was jetzt geschieht, egal, wohin du dich bewegst und wie sehr du gleich in die Verdichtung gehen wirst, du bist und bleibst dir des Ewigen, deines Zuhauses bewusst. Die Schleier, die die Illusion der Trennung einst genährt hatten, existieren nicht mehr.

Und auch jetzt nimmst du wahr, wie du dich der Dimension der Erde annäherst und in Kontakt mit deinen Eltern trittst. Du näherst dich ihnen an, immer noch als strahlendes Licht, ewiges unsterbliches Bewusstsein. Nichts geht verloren. Diese Annäherung geschieht im Bewusstsein des Einen, des Namenlosen, deines wahren Zuhauses.

Nimm wahr, wie du dich im Mutterleib bewegst, wie dein Bewusstsein in die Verdichtung, in diese Dimension geht, ohne das Gewahrsein des Ewigen Selbst zu verlassen.

Nimm auch wahr, wie du mit diesem Bewusstsein ohne Schleier, als klares ewiges unsterbliches Selbst, durch den Mutterleib deiner Mutter, durch den Geburtskanal in diese Welt geboren wirst. Nimm auch wahr, wie du nur auf eine Reise gehst, wie ewiges Bewusstsein nur einen Körper angenommen hat.

Nimm wahr, wie dieses ewige Bewusstsein, das du bist, durch die Geburt geht, einen Körper annimmt und in diese Welt geboren wird. Die volle Bewusstheit bleibt und ist, obwohl du in die Dimension größerer Verdichtung eingetreten bist, in dir allgegenwärtig.

Spüre, wie die Ganzheit, die Vollkommenheit des Seins in diesem kleinen Wesen, in dem Körper dieses Babys, ist. In diesem bewussten Sein wanderst du weiter durch dieselben Geschehnisse, die du in deinem Leben erlebt hast. Du erlebst die verschiedenen Situationen deines Lebens noch einmal, auch die, die dich vielleicht geschmerzt haben. All diese Erlebnisse können keinen Schleier mehr über das Bewusstsein des Ewigen und Unsterblichen legen.

Du nimmst wahr, wie du in voller Bewusstheit, in voller Präsenz jetzt in dieser Welt bist. Kein Schleier, nur volle Bewusstheit. Keine Trennung, nur unsterbliches, ewiges Bewusstsein. Das Licht deines Da-Seins, deiner Präsenz, strahlt.

Ja, du bist jetzt ganz in dieser Welt. Nimm deinen Körper wahr, die Erde.
Spüre, wie du jetzt ganz da bist. Du musst nicht mehr fliehen. Du bist hier zu Hause, genauso wie überall. Du hast die Einheit nicht verlassen. Sie ist allgegenwärtig. Spüre, wie du willkommen bist, hier, spüre, Mensch zu sein. Du bist in Liebe und Frieden mit deinem Dasein, mit allem, was ist.

So viel Schmerz lag in deiner Flucht, in der Ablehnung des menschlichen Lebens. So viel Schmerz in der Illusion, dass Einheit und Liebe nur woanders und getrennt von dir sind.

Hier ist Liebe. Hier ist Einheit. Du bist willkommen, ganz, mit all deiner Liebe, deiner Kraft, mit allem, was du bist, diese Erde zu betreten. Deine Geburt in dieses Leben in voller Bewusstheit, alle Schleier sind gefallen.

Das Bewusstsein der Einheit ist ewig gegenwärtig. Es kann nicht geboren werden und nicht sterben. „Du" warst vor dieser Zeit in deinem Körper, genauso wie „du" nach dem Tod deines Körpers weiter existierst. So wie du vor der Zeit deines Körpers existiert hast, wirst du auch nachher weiter existieren, in einem Sein, das keine Zeit, keine Vergangenheit, keine Zukunft kennt, Ewigkeit jetzt.

Spüre, wie dein „Zuhause" zu und mit dir gekommen ist. Es ist in dir, es hat dich niemals verlassen und wird dich niemals verlassen.

Denke nicht darüber nach, was geschehen ist. Spüre jetzt nur deinen Körper. Nimm die Geräusche um dich herum wahr. Sei präsent. Es gibt nichts zu tun. Erfreue dich des Da- Seins.

Nimm wahr, wie du in dieser Welt willkommen bist, mit deiner vollen Präsenz. Du hast das Göttliche niemals verlassen. Du bist niemals aus der Einheit gefallen. Es war nur die Illusion, zu glauben, dass du die Einheit, ewiges unsterbliches Bewusstsein, verlassen haben könntest. Du bist das Selbst. Du bist zu Hause in dir.

Das ONE in allem erkennen

Verneige dich innerlich vor jedem Menschen, auch vor denen, die du abscheulich findest. Begrüße das Göttliche, das ONE, in ihnen. Sieh tiefer, lass deinen Blick nur den Kern ihres Seins erfassen. Wenn du magst, sage: Willkommen göttlicher Funke, willkommen göttliches Licht, du bist, so wie du bist.

In Frieden ruhen

Ein Zen-Mönch, der als amerikanischer Soldat an dem Tod hunderter Menschen beteiligt war, sagt: „Jeder hat sein eigenes Vietnam."-

Die Kämpfe in deinem Inneren zu beenden, ist die Grundlage zum Weltfrieden.

Womit kämpfst du, mit wem und gegen was?

Mit dir selbst, mit deinem Partner, deinem Chef, mit bestimmten Aspekten und Begebenheiten deines Lebens?

Reise in Situationen, mit denen du haderst, vergangene oder aktuelle, wo du mit dir selbst und anderen im Kampf und uneins bist.

Wo liegt dein Widerstand? Welche Vorwürfe machst du dir und anderen?

Wenn du das Gefühl hast, dass etwas nach Ausgleich verlangt, tue es.

Tue alles, um deinen Frieden zu finden. Meist reicht es, dein Herz zu weiten, Mitgefühl mit deiner Menschlichkeit und der der anderen zu haben. Schließe Frieden damit, dass wir alle nicht perfekt sind und nur unser Bestes geben, auch wenn dir das nicht gut genug erscheint.

Lass Liebe, lass Mitgefühl walten. Lass es endlich gut sein. Schließe Frieden mit deinem Leben, wie es war und wie es ist.

Wenn du keinen Frieden mit bestimmten Erfahrungen, Gefühlen, Situationen, Menschen oder mit dir selbst finden kannst, kannst du in Frieden mit deinem Unfrieden sein.

Vielleicht kannst du zu einem anderen Zeitpunkt Frieden finden, auf Wegen, die du jetzt nicht erdenken und erzwingen kannst.

TRÄUME NUTZEN

Deine Träume können auch hilfreich sein, um des ONE bewusst zu werden. Sie fungieren wie eine Leinwand für die Projektion deiner abgespaltenen „Anteile", die dich im Bewusstsein der Trennung gefangen halten und dich die Einheit vergessen lassen. Als Brücke zwischen deiner bewussten alltäglichen und deiner unbewussten Welt können sie dich unterstützen, abgespaltene Gefühle zu integrieren und dir deiner Vollständigkeit bewusst zu werden. Auch sie können dir helfen, den Schleier zu lüften, der das strahlende Bewusstsein, das du bist, überdeckt.

Oftmals spiegeln dir deine Träume eine innere Dynamik, unbewusste Konflikte, unterdrückte Aspekte wider. Alle Figuren in deinen Träumen stellen Aspekte von dir dar. Wenn in deinem Traum jemand in dir Wut, Groll, Angst oder Ohnmacht erzeugt, schau dir an, was diese Gefühle erzeugt. Besonders bei Alp- und Angstträumen, in denen du dich in der Opferrolle wahrnimmst, ist es hilfreich, dir bewusstzumachen, dass der Täter auch ein Aspekt von dir selbst ist. Wenn du in der Opfer-Identifizierung stecken bleibst, vergisst du deine Kraft. Öffne dich dem Menschen, durch den du dich bedroht fühlst. Du bist auch der Mörder in deinem Traum, auch die Menschen, die über dich richten, die dich vernichten wollen. Spüre ihre Energie. Schlüpfe in ihre Rolle. Meist gehst du unbewusst mit dir selbst und mit anderen nicht besser um und unterdrückst deine Lebendigkeit und Kraft. Frage dich, welche Aspekte du in dir abtötest. Erlebe, wie du alles bist, was dir im Traum erscheint. Wenn du diese Energien in dir zulässt, kannst du das Bewusstsein der Trennung überwinden. Besonders wiederkehrende Träume, die innere Konflikte, Ängste und Kämpfe aufzeigen, machen dich auf ungesunde Verhaltensweisen aufmerksam, verdrängte Aspekte, die angenommen werden möchten. Betrachte auch einen „schlechten Traum" als Hilfe, der dich auf Schwachpunkte und Aspekte, die du übersiehst und ablehnst, hinweist.

Wenn du unter Alp- und Angstträumen leidest, kannst du dich vielleicht schlecht abgrenzen, bist sehr durchlässig, wenig geerdet und hast deine Kraft bzw. Aggressionen nicht ganz angenommen. Deine Träume können dich die Illusion von Opfer und Täter erkennen lassen.

Es bringt wenig, mit einer rein analytischen Interpretationshaltung Träumen zu begegnen, sondern viel mehr, die emotionale und symbolische Qualität des Traums ins Bewusstsein zu lassen. Jeder Traum ist so individuell wie die Gefühle, Gedanken und das Leben eines Menschen. So gibt es keine einzig richtige Deutung. Und selbst, wenn es sie geben würde, hilft sie dir nicht. Es gilt, dem Traum selbst zuzuhören und dich einzulassen. Deine Träume passen nie in ein allgemeingültiges Interpretationsschema, weil jeder Mensch anders fühlt, denkt und lebt. Zum Beispiel kann eine Katze, wenn du Katzen liebst, für dich Wärme und Freude ausdrücken, während sie bei einem Menschen, der Angst vor Katzen hat, Todesangst auslösen kann. Manche Menschen träumen sehr verschlüsselt. Sie finden ihre Träume sehr chaotisch und unrealistisch und können nichts mit ihnen anfangen. Deine Träume werden dir verständlich, wenn du auf die Emotionen und die einfache Sprache achtest und nicht nur auf die Interpretation der äußeren Form.

Es macht keinen Sinn, mit jedem Traum zu arbeiten oder Träume überzuinterpretieren. Manches löst sich im Traum von selbst. Im manchen Träumen schließt du alte Entwicklungen ab. Du kommst mit neuen Energien in Kontakt, mit sexuellen, weiblichen, männlichen, weisen und spirituellen Energien oder mit Mut und Durchsetzungskraft. Diese Träume erfährst du oftmals in Zeiten der Neuorientierung und bei wichtigen Neuanfängen.

Manchmal weisen dich Träume auch auf eine destruktive Beziehung oder Arbeitsumgebung oder ein körperliches Ungleichgewicht in Form einer Krankheit hin, die deiner Aufmerksamkeit bedürfen. Meist registriert dein Traumbewusstsein auftretende Störungen früher als dein Tagesbewusstsein.

Im Allgemeinen beschreiben die Bilder in deinem Traum eher die inneren Aspekte deiner Psyche. Doch manchmal geben sie dir auch zutreffende Informationen über zukünftige Ereignisse oder über Hintergründe zu aktuellen Situationen. Vorausschauende und hellsichtige Träume erkennst du meist daran, dass du emotional nicht verwickelt bist, eher wie ein Zuschauer die Geschehnisse betrachtest.

In den Ebenen, in denen wir uns nächtlich aufhalten, ist manchmal der Blick nach vorne in die Zukunft, aber auch zurück in die Vergangenheit erleichtert. Ein hellsichtiger Traum stammt nicht aus dem Unbewussten und wird auch nicht von den intensiven Emotionen eines Traumes im dualen, identifizierten Bewusstsein begleitet. Trotzdem betreffen sie, wie Visionen aller Art, nur die Ebene der Erscheinungen.

Obwohl mich von Kind an hellsichtige Träume begleiten, schweige ich meist darüber. Ich träume von Menschen, die ich kenne, ihren Problemen und Herausforderungen, wenn sie Geld verlieren, über die Schwierigkeiten in Beziehungen und Problemen, die im Untergrund schwelen. Ich spüre oft, dass der Mensch eine bestimmte Erfahrung machen soll und ich nicht eingreifen soll und kann, weil es nicht um Bequemlichkeiten geht, sondern darum, uns unserer wahren Natur bewusstzuwerden. Niemand kann dem Leben vorgreifen. Es gibt keine wirklich schlechten Erfahrungen. Alle Erfahrungen dienen der Bewusstwerdung. Oftmals ist es gut, diese Art von Träumen einfach für sich stehen zu lassen, sie nicht zu interpretieren, nur zu erleben. Spirituelle Träume bedürfen oft keiner Interpretation. Das Geschenk liegt in der Erfahrung selbst und darin, in deinem Alltag dementsprechend zu handeln.

Hilfe und Führung können Träume jedem Menschen geben, auch wenn sie nicht hellsichtig sind. Mit spirituellen Träumen oder hellsichtigen Träumen zu arbeiten, sie zu interpretieren, ist oft wenig sinnvoll. Sie tragen ihre Kraft, Weisheit und Lösung von selbst in sich. Manchmal ist auch dabei weniger mehr.

Wenn du in einem Thema verstrickt bist und nicht weiter weißt, kannst du auch um einen Traum bitten. Wenn du nichts träumst und keine klare Antwort erhältst, ist auch das eine Antwort. Die Antwort ist, nichts wissen zu müssen, sondern nur zu vertrauen und dich dem Fluss hinzugeben. Spirituelle Träume können dich auch über die Psyche und deine Emotionen hinaus des ONE jenseits deines Egos, deiner Identifizierung bewusstwerden lassen. Sie unterscheiden sich von den Träumen der dualen Bewusstseinebene und ihren emotionalen Konflikten und auch von hellsichtigen Träumen. Wenn du aus solchen Träumen erwachst, ruhst du im ONE, das nicht von psychologischen oder persönlichen Problemen überlagert ist. Spirituelle Träume können dich an die Quelle erinnern, an das, was du bist, was tiefer und weiser ist als dein Verstand. Manchmal können dir Lehrer begegnen und Einsichten vermittelt werden. Du empfindest Frieden. Probleme, die dir vorher nicht lösbar schienen, lösen sich mit einem Wimperschlag in Luft auf.

Je mehr du dir der Quelle bewusst bist, versinkst du im Schlaf einfach im Nichts der Unendlichkeit oder betrachtest manche Situation mit einem gewissen Abstand, ohne darin verwickelt zu sein. Das Traumreich betrifft immer noch die Welt der Erscheinungen. Dahinter bleibt nichts, nur das ONE, jenseits aller

Bilder, Formen und Worte. So sind Träume nicht überzubewerten und auch nicht die letztendliche Wahrheit, aber sie können eine Brücke sein. In manchen Träumen verarbeitest du einfach nur deine Gedanken und Eindrücke der vorangegangenen Tage. Es ist wirklich unnötig, dich mit jedem Traum zu beschäftigen. Achte vor allem auf wiederkehrende Träume, die sich in bestimmten Abständen mit dem gleichen Thema beschäftigen.

Besonders dann, wenn es dir nicht so gut geht, du dich in einer Sackgasse fühlst, können dir deine Träume aufzeigen, was du übersiehst, wovor du Angst hast und welche Energien es zu beachten und zu integrieren gilt.

Eine Möglichkeit, mit deinem Traum zu arbeiten, ist, im Wachzustand bewusst in deinen Traum zurückzureisen. Oft löst sich der Konflikt und es zeigt sich ein Ausweg. Es gilt, die unterschiedlichen Aspekte, die ungelöst scheinen, Konflikte oder starke Emotionen in sich tragen, innerlich zu erfahren. Du reist zurück in den Traum, in die Gefühlsqualität des Traumes, schlüpfst in die Energie, in die Person, vor der du Angst hast, von der du dich kritisiert oder missachtet fühlst. Du kannst auch den Traumfiguren Fragen stellen, sie fühlen und sprechen lassen. Zensiere die unmittelbare Antwort deines Unbewussten nicht, so dumm und unsinnig sie dir auch erscheinen mag. Erlaube deinem Verstand nicht, sich einzumischen. Du kannst Unterhaltungen führen, Probleme erhellen, Schattenenergien erforschen und innere Führung erfahren. Du kannst dich in einer tiefen Entspannung oder Meditation in die verschiedenen Aspekte des Traumes hineinversetzen, besonders in die Rollen der anderen Personen. Du kannst deren Verhalten allein erforschen oder im Rollenspiel mit einer Freundin. Nimm es ernst, aber nicht zu ernst. Spiele, probiere aus, erfahre, aber interpretiere nicht großartig. Wenn du etwas Wichtiges übersiehst, wirst du es auch früher oder später nochmals, vielleicht auch in unverschlüsselter Form träumen. Wichtig ist, nichts zu erzwingen, sondern zu akzeptieren, was von selbst geschieht, und die Dinge so stehen zu lassen. Es findet sich dann oft auf einem anderen Wege eine Lösung. Auch die Erfahrung selbst wandelt.

Das spielerische Ausprobieren der verschiedenen Rollen kann dir manchmal überraschende Lösungen offenbaren, besonders, wenn du erkennst, dass du alles bist und dich in jedem und allem wiederfindest. Was für deine Träume gilt, gilt auch fürs Leben. Du erkennst, dass du nie getrennt bist, ONE – Einssein immer. Hinter allen Erfahrungen, Emotionen und Projektionen, ob sie deine Träume oder das Tagesbewusstsein betreffen, weilt das ONE, der tiefe Frieden. Egal, was du erlebst, was du befürchtest, das, was du in Wahrheit bist, ist immer und bleibt von all dem unberührt. Du brauchst dich nur zu erinnern.

Fragender: *Ich habe eine Frage, allerdings nicht zu nächtlichen Träumen, sondern zu persönlichen Träumen und Wünschen. Viele sagen ja, dass man seine Wünsche manifestieren und visualisieren sollte: der Traum von einem Haus, der Wunsch nach einem Partner, einem neuen Job, – und das möglichst sehr detailliert. Ich bin da jetzt unsicher. Wenn im ONE alles willkommen ist und alles einem vollkommenen Plan folgt, brauche ich ja nichts mehr zu wünschen, wenn es gut und schlecht nicht gibt.*

Barbara: Ich selbst erträume mir nichts. Ich komme gar nicht auf die Idee. Viele meiner Wünsche und Träume, die ich früher hatte, sind anders in Erfüllung gegangen. Meine Erfahrung war dann doch immer, dass das Leben weiser ist als alle meine Wünsche und Träume. Ich bin jetzt erfüllt, was sollte ich mir noch wünschen?

DIE PRAXIS

Traumarbeit: Vorbereitung auf die Traumübung

1. Vergegenwärtige dir deinen Traum!

   Beantworte folgende Fragen:

   Was ist zentral im Traum?

   Welche Gegensätze treten auf?

   Was wiederholt sich?

   Gibt es Konflikte?

   Gibt es Helfer?

   Was kommt im Traum vor?

   Wird im Traum ein Verhalten von dir aufgegriffen, das du von deinem Wachleben nicht kennst?

2. Untersuche deine Gefühle im und zum Traum.
   Was fühltest du während des Traumes?
   Wie fühltest du dich beim Aufwachen?
   Wie fühlst du dich jetzt?

3. Sind dir die Gefühle des Traums auch aus dem Tageserleben bekannt?

4. Erfährst du die Nachtgefühle als gegensätzlich zum aktuellen Tageserleben? (In diesem Fall teilt der Traum dir meist mit, auf diese verdrängten, vergessenen oder sonstwie „verlorenen" Gefühle verstärkt zu achten und sie wieder zu integrieren.)

5. Was hast du mit diesen Traumelementen oder -personen in der Wirklichkeit zu tun?

6. Was ist der eigentliche Kern deines Traumes?

7. Vergleiche Traum und Wacherleben!
   Was beschäftigt dich momentan besonders? (Berücksichtige alle Lebensbereiche: Gesundheit, Beziehung, Beruf, Prüfung, Familie etc.)

Welche Parallelen finden sich dazu in der Bildersprache des Traums?

Innere Reise: Traumarbeit zu zweit (auch allein möglich)

1. Versetze dich in deinen Traum. Erzähle von dem Traumgeschehen in der Gegenwartsform, als ob es gerade jetzt ablaufen würde, möglichst lebendig und realistisch. Begib dich in die Stimmung des Traums.

2. Versetze dich dann in jeden wichtigen Traumteil hinein, in verschiedene Menschen und Aspekte des Traumes. Spüre dabei: Wie fühlt sich dieser Traumaspekt an, was will er, was hat er für Absichten?

3. Lass diesen Traumaspekt reden. Was möchte er mitteilen? Was bewegt ihn, was liegt ihm am Herzen? Wenn du dich so in alle wichtigen Traumelemente einfühlst, kann sich dir schon die eine oder andere Lösung offenbaren.

4. Welche Konflikte, Widersprüche bestehen zwischen zwei oder mehreren Traumelementen? (Dieser Konflikt entspricht meist einem Konflikt in dir selbst.)

5. Versetze dich in einen der beiden Traumteile und sprich zum zweiten Traumteil. Führe nun einen Dialog. Wichtig ist dabei, den Dialog nicht „im Kopf“ zu führen, sondern auf die Gefühle und Körperreaktionen zu achten und sie auszusprechen.

6. Welche Lösung, wie Versöhnung, Akzeptanz, Verständnis, ergibt sich, oder auch eine praktische Lösung? (Oftmals ergeben sich so überraschende Lösungen, die dir auf der Verstandesebene nicht zugänglich sind.)

7. Wenn du nicht weiterkommst und es keine Lösung zu geben scheint: Löse dich von der dualen Ebene des Konfliktes und bitte darum, die Situation aus den Augen unsterblichen Bewusstseins, der Liebe, betrachten zu dürfen. Was, wenn da kein Konflikt, kein Kampf, nur Liebe und Frieden ist, – du nicht bedroht bist, nicht kämpfen musst, wenn du und die anderen Aspekte und Personen deines Traumes eins sind, wenn du mit allem eins bist in der Liebe?!

Traum Rollenspiel

Partnerübung:

Ablauf wie oben, nur schlüpfst du jetzt aktiv in die Rollen des Traumes, am besten unterstützt durch einen Partner, der die anderen relevanten Traumrollen spielen kann.

Ihr könnt einen Dialog führen, die Konstellation auch körperlich und energetisch erfahren.

Probiere alle wichtigen Traumelemente aus.
Experimentiere, schau, was von selbst geschieht, lass dich führen.

DIE STILLE

Mit dem Bewusstseinssprung gibst du das Kämpfen auf, findest Frieden und wirst still in dir, ganz egal, ob du schweigst oder sprichst, dich im Lärm der Großstadt oder in der Stille der Natur bewegst. Diese Stille betrifft den inneren Frieden, den du selbst inmitten von eklatanten Herausforderungen vernimmst. Die äußere Stille, die du in der unberührten Natur erfährst oder dann, wenn du schweigst, kann dich unterstützen, die Stille, den Frieden in deinem Inneren zu vernehmen, ist aber nicht Bedingung.

Äußere Stille ist trotzdem kein Garant für inneren Frieden. Es kann ganz lautlos um dich herum sein und doch kann eine Flut an Gedanken, Emotionen und scheinbaren Problemen für innere Unruhe sorgen. An sich halten dich äußere Dinge nicht vom Wesentlichen ab, denn im ONE ist alles enthalten. Deswegen musst du auch kein Mönch, keine Nonne werden und ein asketisches Leben führen. Diese Trennung sogenannter spiritueller Menschen und von Gott weiter entfernter Menschen existiert im ONE nicht. Die Trennung in unbewusste und bewusste Menschen entspringt dem dualen Denken. Menschen können auch, ohne an etwas zu glauben, einer bestimmten Religion oder Lebensphilosophie zu folgen, sehr bewusst sein. Die äußere Verpackung Buddhist, Christ, Moslem, Ungläubiger, Nonne oder Hure ist unwesentlich. Dahinter bleibt nur das ONE, ein Bewusstsein. Und das ist in und hinter allem. Du kannst sehr gläubig und doch im dualen, trennenden Bewusstsein gefangen sein und wenig Mitgefühl haben, während ein anderer an nichts glaubt und sich einfach des ONE bewusst ist. Es ist kein Zufall, dass die Macht der Kirchen und Religionen schwindet. Immer mehr Menschen werden sich „Gott" im Herzen, in sich, in der Einheit aller Menschen bewusst, auch ohne an einen „Gott" als getrenntes Wesen zu glauben. Gott als getrenntes Wesen existiert im ONE nicht. Es existiert kein Ich getrennt von Gott. Im ONE löst sich alles auf. Diese Aussage ist sogar im christlichen Kontext wiederzufinden, wenn Jesus sagt: „Ich und der Vater sind eins." Im Zuge der Bewusstwerdung sind im Herzen alle Religionen, alle Weltanschauungen und auch Ungläubige eins, ohne die unterschiedlichen Religionen gleichmachen zu müssen. Alle Wege führen zum ONE, ob du dem weltlichen Leben entsagst oder äußeren Schönheiten und Genüssen frönst.

Nur deine Abhängigkeit von weltlichen Genüssen, deine Identifizierung und deine Vorstellung, Erfüllung und Glück durch sie zu erfahren, lässt dich leiden. Nur deine Anhaftung lässt dich das ONE vergessen. Bist du dir des ONE bewusst, kannst du dich an den weltlichen Dingen erfreuen, bist aber nicht mehr von deinen Sehnsüchten und Begierden getrieben. Du bist frei und erfüllt aus dem Dasein selbst. Aber selbst deine Emotionen, Wünsche und Begierden trennen dich nicht vom ONE. Es ist größer als alles.

Um dem Größeren, dem ONE, alle Aufmerksamkeit zu schenken, können aber dennoch Zeiten des Schweigen und Fastens hilfreich sein. Du kannst wahrnehmen, was dich bewegt, was gefühlt und erfahren werden will, wenn du nicht abgelenkt bist. In unserem Alltag werden wir von Reizen überflutet. Selten vernehmen wir äußere Stille. Wir reden ständig, sind es gewohnt, uns mit Sprache zu erklären, zu entschuldigen, zu manipulieren, ins Unwesentliche zu flüchten und abzulenken. So kann es hilfreich sein, manche Ablenkungen und Ausflüchte einmal für eine bestimmte Zeit aus deinem Leben zu streichen. Besonders in Zeiten inneren Wandels kann es sehr klärend sein, alle Ablenkungen hinter dir zu lassen, allein zu sein, um deinen Blick auf das Wesentliche zu richten und dein Bewusstsein zu wandeln. Nicht umsonst gibt es in den verschiedenen Religionen, auch in christlichen und buddhistischen Klöstern, Zeiten des Schweigens und des Fastens. In der Stille kann sich vieles, was du als Problem ansiehst, lösen. Was bleibt, wenn du dich der Angst vor Leere stellst, der Angst, dich an nichts mehr festhalten zu können? Was bleibt, wenn du nicht mehr mit den kleinen Dramen und Leidensgeschichten beschäftigt bist? Manche Menschen reizen Schweigezeiten, stille Meditationen oder Gebete nicht besonders. Sie werden in sich still, wenn sie sich in der Natur bewegen oder Sport machen, und können mit Meditationen, Gebeten und der Stille wenig anfangen.

Letztendlich ist im ONE alles Meditation, ob du kochst, mit deinen Kindern Schulaufgaben machst oder deiner Arbeit nachgehst. Bei allem kannst du in dir geborgen und glücklich sein. Das ganze Leben ist ein Gebet. Es ist Meditation, jeden Moment bewusst zu leben. Nichts ist mehr oder weniger heilig. Gelebte Meditation ist auch, wenn du Frieden mit deinem Leben schließt, in und mit dir in Frieden bist. Wichtiger, als ab und zu zu schweigen, zu fasten oder zu meditieren, ist, dein tägliches Leben aufs Wesentliche auszurichten und dich dort von Anhaftungen zu lösen. Es hilft dir, auf dein ganzes Leben gesehen, nicht, wenn du dich im Alltag verausgabst, um dann ausgebrannt in Urlauben, Ayurvedakuren, Schweige- und Meditationskursen wieder aufzutanken. Das ist an sich wunderbar und besser als nichts. Nur, um wirklich in jedem Moment deines Lebens in Frieden, in stillem Glück zu ruhen, gilt es, dich um dein alltägliches Leben zu kümmern, will dein tägliches Leben von Stille, Frieden getragen sein. Das heißt nicht, dass du den ganzen Tag still sitzen und schweigen musst. Selbst wenn du ein enorm hohes Arbeitspensum bewältigst, den ganzen Tag redest und in Kontakt bist, kannst du entspannt und still in dir sein, des Wesentlichen bewusst.

Ein bewusstes, aufgeräumtes, klares Leben und ein mitfühlender und liebender Umgang mit den Menschen sind bedeutender als eine Schweigewoche, eine Stunde am Tag zu meditieren oder in die Kirche zu gehen. Nichtsdestotrotz können Gebete und Meditationen für dich ein wahrer Segen, eine Quelle der Kraft, eine Zeit der Sammlung, die Tankstelle für ein bewusstes Leben sein. Für manche Menschen kann eine Schweige- oder Fastenwoche, der Rückzug in die Stille der Natur auf einer Almhütte sogar ein Startschuss für einen Bewusstseinswandel sein. Du nimmst plötzlich dich und deine Umgebung genauer wahr, isst, gehst und bewegst dich bewusster. Manches, was du sonst als selbstverständlich nimmst, genießt und achtest du plötzlich. Deine Sinne sind geschärft. Bei anderen wird ein Bewusstseinswandel dann ausgelöst, wenn sie einen geliebten Menschen verlieren, krank werden, einen Misserfolg nach dem anderen erleben und am Boden liegen oder wenn sie am Zenit ihres Erfolges stehen, sich dann, wenn sie alles haben, anstatt glücklich plötzlich leer und voller Angst fühlen. Ein Bewusstseinswandel geschieht selten bewusst und geplant. Du kannst ihn nicht erzwingen und ansteuern. Das Leben selbst lässt es geschehen, dient von selbst deiner Bewusstwerdung. Den Bewusstseinssprung anzustreben, verbunden mit der Erwartungshaltung – still, gedankenleer, entspannt und präsent sein und dich eins fühlen zu müssen, kann genau das verhindern. Die innere Stille zum Ziel zu machen, kann Druck und Stress erzeugen. Auch wenn in dir der Bär tobt, du unter Druck gerätst, die Gedanken keine Ruhe finden, du totale Unruhe verspürst, kann dich das nicht vom ONE trennen. Erfahre die Unruhe, den Druck, deine Gedanken. Schenke ihnen deine Liebe und Akzeptanz. Entspann dich damit, dass du völlig verkrampft, in Gedanken und Gefühlen gefangen bist und keine Stille, keinen Frieden vernimmst. Kämpfe nicht damit, denn du kannst selbst damit still und in Frieden sein. Nichts hindert dich. Was du erfährst, trägt eine eigene Weisheit in sich, die du nicht immer verstehen kannst und musst. Erfahre die Unruhe, die Gedanken und Gefühle einfach. Ohne Urteil, ohne das Ziel, friedlich werden und dich davon befreien zu müssen, wirst du von selbst friedlich, inmitten deines Kampfes. Du wirst still inmitten des Lärms deiner Gedanken und Erwartungen. Die Gedanken halten dich nicht auf. Sie haben nicht die Macht, dich vom ONE zu trennen. Sie sind darin enthalten.

Du kannst in dir still sein, selbst wenn du keine Ruhe zu finden scheinst. Entspanne dich in die Anspannung deiner Gedanken, Ängste und Nöte hinein.

Du bist ONE, egal, was du tust, erfährst, oder denkst. Egal, wie du dich ernährst, ob du dich mit Hamburger, Chips und Süßigkeiten vollstopfst oder dich gesund ernährst, du bist ONE. Das Eine Bewusstsein wird davon nicht berührt. Oftmals ändert sich in Verbindung mit dem Bewusstseinssprung und der Schwingungserhöhung deines Energiesystems die Ernährung, obwohl das keine Bedingung und kein Merkmal dafür sein muss. In der Regel fühlt es sich nicht gleich an, ob du fünf Hamburger isst oder einen frischen Salat. Es gibt Nahrung, die leicht und lichtvoll, und Nahrung, die verdichtend auf dein Energiesystem wirkt. Dein Energiesystem löst sich in der Regel aus der Resonanz zu Leiden, zu starken Anhaftungen, zur Schwere und Verdichtung. Dementsprechend geht oftmals das Bedürfnis nach Fleisch, Fisch, Zucker, Brot, Milch und Eiern, Zigaretten und Alkohol verloren und du bevorzugst Obst, Salat und Gemüse. Die Ernährung verändert sich oftmals von selbst und nicht aus irgendeiner Überzeugung, irgendeinem Zwang heraus. Was vielleicht im ersten Moment nach Entbehrung klingt, entspringt einem Gefühl der Reinheit und Klarheit, einer anderen Form von Fülle. Das muss aber absolut nicht für jeden Menschen gelten und kann sich auch verändern. Es gibt keinerlei Regel, keinen Maßstab oder Anhaltspunkt. Alles ist möglich.

Wenn du von morgens bis abends Hamburger und Pizza isst und es dir damit gut geht, warum nicht? Wenn du aber damit deine Gefühle abtöten und dich betäuben willst, schau, was du nicht fühlen willst. Manchmal ist es gut, dich aus alten unheilvollen Gewohnheiten, die dein Verhalten und deine Ernährung betreffen, zu lösen. Dann bedarf es zunächst ein wenig der Disziplin, einer bestimmten Konsequenz, ohne dabei verbissen zu werden. Manchmal ist es hilfreich, eine Fastenzeit einzulegen oder deinem Körper manche Nahrungsmittel bewusst zu entziehen, um ihn zu reinigen, und im Anschluss deine Ernährung deinen wirklichen Bedürfnissen und nicht deinen Gewohnheiten anzupassen. Aber selbst wenn du dich gern mit Essen oder anderen Genussmitteln betäubst und verdichtest, in der Tiefe liegt das ONE. Nichts trennt dich. Manchmal kann, muss aber nicht, der Entzug äußerer Reize, sei es Arbeit, Fernsehen, Alkohol oder Sprache sehr hilfreich sein. Du wirst auf dich selbst zurückgeworfen, kannst dir dessen bewusstwerden, was keine Worte, keine Sprache hat. Das ist aber kein Allheilmittel und nicht zu jeder Zeit hilfreich. Es geht um Maß und Ziel und um den richtigen Zeitpunkt. Das Leben zeigt von selbst, was wann passt, dich gerade mitten ins Leben zu stürzen oder dich in die Stille zurückzuziehen. Alles ist möglich. Lass dir diese Freiheit. Manchmal ist es passend, zu reden, dann wiederum weise, zu schweigen. Die Wichtigkeit von Kommunikation wird oft betont, besonders um Konflikte zu lösen. Natürlich ist es wunderbar, uns durch Sprache austauschen zu können. Und doch gibt es Situationen, wo alles Reden nicht hilft, deine Worte keine Veränderung bewirken, sondern sich die Fronten verhärten und deine Akzeptanz der Situation vonnöten ist. Manchmal kann Schweigen sprichwörtlich Gold sein. Grundsätzlich ist aber Schweigen nicht besser als Reden. Es ist nur eine Frage des Zeitpunktes, der Umstände, der Angemessenheit. Denn manchmal redest du dich um Kopf und Kragen, können deine Worte, egal, wie du sie wählst, nichts bewirken und ist es besser, still zu sein. Dann gilt es einfach nur, die Meinung und das Verhalten des anderen zu akzeptieren, anstatt ihn verändern oder von etwas überzeugen zu wollen. Alles, was du zu sagen hast, sind dann nur leere Worte. Besonders wenn du mit dem Kopf durch die Wand willst, dir Situationen ausweglos erscheinen, du keine Antwort auf deine Probleme und Fragen hast, werde still. Um eine Lösung zu finden, musst du dem Größeren, der Weisheit des Lebens, eine Chance geben. Diese kannst du nur vernehmen, wenn du still bist, nicht immer alles besser weißt und gegen Windmühlen rennst. Besonders wenn du nicht weiter weißt, ist es ratsam, still zu werden und der Weisheit des Lebens zuzuhören. Wenn du friedlich und still bist, kommt vieles von selbst, wofür du ansonsten lange erfolglos kämpfst. Stille und Frieden in dir bewegen oftmals mehr als alle Worte, als jedes Wollen, jeder Kampf. Wann immer du festhängst, dich wie in einer Sackgasse fühlst, sei still und gib dich hin. Vernimm den tiefen Frieden in der Stille des Seins. Vernimm den tiefen Frieden in dir jetzt.

Fragende: *Mir ist es sehr wichtig zu beten. Manche, die im ONE erwacht sind, sagen, zu beten sei Unsinn, weil es keinen getrennten Gott gibt, Gott keine Person ist. Mir hat das aber immer Kraft gegeben, ich habe dann das Gefühl, mich ins Größere versinken, mich dem hingeben zu können und dass meine Probleme in den Hintergrund treten. Ich kehre zu mir zurück.*

Ich bin jetzt sehr verunsichert und frage mich, ob es falsch ist zu beten und ob das meine Entwicklung aufhält? Du sagst ja auch, dass alles Gott, alles ONE ist und es keinen vom Menschen getrennten Gott gibt.

Barbara: Wenn dir das Beten gut tut und dir hilft, zu dir zurückzukehren, prima. Es geht nicht um die perfekte Form. Wie du Frieden in dir findest, ist egal.

Fragende: *Ja, mir tut das wirklich gut. Zunächst wende ich mich an Gott, aber irgendwann werde ich still, friedlich und ich spüre diese Kraft in mir selbst.*

Barbara: Ich spüre etwas sehr Reines, Unschuldiges bei dir. Lass dich nicht verunsichern. Gehe auf deine Art und Weise. Jeder hat einen anderen Weg. Es geht nicht um die richtige Verpackung, sondern um den Kern. Ich kenne dich ja nicht erst seit heute. Du hast etwas sehr Tiefes, Unverfälschtes, lass dich von allem anderen nicht beeindrucken.

Fragende: *Manchmal sagen Menschen zu mir, ich wäre naiv, weil ich alles ehrlich heraussage. Sie halten mich auch für spirituell naiv, versuchen mir alles zu erklären und mich zu belehren. Dann fühle ich mich klein, obwohl ich das Gefühl habe, dass sie zwar über etwas Wahres sprechen, aber es mehr Worte sind, als dass sie es so tief in ihrem Herzen fühlen.*

Barbara: Ja genau, lass dich nicht beeindrucken. Für mich bist du nicht naiv, auch wenn es gesellschaftlich gesehen so scheinen mag. In unserer Gesellschaft scheint abgebrüht und cool zu sein, alles zu wissen, sich keine Blöße zu geben und alles mit dem Intellekt erfassen zu müssen, normal zu sein. Ich freue mich sehr über dich. Du musst dich nicht klein machen.

Fragende: *Ja, das tut mir gut. Von dir fühle ich mich immer sehr gesehen und akzeptiert. Ich habe mich schon von Kind an oft falsch gefühlt. Es ist komisch, bei dir fühle ich mich nie klein und falsch.*

Barbara: Das freut mich. Was du durch mich fühlst, ist nicht von mir abhängig, du bist geliebt und willkommen, wie du bist im Da-Sein, im größeren Ganzen.

Fragende: *Ja, das stimmt, das spüre ich auch. Nur du bist da für mich manchmal wie ein Anker. Du erinnerst mich.* Ich *bin dir sehr dankbar. Ich würde dich gerne umarmen.*

Barbara: Ja, gerne.

* * *

Fragende: *Ich bin die Tage hier sehr zu mir gekommen. Gerade deine Übungen, die Lebendigkeit und Leichtigkeit haben mir sehr geholfen, ruhig zu werden. Ich war so präsent, wie ich es noch nie erlebt habe. Obwohl dieses Ferienseminar tiefgreifend ist und vieles für mich in Bewegung gebracht hat, war es bis gestern für mich unbeschwert.*

Doch dieser Schweigetag war für mich schwierig und äußerst anstrengend. Ich habe mich getrieben gefühlt, war voller Gedanken und innerer Unruhe. Ich konnte die innere Stille durch die äußere Stille kaum vernehmen. Kurzzeitig war ich ärgerlich, weil die Tage vorher für mich so wunderbar waren und dieser Schweigetag alles durcheinandergebracht hat. Ich bin immer noch unruhig und etwas ärgerlich. Wenn ich dann aber von manchen anderen höre, wie sie diese Erfahrung bereichert hat und sie sich darüber gefreut haben, frage ich mich, warum ich damit so ein Problem habe. Je stiller und friedlicher ich in mir werden wollte, desto unruhiger und ärgerlicher wurde ich. Meine Gedanken standen einfach nicht still. Eigentlich hatte ich gestern mit dieser Stille echt Stress. Ich bin froh, dass wir wieder sprechen und lachen können, und ich merke zum ersten Mal, dass ich gerne spreche, wie schön es ist, dass wir Worte haben. Warum hatte ich mit dieser Schweigerei so ein Problem?

Barbara: Was waren deine Erwartungen an das Schweigen?

Fragende: *Ich hatte die Erwartung gedankenleer, entspannt, ganz präsent zu sein und mich eins zu fühlen. Ich habe mich echt angestrengt, aber das ging voll in die Hose.*

Barbara: Deine Erwartungen haben es dir schwer gemacht. Wenn du dir Gedankenleere zum Ziel machst oder dich eins fühlen zu müssen, hast du Stress und übersiehst, dass du es bereits bist. Wenn Gedanken auftauchen, tauchen sie auf. Sie sind kein Problem, haben nicht die Macht, das ONE, deinen Frieden aufzuhalten. Sie trennen dich nicht. Dann tauchen halt Gedanken auf, das kommt vor. Nur, dass du mit ihnen kämpfst, etwas anderes willst als das, was ist, wird zum scheinbaren Problem.

Spüre tiefer, selbst unter der Unruhe, unter den Gedanken weilt Frieden, das ONE. Es ist immer.

Fragende: *Ich wollte die Gedanken aber weghaben, genauso wie die Unruhe. Sie haben mich gestört.*

Barbara: Die Frage ist doch: Hat ein scheinbares Ich Kontrolle über die Gedanken, erzeugst du sie oder erscheinen sie einfach? Du kannst dein ganzes Leben versuchen, sie unter Kontrolle zu bekommen, du kannst kämpfen und hadern, es erschöpft dich nur und führt zu nichts. Wie geht es dir gerade?

Fragende: *Ich bin immer noch unruhig und aufgewühlt und leicht ärgerlich darüber, dass es mir hier so gut ging wie noch nie und die Erfahrung mich gestern rausgeworfen hat. Darauf hätte ich verzichten können.*

Barbara: Ich glaube nicht. Ich finde das wunderbar.

Fragende: *Was?*

Barbara: Ich finde das wunderbar.

Fragende: *Warum?*

Barbara: Das, was du die Tage vorher gespürt hast, ist immer. Du kannst gar nicht herausfallen. Es war auch gestern, als du dich von den Gedanken hast stören lassen. Wenn du mal folgende Vorstellung in Frage stellst: Gedanken stören mich. Gedanken und Unruhe können mich trennen und unglücklich machen.

Fragende: *Das war für mich gestern die Realität.*

Barbara: Was, wenn das nur eine trennende Vorstellung ist, wenn das alles nicht die Macht hat, dich vom Glück zu trennen. Dann erscheinen nun einmal diese Gedanken. Darin liegt kein Problem. In allem nicht, was du gestern erfahren hast.

Fragende: *Auf die Idee bin ich noch gar nicht gekommen. Langsam dämmert es mir: Ich hatte nur das Gefühl, rausgefallen zu sein, weil ich glaubte, dass meine Gedanken mich stören und ich immer still, ruhig und entspannt sein muss. Das ist ja nur eine Blase. Sie zerplatzt gerade. Ich verstehe jetzt erst, was du damit meinst: Sie haben nicht die Macht, mich zu trennen, und dass das ONE größer ist. Das bedeutet ja, das es eigentlich in jedem Moment, wenn ich mich gestört und getrennt fühle, eine Art Fehlwahrnehmung ist und ich nicht das wahrnehme, was ich wirklich bin, was wirklich ist. Es ist da, nur spüre ich es wie gestern nicht, weil ich andere Erwartungen habe.*

Barbara: Diese Erfahrung gestern ist ein Geschenk. Sie zeigt dir, dass das ONE nicht an bestimmte Erfahrungen oder Begebenheiten, nicht an die Unbeschwertheit und Leichtigkeit der Tage vorher gebunden ist. Es lehrt dich, auch dann Frieden zu finden, wenn alles nicht so glänzt und von totaler Leichtigkeit getragen ist. Erst da schließt sich der Kreis.

Fragende: *Ja, ich wollte an dieser Leichtigkeit und Unbeschwertheit festhalten und war sauer darüber, dass es nicht ging. Es entlastet mich, dass ich das gar nicht muss, dass es sich in alle Situationen ausdehnen darf und mich sogar die Gedanken und die Unruhe nicht hindern können.*

Barbara: Wir sind es gewohnt, an bestimmten Erfahrungen festzuhalten und andere zu bekämpfen, weil wir Glück und Unglück in ihnen vermuten. Dabei ist dieses stille Glück unabhängig von scheinbar glücklichen oder weniger glücklichen Erfahrungen. Es trägt dich durch alles, unverändert, unberührt.

Fragende: *Ich weiß jetzt gar nicht mehr, was wichtiger für mich war, dieses Glück, diese Unbeschwertheit der ersten Tage oder diese schwierige Erfahrung gestern. Ich fühle mich rund, als hätte sich ein Puzzlestein ins andere gefügt.*

Barbara: Ich staune immer wieder über die unsagbare Weisheit und Intelligenz, die allem zu Grunde liegt. Unglaublich, immer wieder zu sehen, was sich das Leben alles einfallen lässt, in welcher Vollkommenheit sich alles fügt, wie jetzt bei dir. So ist es bei allem, immer. Ich liebe das.

***Fragende:** Danke.*

DIE PRAXIS

In der Stille sein

Nimm dir Zeit, suche dir einen ruhigen Platz und sei in der Stille. Wenn Gedanken und Gefühle kommen, nimm sie nur wahr. Du beurteilst sie nicht und machst nichts weiter mit ihnen. Du sitzt absichtslos da.

Beobachte einfach, was auftaucht. Bleib nicht bei bestimmten angenehmen oder unangenehmen Gedanken hängen. Beobachte nur ihr Kommen und Gehen wie ein Fluss, der vorüberzieht. Auch inmitten all deiner Gedanken, Emotionen, Verstrickungen und Herausforderungen liegt Stille. Lass dich nicht von den äußeren Turbulenzen bluffen. Verweile nicht bei den tobenden Wellen an der Oberfläche, spüre den Urgrund, die Stille des Seins darunter.

Dann suche dir einen lauten Platz voller Trubel und Lärm. Mit der Ausrichtung auf die innere Stille sitzt du dort. Du vernimmst die Stille in dir, trotz des Trubels und des Lärms. Das ist in deinen Alltag übertragbar. Egal, wie die Wellen im Außen toben, du kannst die Stille, den Frieden in dir vernehmen. Lass dich nicht locken.

Bewegung aus der Stille

Lass Bewegung aus der Stille ohne Musik entstehen, allein und/ oder mit einem Partner.

Gemeinsam schweigen

Eine Stunde schweigen, mit jemandem zusammen schweigend Zeit verbringen, gehen, sitzen, spielen, was immer ohne Worte aus dem Moment heraus entstehen mag. Manchmal ist es auch sehr hilfreich, mit deinem Lebenspartner zu schweigen, wortlos in Kontakt zu sein, euch ohne Worte zu begegnen. Besonders dann, wenn ihr verstrickt seid und alle Worte nichts helfen.

KINDLICHE UNSCHULD

Manchmal verhindern intellektuelle, spirituelle oder religiöse Sichtweisen den natürlichen Zugang zum ONE, obwohl gerade sie genau dahin zu führen scheinen. Du stolperst dann trotz aller Meditation oder besseren Wissens über einfache Gefühle, wie Wut, Neid, Eifersucht oder die Suche nach Anerkennung. Wenn du zu viele Erwartungen, Konzepte und Theorien im Kopf hast, verleugnest oder verurteilst du manchmal die Gefühle, die deinem Anschein nach egobehaftet sind, und glaubst, über sie erhaben sein zu müssen. Genau damit verhinderst du aber, dir des ONE bewusst zu sein. Du musst diese einfachen Gefühle nicht loswerden. Sie erscheinen und vergehen. Sie sind weder gut noch schlecht und hindern dich nicht. Die göttliche Unschuld, die im Ausdruck einfacher Gefühle und Bedürfnisse liegt, ist kostbar. Diese Unbefangenheit, diese kindliche Unschuld leben zu dürfen, ist keine Frage des Alters und nicht nur Kindern vorbehalten. Dem gesellschaftlich geprägten Auge mag sie naiv erscheinen und mit der Angst verbunden sein, nicht ernst genommen zu werden und an Ansehen und Macht zu verlieren. Dabei kann sie dir in voller Hingabe das ONE eröffnen. Spirituell gesehen scheint eine solche Haltung völlig unspirituell und unbewusst zu sein und alles andere, als dem Bild eines weisen, erleuchteten Wesens, das bedächtig ist, zu entsprechen. Dabei ist diese kindliche Einfachheit voller Unschuld, nicht wissend, nicht urteilend, einfach seiend, ohne ein Konzept von Weisheit oder Erleuchtung, absichtslos weise. Das innere Kind kann dir göttliche Unschuld, das ONE, eröffnen. Es ist unverdorben, rein und klar und kann seines wahren Seins auf einfache, natürliche Art ungeteilt bewusst sein. Normalerweise erscheint dem spirituell Suchenden das innere Kind, besonders wenn es sich bedürftig fühlt, ungeliebt und nach mehr Beachtung schreit, der Feind des ONE zu sein. Liebe es. Sei ehrlich mit deinen Gefühlen und Bedürfnissen, egal, wie egoistisch oder gefangen sie dir erscheinen. Wenn du dich nicht mehr für etwas scheinbar Besseres, das du sein müsstest, verleugnest, kommst du an. Das heißt nicht, dass du all deine Gefühle ausleben musst, aber du kannst sie in dir zulassen. Du fühlst, was du fühlst, und bist, was du bist, ohne etwas anderes aus dir zu machen. Den meisten Problemen, auch in Beziehungen, liegen einfache Gedanken, Emotionen und Bedürfnisse zu Grunde, die verleugnet, unterdrückt oder überbewertet werden. Es liegt Heilung darin, diesen zuzuhören, sie anzunehmen, und nicht zuletzt dienen sie der Bewusstwerdung.

Wenn du sehr früh Verantwortung tragen musstest, dir die Leichtigkeit, das Unbekümmerte fehlt und du unter Leistungsdruck stehst, kann das Kind dir eine Welt eröffnen, in der du einfach sein und spielerisch mit den Dingen umgehen kannst, ohne immer perfekt sein zu müssen. Wenn du dich von deinen Eltern nicht angenommen gefühlt hast und du nach der Liebe anderer suchst, kannst du diesen Aspekt deines ungeliebten Kind annehmen und dir selbst der liebende Vater, die liebende Mutter sein. Untersuche einmal, welche Gefühle du unterdrückst, weil du sie als schlecht oder egoistisch bewertest? Welche Gefühle machen dir Angst, sie zu leben? Was will gelebt werden, wenn du nicht vernünftig bist und deinen Verstand einmal an der Tür abgibst? Lass diese kindliche Unschuld dich befreien, die Ketten unsinniger, lebensfeindlicher Vernunft sprengen. Diese kindliche Unschuld ist wie ein sprudelnder Brunnen, ein Fluss, von dem du dich tragen lassen kannst. Genauso ist natürlich in vielen Situationen eine gewisse Ernsthaftigkeit und Vernunft angemessen. Es geht bei der kindlichen Unschuld nicht um Verantwortungslosigkeit, sondern darum, die Leichtigkeit des Seins zu leben und dich nicht unnötig zu belasten. Sie eröffnet dir die vollkommene Hingabe an das, was ist, jenseits des Verstandes, der Kontrolle, alles wissen zu müssen. Du begegnest der Welt spielerisch und nimmst alles nicht mehr so ernst, als würde dein Leben, dein Glück davon abhängen.

Fragende: *Ich bin oftmals eifersüchtig. Ich will das manchmal nicht wahrhaben, aber es ist so. Ich habe dann sehr wohl das Gefühl, dass ich von mir, vom ONE getrennt bin, wenn ich neidisch oder eifersüchtig bin. Ich will nicht so sein. Das tut mir nicht gut.*

Barbara: Kann dich gut verstehen. Wie lange versuchst du schon deinen Neid und deine Eifersucht loszuwerden?

Fragende: *Eigentlich schon von Kind an. Ich hatte zwei Schwestern, die eine war klüger, die andere hübscher. Ich habe mich immer verglichen. Ich fühlte mich damals schon schlecht, weil ich eifersüchtig war. Die Eifersucht schmerzte mich, aber wenn ich heute darüber nachdenke, weniger, als dass ich mich dafür schämte und mich schuldig fühlte. Heute bin ich nicht mehr neidisch und eifer-*

süchtig auf meine Schwestern, eher bei meinem Mann und bei einer Arbeitskollegin. Das kommt nicht oft vor – vielleicht hört sich das jetzt so an – aber es stört mich trotzdem. Ich werde das nicht los, obwohl ich es schon mein ganzes Leben versuche. Überhaupt, je bewusster ich werde, desto mehr merke ich erst mein Ego. Ich erkenne das viel klarer. Früher ist mir das nicht so aufgefallen, weil ich vieles anderen in die Schuhe geschoben habe. Kannst du mir helfen, diese Gefühle endlich loszuwerden?

Barbara: Zunächst gib den Kampf gegen diese Gefühle auf. Mit dem Ziel, sie loswerden zu müssen, sitzt du schon in der Falle. Akzeptiere, dass manchmal ein Gefühl von Eifersucht erscheint. Bewerte das einfach nicht. Es ist nur ein Gefühl, mehr nicht. Es ist, wenn du keine Geschichte daraus machst, dich nicht abwertest, ein Gefühl, das erscheint und sich dann wieder auflöst. Es hat nicht die Bedeutung, die du ihm gibst. Du hast selbst gesagt, dass am schlimmsten für dich war, dass du dich für deine Gefühle geschämt hast und dich abgewertet hast. Es war also nicht das Gefühl selbst, sondern nur deine Bewertung, deine Meinung darüber.

Fragende: *Ich finde das immer noch schlimm und schäme mich. Das sollte doch nicht so sein. Ich gönne doch allen, dass sie glücklich sind und dass sie alles haben, was sie sich wünschen. Wie komme ich dann manchmal zu solchen Gefühlen?*

Barbara: Wir sind nun mal menschlich und nicht so heilig, wie du es gerne wärest. Ob wir diese Gefühle haben oder nicht haben sollten, steht nicht zur Debatte. Wenn und aber, hätte, sollte bringen nichts. Was ist die Realität? Du hast diese Gefühle manchmal. Ich sehe darin kein Problem. Wenn wir alle darauf warten würden, dass wir nie mehr neidisch, wütend, gestresst und ungerecht sind, wären wir nie glücklich. Das ONE wird davon nicht berührt. Es ist immer. Selbst hinter deinem Neid, deiner Eifersucht weilt die Liebe. Richte darauf deine Aufmerksamkeit und lass dich von allem anderen nicht bluffen. Du bist auch dann nicht getrennt vom Glück.

Fragende: *Was? Du findest, das nicht schlimm? Es geht ja gar nicht nur um die Eifersucht und den Neid. Dasselbe gilt eigentlich für all die negativen Gefühle und Verhaltensweisen, für jede Form von Egozentrik. Wir müssen uns davon befreien, sonst bleiben wir immer in den Emotionen und niedrigen Schwingungen gefangen und leiden.*

Barbara: Nein, das geschieht eher durch deinen Kampf, durch dein Gefühl von Schuld und deine Abwertung.

Fragende: *Was kann ich stattdessen tun?*

Barbara: Am besten nichts. Die Gefühle einfach nur erfahren und wahrnehmen und, wie ich schon sagte, aus der Bewertung gehen. Stell die Idee, dass dich das vom ONE trennt, in Frage. Nichts trennt dich. Das ONE trägt dich durch alles. Spüre, wie es inmitten all dieser negativen Gefühle gegenwärtig ist. Und ganz praktisch, überprüfe, worauf du neidisch bist, was du gerne hättest und nicht hast. Untersuche, ob du das wirklich willst und brauchst. Schau auf dich. Vielleicht ist dein Neid auch ein Anreiz, einen Wunsch von dir umzusetzen oder die Fülle in deinem Leben zu sehen und dankbar zu sein. Sieh diese Gefühle eher als Hilfe, als dass du sie als Feinde betrachtest. Sie können dir helfen, wieder auf die richtige Spur, zurück zu dir zu kommen. Und nimm sie einfach nicht so ernst. Glaube ihnen nicht. Wenn du sie ganz fühlst, verschwinden sie meist schnell wieder und lösen sich in Luft auf.

Fragende: *Bei mir lösen sie sich nicht so schnell in Luft auf. Sie greifen ganz schön lange nach mir.*

Barbara: Das passiert, wenn du daraus eine Geschichte machst und ihnen so viel Bedeutung gibst.

Fragende: *Aber das haben sie dann ja auch. Also, was kann ich machen?*

Barbara: Willst du wirklich Hilfe? Ich habe das Gefühl, dass du das, was ich sage, gar nicht annehmen willst, weil du so von deiner Geschichte, von deinen Erfahrungen überzeugt bist. Ich habe dir bereits einige Antworten gegeben.

Fragende: *Aber ich kann doch so ein negatives Verhalten und solche Gefühle an mir nicht akzeptieren. Wo führt das denn hin?*

Barbara: Dein Kampf, dein Urteil bringt keine Wandlung. Das hast du ja selbst schon erfahren. Wie wäre es mit Mitgefühl mit dir selbst? Schau mal, wie hart du kämpfst, wie sehr du in unserem Gespräch an diesen „negativen Gefühlen" festhältst. Du kämpfst ja fast um ihre Bedeutung. Sie haben sie nicht. Dann erscheint nun einmal ein Gefühl von Eifersucht. Du kannst trotzdem in dir ruhen. Güte und Mitgefühl mit diesen für dich „negativen Emotionen" helfen dir mehr als jeder Kampf. Du kannst alles, was ich gesagt habe, erst einmal wirken lassen und für dich testen. Ich will dich von nichts überzeugen. Für mich ist es okay, wenn du weiter kämpfen willst.

Fragende: *Das will ich ja nicht mehr. Ich bin oft sehr erschöpft und empfinde mein Leben manchmal als Kampf. Ich habe das gar nicht gemerkt, dass ich das hier schon wieder tue. Ich verstehe das nicht. Eigentlich bin ich ein friedliebender Mensch. Tut mir leid.*

Barbara: Kein Problem. Ich spüre dein Bestreben, ein guter Mensch sein zu wollen. Du willst das Beste. Du trägst so viel Liebe in dir. Lass sie frei. Gib deinem Urteil, dieser Härte nicht die Macht, auch wenn sie dir vorgaukeln, das Beste für dich zu wollen. Das ONE urteilt nicht über dich, auch nicht über diese „negativen Gefühle". Es liebt dich einfach, auch wenn du manchmal neidisch oder eifersüchtig bist. Für mich bist du jetzt schon okay. Schließe einmal die Augen. Spüre, wie du willkommen bist, wie all die „negativen Gefühle" im ONE enthalten, gehalten sind.

Fragende: *Das rührt mich, dass du sagst, dass ich okay bin. Eigentlich ist das blöd, aber es tut mir einfach gut. Und es stimmt, jetzt kann ich das wirklich fühlen, dass in der Liebe alles enthalten ist und sie gütig mit mir ist. Ich wundere mich, wie dieses verhasste Thema mich gerade zur Liebe führt. Wahnsinn, sie ist der Schlüssel.*

Barbara: Bingo!!!!

DIE PRAXIS

Kindliche Unschuld

Vertraue einfach dem, was geschieht. Wenn dieser kindliche Aspekt in dir ein bisschen reserviert oder zögerlich ist, lass ihm einfach Zeit. Möglicherweise kommst du in Kontakt mit einem Kind, das sehr emotional, traurig oder verletzt ist. Oder du begegnest einem Kind, das sehr verspielt ist und einfach nur mit dir zusammen sein und Spaß haben möchte. Vielleicht begegnest du dem weisen Kind, oder einem Kind, das noch völlig im ONE ruht.

Akzeptiere ganz einfach das, was dir begegnet.

Mache es dir im Sitzen oder im Liegen bequem.

Schließe deine Augen … Atme tief durch, und entspanne mit dem Ausatmen deinen Körper …

Lasse dein Bewusstsein still und ruhig werden … Atme wieder tief durch, und lass mit dem Ausatmen deine Aufmerksamkeit zu einem ruhigen Ort wandern …

Du bist jetzt an einem Ort, an dem du dich sicher und geborgen fühlst, ein Ort vollkommenen Friedens. Das kann ein Platz in der Natur, am Strand, in den Bergen oder auch in einem Raum sein, in dem du dich eins fühlen kannst.

Nimm dir Zeit, um ganz dort anzukommen. Du siehst die Einzelheiten dieses Ortes und genießt es, dort zu sein.

Du gehst an diesem Ort umher, spürst die Kraft vollkommenen Friedens in dir. Dann bemerkst du die Gegenwart eines kleinen Kindes … Während du auf das Kind zugehst, siehst oder spürst du, wie alt es ist und was es gerade tut …

Du gehst langsam auf das Kind zu und achtest dabei darauf, wie es gekleidet ist … Du spürst die emotionale Verfassung des Kindes … Nähere dich ihm und nimm auf eine Weise Kontakt mit ihm auf, die dir im Moment angemessen erscheint.

Frage das Kind, ob es dir etwas sagen oder mitteilen möchte. Das kann durch Worte oder auf eine andere Art geschehen. Öffne dich für die Mitteilung des Kindes, wie immer sie aussehen mag …

Frage das Kind, wie es sich fühlt, was es beschäftigt, was ihm am Herzen liegt, in welcher Situation es sich befindet …

Frage, was es sich am meisten von dir wünscht, in diesem Augenblick oder allgemein in seinem Leben … Höre aufmerksam zu, was das Kind dir zu sagen hat, sei es mit Worten oder auf eine andere Weise.

Verbringe Zeit mit ihm … Lass das Kind diese Zeit gestalten. Vielleicht möchte es mit dir spielen oder einfach nur bei dir sitzen oder von dir in den Arm genommen werden und eins mit dir werden.

Bleibe weiter mit diesem Kind zusammen, verbringt miteinander die Zeit, so wie es für euch passend ist …

Wenn es nicht die Liebe erfahren hat, die es sich wünschte, oder wenn es aus irgendeinem Grund feststellen musste, dass seine Liebe nicht erwidert wurde, sage ihm, dass es nicht seine Schuld ist. Sage ihm, dass du es liebst, dass es willkommen und geliebt ist von einem liebenden Universum.

Dann umarme dieses Kind und nimm wahr, wie es ein Aspekt deines Seins ist, das von dir gesehen, geachtet und nicht verdrängt werden möchte. Die Qualität dieses Kindes bereichert und erweitert dein Leben. Es möchte als Teil deiner Ganzheit zugelassen werden.

Werde dir deines Körpers und deiner Umgebung bewusst. Sei ganz präsent und öffne deine Augen.

Spielen, toben, lachen

Werde zum Narren, erlaube dir, Kind zu sein, das unbedarft, ohne Vorstellungen, die Welt erfährt, ausprobiert. Du bist einfach, spielst ohne Anspruch an Perfektion, laufend hüpfend, seiend, unbedarft, nichts wissend, frei. Du kannst albern, „blöd“ und einfach sein.

REICH SEIN

Reichtum ist wie das Eine Bewusstsein, wie Energie an sich unendlich. Aus dem dualen Bewusstsein betrachtet, scheint Reichtum begrenzt zu sein und sich ausschließlich auf Geld, auf finanzielle Belange zu beziehen. Im ONE ist Reichtum nicht begrenzt, hat jeder genug, egal, wie viel er hat. Auch wenn du finanziell gesehen nicht steinreich bist, fühlst du dich reich, weil du atmest, weil du lebst, weil du die Sonne spürst, weil du dich im Dasein geborgen fühlst, weil du liebst, weil du dich freust, weil du angefüllt bist vom Leben, der Liebe, dem Glück. Du bist in Frieden mit deinem Leben, liebst deinen Alltag, erfährst das Leben in seiner Fülle, – die Natur, die Menschen – und das alles kostenlos. Mit jeder Faser deines Körpers lebendig und frei von Ballast und Problemen zu sein, ist von unbezahlbarem Wert. Ein Reichtum, den dir kein Geld, kein Besitz der Welt, kein schickes Auto, kein Haus, ersetzen kann. Wahrer Reichtum ist, die Fülle in den kleinen Dingen des Lebens zu sehen, die Schönheit einer Blume, das Gefühl, geborgen zu sein, egal, wie viel oder wie wenig du hast. Du kannst dich mit wenig Geld reich und mit Millionen arm fühlen. Dein Hunger lässt sich nicht durch Geld stillen, denn es ist der Hunger, in stillem, grundlosem Glück, in der Liebe zu ruhen, danach ONE, – ganz in dir zu Hause zu sein.

Wenn du dich in dir nicht vollständig fühlst, das Gefühl hast, dass dir etwas fehlt, versuchst du das durch materielle Dinge oder durch das Zusammensein mit bestimmten Menschen zu kompensieren. Wenn du dich dann ausnahmsweise mal vollständig fühlst, ist es nur von kurzer Dauer. Unterm Strich bleibt es ein anstrengendes und erfolgloses Unterfangen. Die Suche geht weiter. Obwohl du ausreichend hast, glaubst du, dass du glücklicher wärest, wenn du dir ein schöneres Auto, ein Haus oder einen Luxusurlaub leisten könntest. Es reicht nie, egal, wie reich du bist, weil du in der Tiefe nach etwas anderem suchst.

Alle Fülle beginnt in dem Bewusstsein, dass du das hast und bekommst, was du brauchst, es dir an nichts mangelt. Wenn du mehr Geld anstrebst, warum nicht? Nur wenn du dir davon mehr Glück, mehr Frieden versprichst, nicht jetzt schon ganz ankommst, dann leidest du. Deswegen nimm jetzt wahr, wie reich du beschenkt bist und dass es dir an nichts mangelt. Außerdem fließt von selbst mehr Geld, wenn du keine Angst hast, zu kurz zu kommen. Aus einem Gefühl des Mangels, aus dem Gefühl, nicht genug zu haben, läufst du dem Geld immer einen Schritt hinterher, anstatt stehen zu bleiben und die Fülle zuzulassen.

Wenn du deinen Beitrag leistest, Einsatz gibst und keine Mangelprogramme fährst, kommt es von selbst zu dir. Wenn du glaubst, dass du zu wenig hast, blockierst du den natürlichen Fluss von Energie. Es ist genug für dich, für alle da. Du bekommst immer, was du brauchst. Auch wenn es nicht immer das ist, was du dir wünschst. Du kannst jetzt die Fülle, ungeteiltes Sein zulassen, jetzt reich sein.

Reichtum ist unendlich facettenreich. In der Regel machst du dich viel zu abhängig von den äußeren Begebenheiten und finanziellen Belangen. Natürlich ist ein bestimmter Lebensstandard angenehm, das ist keine Frage, aber nicht der Schlüssel zu wahrem Glück. Im Vergleich zu vielen anderen Ländern haben wir einen sehr hohen Lebensstandard. Trotzdem wachsen die Zahlen von Burnout und anderen psychischen Erkrankungen stetig.

Viel Geld zu haben bedeutet nicht automatisch, ein leichteres, sorgenfreieres Leben zu führen. Manche befürchten, ihr Geld zu verlieren, andere fühlen sich dem Geld, der Familie verpflichtet, als laste eine Verantwortung von Generationen auf ihren Schultern.

Ob arm oder reich, ein sorgenfreies, glückliches Leben hängt immer davon ab, was du aus deiner Situation machst, mit welcher Haltung du dein Leben lebst. Vielleicht würde mehr Geld dein Leben bequemer machen, aber verantwortlich dafür, dass du jetzt glücklich bist, ist es definitiv nicht.

Im ONE sieht vieles anders aus, deine Wahrnehmung der Welt verändert sich, auch Besitz bekommt eine andere Bedeutung. Er hat nicht mehr den Stellenwert, dir Sicherheit, Glück, einen Selbstwert, Macht und Ansehen zu geben. Du spürst die Vergänglichkeit, wie dir in Wahrheit nichts gehört. Wie heißt es so schön: „Das letzte Hemd hat keine Taschen". Im ONE lebst du bereits, obwohl noch quicklebendig, in diesem Bewusstsein. Du haftest nicht an, obwohl du dich an Reichtum erfreuen kannst. Es ist Beigabe und kein Selbstzweck. Du kannst dich auch an anderen Menschen, an dem, was sie sind und „haben", erfreuen.

Du fühlst dich reich, spürst, wie kostbar ein ruhiger Platz oder reine Luft in dieser luftverschmutzten Welt ist. Du bist dankbar für jeden Atemzug, für das, was ist. Du siehst nicht mehr, was du alles nicht hast, sondern erfreust dich an dem, was ist. Du siehst die Fülle im Dasein, wie sie nicht immer des Besonderem, der großen Dingen und Gesten bedarf, sondern wie viel Schönheit auch in den kleinen, einfachen Dingen des Lebens liegt. Weil es in dir keinen Mangel gibt und du dich innerlich reich fühlst, ziehst du gemäß dem Gesetz der Anziehung meist auch Wohlstand an. Doch der ist für dich dann nicht mehr existentiell von Bedeutung, weil du über innere Fülle verfügst. Du hast auch keine Lust mehr, mit anderen zu kämpfen, weil du in dem Gefühl lebst, dass es genug für alle gibt und dir niemand etwas nehmen kann. Trotzdem lässt du dir nicht die Butter vom Brot nehmen und kannst dich klar abgrenzen.

Die Unendlichkeit des Seins, die Quelle, speist alles. Nur die Gedanken des Mangels, das Gefühl, dass es nicht genug für alle gibt, lässt dich arm sein. Die Veränderung deiner finanziellen Situation beginnt damit, dass dir dein innerer Mangel bewusst wird.

Denn du schaust auf das, was nicht perfekt ist, auf das, was du gerade nicht hast: die Anerkennung deines Chefs, die Liebe deiner Mutter, ein großes Haus, einen Mann, der immer charmant ist. Auch wenn das Leben dir nicht immer das gibt, was du dir wünschst, sorgt es für dich. Es dient dem Wahren, deiner Bewusstwerdung und nicht deinen Bequemlichkeiten, deinem Ego. Denn weißt du wirklich immer, was das Beste für dich ist?

Wenn dein Leben immer wieder einmal von inneren und äußeren Mangelgefühlen geprägt ist, übersiehst du vielleicht deine wahre Größe, machst dich kleiner, als du bist. Vielleicht fühlst du dich auch oft bedürftig und glaubst, mehr zu brauchen, als du wirklich brauchst. Vielleicht übersiehst du dabei, dass du immer genug hast, wenn auch nicht immer das, was du dir erträumst, aber genug, um das zu tun, was wirklich wichtig ist.

Vielleicht willst du mit materiellen Dingen bestimmte Gefühle kompensieren, gesehen zu werden, wo du dich zu wenig geachtet fühlst, Liebe zu bekommen, wo es dir an Liebe fehlt, Leichtigkeit und Freude zu leben, wo du dich sonst schwer fühlst und keine Freude empfinden kannst. Vielleicht forderst du auch zu viel, ohne den entsprechenden Einsatz zu geben und über die erforderliche Größe zu verfügen. Vielleicht ist dir aber auch etwas anderes wichtiger, du machst es dir gerne bequem und willst dich nicht mit deinen Ängsten konfrontieren. Vielleicht suchst du nach schnellem Erfolg, ohne deine Hausaufgaben machen zu wollen, forderst, anstatt selbst etwas zu tun und zu wagen. Denn was du säst, erntest du. Wenn du nichts säst, kannst du nichts ernten. Vielleicht erhöhst du dich aber auch, anstatt demütig zu sein, und denkst schlecht über Menschen, die reich sind. Vielleicht siehst du dich oder andere gern als Opfer der Reichen und Mächtigen. Dual betrachtet scheinen die bösen „Reichen" den unschuldigen „Armen“ ihr Stück vom Kuchen zu nehmen, scheint es einen Zusammenhang zwischen der Armut des einen und dem Reichtum des anderen zu geben. Es sieht so aus, als würde, wer vermögend ist, es auf Kosten eines anderen sein. Menschen fordern zu Recht, dass Banken, Unternehmer und Reiche ihren Reichtum nicht auf der Ausbeutung anderer Menschen und der Natur aufbauen sollten. Natürlich ist hier eine Ausgewogenheit anzustreben. Trotzdem ist Reichtum kein begrenzter Kuchen. Wir müssen nicht mit anderen kämpfen, um ein möglichst großes Stück abzubekommen. Wer die Verantwortung für seine finanzielle Situation oder der armer Menschen ausschließlich auf Reiche schiebt, schwächt sich und bleibt in seiner Opfergeschichte gefangen. Wenn du dich als Opfer siehst, verlierst du deine Macht und Kraft. Du fühlst dich immer von der Gunst des guten Verhaltens eines anderen, in diesem Fall der Reichen und Mächtigen, abhängig. Du machst es dir leicht, wenn du deine Verantwortung anderen in die Schuhe schiebst, ihnen Schuld an deiner Misere gibst, dein eigenes Unvermögen anderen überstülpst. Dich und andere als kleine harmlose Opfer zu sehen, ist zu einfach. Hast du nicht selbst schon mal versucht, mehr als andere zu bekommen und sie in Kleinigkeiten übervorteilt? War dir nicht auch schon mal Geld und materielle Sicherheit wichtiger, als deinem Herzen zu folgen?

Wenn du glaubst, mehr Geld zu brauchen, um glücklich zu sein, gibst du genau wie sie dem Geld eine zu große Bedeutung.

Genauso wie in dir manchmal Mangelprogramme die Regie übernehmen, haben auch sie manchmal das Gefühl, nicht genug zu bekommen, und versuchen ihren inneren Mangel zu kompensieren. Wichtig ist, dir bewusst zu werden, dass du kein Opfer bist, wenn du dich nicht zum Opfer machst. Wenn Ärmere sich nicht mehr unterdrücken lassen und aufstehen, funktioniert die Ausbeutung nicht mehr. Es braucht immer zwei. „Stell dir vor, Menschen wollen andere ausbeuten und keiner macht mit.“ Es braucht immer einen, der es macht, und einen, der es mit sich machen lässt. Ich will sogar weitergehen: Es braucht immer einen, der es macht, und einen, der es mitmacht. Mitmachen ist eine aktive Tat. Wenn du Verantwortung für deinen Anteil übernimmst, lässt du die Ohnmacht hinter dir. Deine Kraft kommt zu dir zurück. Wer in die Unabhängigkeit des Seins erwacht, empfindet sich nicht mehr als Opfer. Wenn in deinem Bewusstsein keine Resonanz ist, funktioniert das Spiel nicht mehr. Außerdem steht der Reichtum eines Menschen nicht in direkter Relation zur Armut eines anderen. Es ist vertikal, losgelöst und scheint nur dual betrachtet sich zu bedingen. Dein Reichtum ist von nichts und niemandem abhängig.

In dieser Zeit werden sich immer mehr Menschen bewusst, dass jeder einzelne etwas bewegen kann. Sie spielen einfach nicht mehr mit und erwachen in ihre natürliche Größe.

Dieser Wandel funktioniert nur, wenn sich unser Bewusstsein verändert. Wie arm oder wie reich wir sind, ist kein Zufall. Selbst wenn alle Reiche die Hälfte ihres Vermögens Armen schenken würden, wären die meisten Armen auf Dauer gesehen wieder arm, wenn sich in ihrem Bewusstsein, an ihrer Einstellung nichts ändert. Viele Lottomillionäre sind oftmals hinterher genauso arm wie vorher. Manchen Menschen kannst du immer wieder Geld schenken und sie machen nichts draus. Sie sind wie ein Fass ohne Boden und haben in ihrer Psyche, in ihrem Bewusstsein nicht die Kraft, die Größe, diese Menge an Geld in Form von Energie anzuziehen und zu halten. Dass es nicht nur ums Geld an sich, sondern auch um andere Faktoren geht, zeigt sich am Beispiel von sehr reichen Menschen, die plötzlich alles, ihren ganzen Besitz, ihr ganzes Geld verloren haben, bei Null anfangen, wieder aufstehen und in kurzer Zeit alles wieder von vorne aufbauen. Anstatt deine Energie damit zu verschwenden, die, die nicht genug bekommen können, zu verurteilen, ändere deine Einstellung, erweitere dein Bewusstsein. Warte nicht darauf, dass sie sich ändern. Du kannst Menschen nicht zwingen, anders zu sein. Du kannst Mitgefühl und Großherzigkeit nicht erzwingen, nicht erzwingen, dass sie teilen und den anderen im Auge haben. Außerdem, was ist mit deinem Mitgefühl, mit deiner Großherzigkeit, wenn du über sie urteilst? Durch den Bewusstseinswandel werden immer mehr Menschen erkennen, dass mehr Macht und materielle Güter sie auch nicht glücklicher machen. Sie entdecken, dass es einen Austausch, ein Miteinander gibt, von denen beide Seite profitieren können. Sie fühlen sich reicher und beschenkter, als wenn sie nicht genug bekommen können und immer das Äußerste herausholen müssen. Alle können in Fülle und Frieden miteinander leben. Weil du dich im ONE nicht mehr einzig als ein getrenntes Ich wahrnimmst, siehst du dich auch im anderen und hast keine Freude daran, andere schlecht zu behandeln. Deine Liebe, dein Mitgefühl wollen sich verschenken. Für mehr Liebe und Menschlichkeit, ein ausgewogenes Geben und Nehmen einzutreten, beginnt bei dir selbst. Es bringt nichts, uns gegenseitig anzuklagen. Nur das Erwachen der inneren Fülle heilt und nicht deine Schuldzuweisungen. Im ONE enden diese Spiele. Im ONE existieren weder Schuld noch Opfer und Täter. Nur im dualen Bewusstsein scheint es eine zentrale Rolle zu spielen. Wenn du in Schuld, in Opfer- und Täterthemen gefangen bist, bist du von dualen Sichtweisen geprägt und suchst dementsprechend auch dort nach einer Lösung. Dabei ist sie auf der dualen Ebene nicht zu finden. Schon Einstein sagte: „Du kannst das Problem nicht auf der Ebene lösen, auf der es entstanden ist.“ Wenn dir etwas als Problem erscheint, musst du die Ebene des dual identifizierten Bewusstseins verlassen, das den scheinbaren Konflikt hervorbringt. Das Problem löst sich auf. Denn im ONE existiert kein Problem. Lass das mal eine Zeit auf dich wirken: „In Wahrheit gibt es kein Problem.“ Und das gilt für alle Lebensbereiche – für dein ganzes Leben.

Im dualen Bewusstsein scheint das Leben schwierig und voller Probleme zu sein, im ONE nicht. Verlasse das gewohnte Denken und lass dich nichtwissend in die Quelle fallen. Glaube einfach nicht alles, was du denkst. Glaube nicht daran, dass dir etwas fehlt, dass es ein Problem gibt. Öffne dich der Vollkommenheit, die allem zugrunde liegt. Gib dich dem Größeren, dem ONE hin, lass nichts anderes mehr zu. Lass die Quelle, die Unendlichkeit des Seins, diese Fülle im Nichts, dich erfüllen. Sie ist unbegrenzt. Einzig dein Denken begrenzt dich – auch dann, wenn du glaubst, dass dein Reichtum von äußeren Faktoren abhängt. Du glaubst vielleicht, dass du nicht mehr als eine bestimmte Summe verdienen kannst. Aber weißt du das wirklich?

Unser Denken ist auch eng und rigide, wenn wir Geben und Nehmen aufrechnen. Dabei gibt es, wenn überhaupt, nur eine universelle kosmische Rechnung. Manchmal gibst du dort, wo du nichts zurückbekommst, und bekommst unerwartet dort etwas, wo du es nicht vermutet hättest. Lass die Unendlichkeit von Möglichkeiten, die Fülle zu. Mit deinem begrenzten Denken und deiner Angst trennst du dich selbst ab und beschneidest die innere und äußere Fülle. Vielleicht ist in deinem Denken, in deinem Empfinden, deinem Energiefeld nicht die dementsprechende Weite, um mehr Geld anzuziehen, oder deine Prioritäten sind anders gesetzt. Vielleicht möchtest du gerne reich sein, aber in Wahrheit die Energie, die Verantwortung dafür gar nicht aufbringen? Vielleicht bist du mit einer gewissen Überschaubarkeit glücklicher, willst dich nicht um fünf bis sechs Häuser kümmern. Vielleicht sind dir deine Familie, deine Hobbys, deine Bequemlichkeiten wichtiger, als mehr Einsatz zu zeigen. Vielleicht hast du nicht nur „zufällig“ genau das, was du willst und brauchst. Manchmal kann weniger wirklich viel mehr sein, sobald du den Schatz, den unendlichen Reichtum darin erkennst und dankbar bist. Wenn du aber das Gefühl hast, dass es dir nicht reicht, dann steh auf, leb dein Potential, lass mehr Fülle und Weite zu und überwinde deine Ängste und Denkmuster. Viel wichtiger ist aber, dir der Fülle, die im Da-Sein selbst liegt, bewusst zu sein. Wenn du die Fülle, die in deinem Dasein selbst liegt, erkennst, tritt sowieso alles andere in den Hintergrund. Es geht dir weniger ums Haben als ums Sein. Jetzt seiend, bist du glücklich und reich, jetzt seiend, bist du erfüllt.

Fragender: *Ich habe vor ein paar Jahren sehr viel Geld geerbt, so viel, dass ich mein ganzes Leben nicht mehr arbeiten muss und sehr luxuriös leben kann. Für mich ist das inzwischen weniger einfach, als ich erwartet hatte. Jeder denkt, ich hätte es nur leicht, mir läge die Welt zu Füßen und es müsse mir immer gut gehen. Aber das ist nicht so. Ich traue mich schon nicht mehr, was zu sagen, denn meine Freunde antworten oft: Dein Problem möchte ich haben. Du hast doch alles.*

Ich fühle mich auch diesem Erbe verpflichtet, das über Generationen weitervererbt und vermehrt wurde. Ich kann das nicht alles verprassen. Ich fühle auch eine Verantwortung, es vermehren und Sinnvolles damit tun zu wollen. Meine Freunde sind alle nicht reich, auch wenn einige kein schlechtes Einkommen haben.

Besonders schwierig ist für mich, dass ich schlecht nein sagen kann. Jeder, der ein Geldproblem hat, kommt zu mir und erwartet fast, dass ich alle Wünsche erfülle, weil ich ja das Geld dazu habe. Ich habe schon viel Geld verschenkt und auch verliehen und nicht einen Cent zurückbekommen. Es ist für die meisten so selbstverständlich, dass sie sich nicht einmal bedanken. Und wenn ich nach dem Geld frage, dass ich verliehen habe, bin ich wie ein unliebsamer Bekannter. Ich hätte das nie gedacht. Das enttäuscht mich sehr. Manchmal frage ich mich, ob meine Großzügigkeit und Hilfsbereitschaft überhaupt hilfreich oder nicht vielmehr Dummheit ist. Sie wird nicht geschätzt und ich helfe ihnen nicht wirklich. Denn sie haben nachher wieder kein Geld, fahren mit dem, was ich ihnen gebe, noch in den Urlaub, um dann wieder bei mir anzufragen. Sie fragen nicht immer direkt, oftmals durch die Blume. Ich hatte früher auch das Geld dazu nicht und habe nur das ausgegeben, was ich hatte.

Meine Freundschaften sind nicht mehr wie früher. Jahrzehntelange Freundschaften sind ins Wanken geraten und an vielen zweifele ich. Mein ganzes Weltbild ist durcheinander und mit mir selbst kenne ich mich auch nicht mehr aus. Glücklicherweise gibt es mit meiner Frau kein Problem. Sie kann mich verstehen und macht ähnliche Erfahrungen wie ich. Ich frage mich, ob es Egoismus ist, wenn ich nicht mehr so großzügig bin und nur manchmal Geld verschenke?

Barbara: Nein, das ist es nicht und selbst, wenn es so wäre, kein Problem. Ich kann dir aber keine Anhaltspunkte geben, wie großzügig du sein musst, weil es keine gibt. Wichtig ist, dass du dich aus dem Konzept löst, Geld geben zu müssen. Wenn es sich gut anfühlt, tue es, wenn nicht, lass es. Es gibt keine

Verpflichtung in dem Sinne. Du bist frei. Lass dieses wunderbare Geschenk nicht zur Last werden.

Wie war es denn, bevor du das Geld hattest? Hast du anderen auch immer so viel von dir gegeben und dich verpflichtet gefühlt, für sie zu sorgen?

Fragender: *Ja, da war es, wenn ich es mir jetzt so überlege, genauso. Mir ist das aber nie aufgefallen. Ich helfe schon immer gerne. Meine Frau hat oft zu mir gesagt: „Du bist zu gutmütig und vergisst dabei dich selbst. Wer ist denn mal für dich da?“*

Barbara: Das Geld macht jetzt wie durch ein Mikroskop die Dynamik sichtbar, die schon vorher im Untergrund schwelte. Es ist wunderbar, dass du gerne gibst, aber es ist auch Zeit, wie deine Frau sagt, auf dich zu schauen.

Fragender: *Ich möchte nur, dass sie das, was ich gebe, achten und nicht so selbstverständlich damit umgehen.*

Barbara: Achtest du denn, was du tust, was du gibst, oder ist es für dich auch selbstverständlich?

Fragender: *Ja, das ist es für mich.*

Barbara: Kein Wunder, dass es die meisten auch nicht tun. Achte dich und deine Gefühle und Bedürfnisse. Wenn jemand mir dir und dem, was du tust, achtlos umgeht, tue es einfach nicht mehr. Es zwingt dich niemand. Da beginnt deine Selbstachtung. Warte nicht darauf, dass sie achtsamer mit dir und deinem Geld umgehen. Und außerdem darfst du die Fülle genießen, auch wenn andere Probleme haben und im Mangel leben. Du hast ja selbst bemerkt, dass dein Geld, deine Energie, deine Hilfe oft verpuffen. Du bist niemandem verpflichtet. Es ist wunderbar, dass du Mitgefühl hast und dir das Wohl anderer nicht egal ist, aber es gilt zu differenzieren. Wenn es wirklich passt, tue es, wenn nicht, lass es. Du hast bis jetzt nicht unterschieden. Es scheint mir bei dir ein Automatismus, ein Muster zu sein, geben zu müssen. Jetzt hast du die Freiheit, es zu tun oder zu lassen, jenseits einer Verpflichtung.

Fragender: *Ich habe aber Angst, wenn ich nicht gebe, dass dann Freundschaften in die Brüche gehen oder sie mich für egoistisch halten.*

Barbara: Dann halten sie dich für egoistisch, das ist so etwas von egal. Es betrifft eher deine eigene Bewertung. Außerdem könnte man ihr Verhalten genauso als egoistisch bezeichnen. Aber für mich ist es beides nicht. Die Frage ist, ob es dir wert ist, um bestimmte Menschen nicht zu verlieren, achtlos mit dir umzugehen. Erst einmal weißt du nicht, ob du sie verlierst, und wenn es der Fall ist, kann es vielleicht auch eine Erleichterung, ein Segen für dich sein. Wir wissen das alles nicht.

Fragender: *Dass zwei Freundschaften bereits zu Ende gegangen sind, hat mir weniger ausgemacht, als ich es mir vorgestellt hätte. Es war irgendwie passend. Und eine gute Freundin von uns konnte mit dem, was ich sagte, gut umgehen und hat ihr Verhalten sogar verändert. Du hast Recht. Ich merke gerade, dass es eine alte Angst ist.*

Barbara: Selbst wenn du alles und jeden verlieren würdest, bist du im ONE, im Nichts geborgen. Es kann dir nichts passieren.

Fragender: *Was hältst du für das richtige Finanzsystem? Wie sieht ein Finanzsystem aus, das aus dem Bewusstsein des ONE gestaltet ist?*

Barbara: Ich weiß das nicht. Ich bin kein Finanzprofi. Es geht auch weniger um das richtige System als um die Veränderung unseres Bewusstseins, was Geben und Nehmen, unsere Gier, Nachhaltigkeit, Ausgewogenheit, ein Miteinander jenseits von Angst und Kampf betrifft. Es ist niemals das richtige System, nur das Bewusstsein, das die Veränderung bringt. Du könntest das perfekte Finanzsystem kennen und es muss nicht funktionieren, wenn wir von Gier, von der Angst ums Überleben, von unserem Ego, von innerer Leere getrieben sind. Je freier wir sind, desto weniger brauchen wir das richtige System, weil wir gemäß unserer inneren Natur von selbst eine Ausgewogenheit leben. Du kannst und konntest das beim Sozialismus sehen, bei dem eigentlich die Gleichheit der Menschen im Vordergrund steht, was an sich kein schlechter Ansatz ist. Und trotzdem waren die Menschen nicht frei, manche haben sich bereichert. Es hat so nicht wirklich funktioniert. Natürlich macht auch eine Veränderung des Finanzsystems Sinn. Wenn sich in dem Bewusstsein von immer mehr Menschen etwas ändert, wird sich das Passende manifestieren. Da ist ja so vieles schon in Bewegung. Warum ist dir das so wichtig?

Fragender: *Ich mache mir Sorgen, wohin das mit den Banken alles führt. Einerseits habe ich Angst, dass ich bei einem Crash Geld verlieren könnte, auf der anderen Seite fände ich gut, wenn etwas passiert, damit sich die Frage nach einem neuen System stellt. Ich beschäftige mich schon lange mit Finanzen. Seit einigen Jahren mit alternativen Finanzsystemen, mit dem Grundeinkommen, mit einem zinslosen Geldsystem etc. Ich bin mir einfach nicht ganz sicher, was richtig wäre. Ich möchte mich in dem Bereich mehr engagieren, bin Volkswirt und kenne mich ganz gut aus. Das Thema fasziniert und interessiert mich. Es gibt einige Menschen, die wegen der Wandlungen der Erde und der Bewusstseinsveränderungen schwierige Zeiten, zum Teil einen totalen Zusammenbruch erwarten, Gold weglegen, mit Lebensmitteln vorsorgen und Vorbereitungen treffen. Wie siehst du das? Hast du Vorkehrungen getroffen?*

Barbara: Nein, ich selbst habe weder praktisch durch Lebensmittel, Gold, etc., wie manche es raten, vorgesorgt noch mich innerlich damit beschäftigt. Ich rate aber weder anderen dazu noch davon ab. Das muss jeder für sich selbst entscheiden. Ich lebe einfach in der Hingabe an das Leben. Ich mache mir wenig Gedanken darüber. Wenn morgen ein Impuls auftauchen würde, mich in irgendeiner Weise vorbereiten zu sollen, dann tue ich das. Bis jetzt gab es dazu aber keinen. Egal, was geschieht, es wird richtig sein. Das Leben kennt nur Vollkommenheit. Die Menschen, die das stark emotional beschäftigt, rege ich manchmal dazu an, ihre Ängste und ihre Hoffnungen zu beleuchten, und stelle ihnen folgende Fragen: Was fürchtest du zu verlieren? Wovor hast du Angst, vor Armut, vor Tod, vor Krankheit, vor Mangel? Was erhoffst du dir? Ich unterstütze sie, über all das hinauszugehen und die Vollkommenheit des Seins jetzt zu erfahren, sich jetzt im großen Ganzen zu Hause und geborgen zu fühlen, jetzt in dem Einen Bewusstsein anzukommen. Trotzdem kann jemand, wenn er mag, vorbereitende Maßnahmen treffen. Wir leben in einer sehr speziellen Zeit, in einer Zeit großer Wandlungen. In diesen Zeiten finden bei vielen Menschen tiefgreifende Umbrüche in allen Bereichen ihres Lebens statt, sei es in ihren Beziehungen oder in ihrem Selbstbild. Es ist eine Art innere Transformation und Revolution, die, obwohl für viele zunächst sehr erschütternd, unglaublich befreiend ist. Ich liebe das. Diese scheinbaren Krisen und Katastrophen sind der Befreiung aus allen Selbstbildern und Konzepten, auch spiritueller Natur, äußerst dienlich. Der Umgang mit diesen enormen persönlichen Herausforderungen sind größte Hilfe und Geschenke zur Bewusstwerdung.

***Fragender:** Was erwartet uns in den kommenden Jahren und Jahrzehnten?*

Barbara: Wir werden sehen. Ich frage dich vielmehr, was jetzt ist. Bist du jetzt glücklich, jetzt in Frieden, jetzt in Liebe? Das einzige, was ich, wenn überhaupt, raten möchte, ist zu erkennen, was du wirklich bist, und das ist jetzt möglich. Ich bin kein Fan spiritueller Theorien, für mich geht es nur um die innere Bewusstwerdung. Das ist, wenn überhaupt, mein einziges Anliegen. Durch meine Bewusstwerdung 2000 sehe ich vieles in einem anderen Licht. Vieles, was dem identifizierten Blickwinkel als wichtig erscheint, ist für mich nicht so bedeutsam. So ist es auch mit diesen äußeren Geschichten und Wandlungen. Im Bewusstsein der Einheit ist alles willkommen, auch das, was du für hinderlich hältst. All das, was du nicht haben, nicht erfahren willst, zu umarmen, ist der Schlüssel zur Einheit.

* * *

Fragende: *Es gibt einige Theorien und Bücher, die sagen, dass es einige wenige Reiche gibt, deren Namen wir alle nicht kennen, die hinter den Kulissen die Geschicke der Menschheit und der Finanzen zu ihrem Nutzen lenken. Diese Theorien werden als Verschwörungstheorien abgetan. Ich glaube nicht, dass das nur erfunden ist. Das ist doch nicht richtig! Die Schere zwischen Arm und Reich geht immer weiter auseinander. Da gibt es doch Menschen, die an unserer Misere schuld sind. Da kann man doch nicht sagen, jeder ist selbstverantwortlich. Dafür sind doch die verantwortlich. Und wird sich das mit einem neuen Bewusstsein ändern?*

Barbara: Ich habe ja Journalismus studiert. Da ist mir besonders bewusst geworden, wie wenig ich Informationen glauben kann und wie dann auch noch alles eine Frage der Betrachtung ist. Darüber hinaus sind nicht einmal Nachrichten wirklich objektiv, obwohl sie den Anschein erwecken. Sie dienen auch oftmals bestimmten Interessen oder unterliegen bestimmten Interpretationen. Viele politischen Geschehnisse und andere Diskussionen sehe ich mit großem Abstand. Vieles erscheint mir wie Inszenierungen. Ich glaube so einfach nichts. Dahinter sehen die Dinge nochmals ganz anders aus.

Dazu kommt, dass es in fast allen Redaktionen keine Zeit, kein Geld für eine umfassende Recherche gibt. Und selbst, wenn es sie geben würde, hat jeder Journalist, so ehrenhaft und objektiv er versucht zu sein, eine individuell gefärbte Brille. Selbst wenn wir von den besten, ehrlichsten und bewusstesten Betrachtungsweisen und Beweggründen ausgehen würden, bleibt es genau wie dieses Buch eine relative Wahrheit. Vor allem die Bewertung bestimmter Situationen und Sachverhalte ist so subjektiv und durch unsere gesellschaftlich geprägte Brille betrachtet. Obwohl wir in Deutschland und Österreich Pressefreiheit haben, ist sie nicht frei. Es ist wichtig, sich dessen bewusst zu sein und alles nicht zu ernst zu nehmen. Trotzdem kann man natürlich seine Meinung haben. Diesen Abstand habe ich zu allen Betrachtungsweisen, auch zu sogenannten esoterischen, spirituellen Sichtweisen und auch zu diesen Verschwörungstheorien, wie du sie nennst. Selbst wenn manche dieser sogenannten „Verschwörungstheorien" Wahrheitsgehalt haben, und manche halte ich auf Grund eigener Erfahrungen und Erlebnisse für möglich, sehe ich dennoch die Bewertung der Verschwörungstheoretiker kritisch. Die Spaltung in Gut und Böse und dementsprechende Schuldzuweisungen kann ich nicht teilen. Ich bin ein im normalen Verständnis sehr unpolitischer, unbedarfter Mensch. Ich kann und mag das Ganze nicht bewerten. Dazu ist das alles viel zu umfassend. Ich will das einfach so stehen lassen. Wenn gemäß deiner

Sichtweise jemand schuldig ist, sind wir alle auf die ein oder andere Art und Weise schuldig oder mitschuldig. Wir brauchen nur auf unsere Gier zu schauen, unsere Unbewusstheit, wie unser Hunger unstillbar und nichts gut genug ist, wie wir uns selbst manipulierbar machen. Ich unterstütze Menschen, sich von diesen inneren Abhängigkeiten und Ängsten, von gesellschaftlichen Prägungen und emotionalen Mustern und Glaubensätzen, die Leid schaffen, zu lösen. Andere anzuklagen, darin sehe ich für mich keinen Sinn. Ob und wie sich diese Dinge mit einem neuen Bewusstsein im Konkreten wandeln, weiß ich nicht. Für mich zählt eine Reinheit im Herzen. Darin liegt für mich die stärkste Kraft und Macht. Daraus entfaltet sich alles andere von selbst. Wenn du mich fragst, beteilige dich an den ganzen Spaltungen nicht und werde dir des EINEN HERZENS, des ONE, das alle einschließt, bewusst. Trotzdem kannst du, wenn du willst, etwas tun. Es gibt immer mehr Bewegungen, die, sei es per Internet oder andere Initiativen, mutig für eine neue Freiheit, für ein wirkliches Miteinander eintreten. Da hat jeder andere Impulse und Aufgaben. Viel wichtiger aber ist es, dir deine Angst und deine Gefühle von Ohnmacht anzuschauen. Viel wichtiger ist, warum es für dich so bedeutend ist, dass jemand schuldig und für alles verantwortlich ist.

Fragende: *Weil es so nicht geht, dass wir so manipuliert werden. Ich will das nicht.*

Barbara: Prima. Dann schau bei dir. Wir sind nur über Angst, Mangel, Gier, der Abhängigkeit unseres Glücks von äußeren Faktoren zu lenken. Wovor hast du Angst? Was glaubst du haben, was sein zu müssen? Selbst wenn du manipuliert wirst bzw. dich manipulieren lässt, hat es nicht die Macht, das ONE aufzuhalten. Das kann dir niemand nehmen. Das Wesentliche ist größer, es ist jetzt.

Fragende: *Ja, ich habe Angst, manipuliert zu werden. Mein Vater war sehr manipulativ. Ich habe mich ihm gegenüber immer sehr hilflos und ohnmächtig gefühlt. Langsam beginne ich mich daraus zu lösen. Trotzdem verliere ich mich immer noch schnell und vergesse meine eigene Kraft. Es macht mich traurig, dass ich entweder rebelliere oder mich anpasse und klein beigebe. Ich komme sehr schlecht aus diesem Kampf heraus.*

Barbara: Macht nichts. Schau jetzt mal nicht nur auf deinen Vater oder die Mächtigen, von denen du dich manipuliert fühlst. Wie oft haben wir alle schon versucht, uns selbst und andere zu manipulieren, manchmal auch, ohne uns dessen bewusst zu sein. Wir haben wahrscheinlich alle schon versucht, anderen unbemerkt unseren Willen, unsere Meinung aufzudrängen, wollten unbemerkt Mitleid erhaschen, haben etwas vorgegeben, was nicht ist, versucht, jemanden von anderen Tatsachen zu überzeugen oder Macht auszuüben und das meiste für uns rauszuschlagen. Ich schließe mich da nicht aus.

Fragende: *Ich dachte aber immer, dass ich besser bin. Ich bin nicht so wie mein Vater oder wie diese extremen Kapitalisten. Ich habe das sicherlich nicht so ausgeprägt wie sie, aber es stimmt, ich kenne das, wenn ich so überlege, auch. Ich habe das aber nie in Zusammenhang damit gebracht. Komisch, – Ich denke gerade an meinen Vater. Eigentlich liebe ich ihn sehr. Aber er war immer so dominant. Ich habe mich ihm gegenüber immer klein und machtlos gefühlt. In der letzten Zeit habe ich versucht, einfach das zu tun, was ich für richtig halte, ihm keine Vorwürfe zu machen oder seine Anerkennung zu bekommen. Wenn ich meins tue, ist er gar nicht mehr so übermächtig, wie ich glaube.*

Barbara: Du hast ihm die Macht gegeben. Es ist Zeit für dich, erwachsen zu werden. Ja, du kannst einfach tun, was du für richtig hältst, und musst nicht mit ihm kämpfen. Er kann tun und sein, wie er will.

Fragende: *Ich wollte ihn so nicht akzeptieren und ich dachte immer nur, er würde das nur mit mir und meiner Meinung tun. Danke vielmals. Ich fühle mich freier und viel friedlicher. Das muss ich jetzt auf mich wirken lassen. Vielleicht ist das mit meiner Ohnmacht und der Wut gegen die Mächtigen hinter den Kulissen genauso, dass ich ihnen im Inneren wie meinem Vater Macht gebe.*

DIE PRAXIS

Beantworte folgende Fragen:

Wo übersiehst du den Reichtum in dir und deinem Leben?

Fällt es dir schwer, dankbar zu sein, und verlangst du immer nach mehr?
Fühlst du dich oft bedürftig und glaubst, mehr zu brauchen, als du wirklich brauchst?

Welche Gefühle versuchst du zu kompensieren, indem du dir mehr Geld wünschst?
(Gesehen zu werden, wo du dich zu wenig geachtet fühlst, Liebe zu bekommen, wo es dir an Liebe fehlt, Leichtigkeit und Freude leben, wo du dich sonst schwer fühlst und keine Freude empfinden kannst?)

Forderst du viel, ohne den entsprechenden Einsatz zu geben und über die erforderliche Größe zu verfügen? Suchst du nach schnellem Erfolg, ohne deine Hausaufgaben machen zu wollen, forderst du, anstatt selbst etwas zu tun und zu wagen?

Lebst du dein Potential, deine wahre Größe?

Beherrschen dich oftmals Gedanken des Mangels?

Was denkst du übers Geld und über Menschen, die wohlhabend sind?

Bist du mit dir und deinem Leben zufrieden?

Dich aus Mangelgedanken lösen:

Erinnere dich an folgende Kernaussagen, oder meditiere und arbeite damit:
„Glaube nicht alles, was du denkst!“

„Kann ich wirklich wissen, dass das, was ich denke, wahr ist?"

Mangel und Leiden sind Illusion. Mein Gedanke, mein Gefühl, das mich Mangel fühlen lässt, ist nicht die Wahrheit.

Reichtum, die unendliche Quelle

Wenn ein Gedanke des Mangels, wie: Ich werde nicht ausreichend geliebt, ich bin nicht gut genug, ich habe nicht genug Geld, in dir Fuß gefasst hat:

Lass dich von der Fülle des Seins, der Quelle anfüllen.

Lass zu, dass alles in der unendlichen Fülle, – im Nichts verschwindet,
kein Gedanke, kein Mangel, nur das ONE durchstrahlt.

Du bist eins mit der unendlichen Quelle. Lass die unendliche Fülle zu. Sie ist nicht außerhalb von dir. Du bist als Teil des Ganzen nicht getrennt von der Fülle des ONE.

Wenn du gerade tief in Mangelgedanken verhaftest bist, erinnere dich an das, was du bereits bist. Du kannst einfach in die Fülle des Seins hinter allen Erscheinungen, auch hinter deinen Mangelgedanken, versinken. Spüre nur die unendliche göttliche Fülle, ONE – nichts und alles, – aus dem sich alles andere von selbst ergibt.

HEILUNG

Was immer in deinem Leben passiert, egal, welche Probleme körperlicher, emotionaler oder seelischer Art dich zu belasten scheinen, in dem Bewusstwerden des ONE, des „Heilen Ganzen", liegt deine Befreiung. Das Heile Ganze ruht in dir unberührt von allem. Allein, indem du in das Bewusstsein dieser Vollständigkeit eintrittst, kann Heilung geschehen. In der Regel liegt körperlichen Erkrankungen ein Konflikt auf der seelischen, emotionalen Ebene zu Grunde, von normalen Schwachstellen deiner individuellen Konstitution abgesehen. Oftmals sind es innere Konflikte und Kämpfe, die dir nicht bewusst sind. Heilung lässt sich bekanntermaßen bei den meisten Erkrankungen nicht durch die rein körperliche Behandlung und Fürsorge erreichen. Dein innerer Konflikt, deine Emotionen, deine Seele schreien nach Heilung, nach dem Heilen Ganzen. Vielleicht fühlst du dich hin- und hergerissen, zwischen zwei Menschen, zwischen Privatleben und Beruf, zwischen Herz und Verstand. Vielleicht definierst du dich auch durch ein Übermaß an Arbeit, hast das Gefühl, immer etwas leisten zu müssen, schaust zu viel auf andere und übersiehst dich selbst dabei. Wenn du Probleme mit dem Herzen hast, zerbricht dein Herz vielleicht, du regst dich schnell auf und kämpfst mit dir und anderen. Schau, was dir wirklich am Herzen liegt. Wirst du schnell ohnmächtig, willst du vielleicht vor manchen Aspekten des Lebens flüchten, dich dem Leben entziehen, ist dir alles zu viel, fühlst du dich hilflos und verleugnest deine Kraft? Ist deine Bewegung beeinträchtigt, bist du vielleicht manchmal unbeweglich, hast Angst vor Veränderung, davor, vorwärtszugehen, bist starr in deinen Sichtweisen oder in einer bestimmten Angelegenheit? Vielleicht tanzt du aber auch auf zu vielen Hochzeiten, arbeitest zu viel, bist viel zu beweglich, sodass du ruhig gestellt wirst. Wenn du Kopfschmerzen hast, tobt sich vielleicht die Rotenergie des Wurzelchakras durch zu viel Aktivität deiner Gedanken, Grübeleien und Kontrollbestrebungen im Kopf aus. Du denkst zu viel nach, anstatt einfach zu handeln. Durch dein Kontrollbestreben, deine Angst vor Fehlern und dein Streben nach Perfektion unterdrückst du deine Lebensfreude. Solltest du unter Migräne und Kopfschmerz leiden, lass dich mehr auf das Leben ein. Es geht nicht darum, ob du das Richtige tust, sondern, dass du etwas tust.

Manchmal dienen dir Krankheiten und körperliche Beschwerden dazu, wichtige Erfahrungen zu machen, die du anders nicht machen kannst. Familiäre Aspekte spielen oftmals auch eine große Rolle, weniger die körperliche Genetik als psychische und emotionale Zusammenhänge. Betrachte die Wurzel deines Leidens, deinen inneren Konflikt, wann er begonnen hat, in welcher Situation du warst, und vor allem, wozu er dir dient. Vielleicht helfen dir deine Beschwerden, dich bestimmten Situationen zu entziehen, oder sie setzen dir Grenzen, wo du selbst für dich kein Maß hast. Welche Vorteile hast du, welchen Nutzen ziehst du aus deinen Beschwerden, was lassen sie dich erfahren, was du sonst vermeidest, auch wenn sie dich, oberflächlich betrachtet, nur nerven und behindern? Manchmal verhilft der Körper dir zwangweise zu einer Ruhe, die du dir anderweitig nicht gönnst. Verschaff dir lieber frühzeitig selbst mehr Ruhe, damit dein Körper das nicht in Form von Krankheit und Schmerz für dich übernehmen muss. Mach dir doch lieber gleich eine schöne Zeit, anstatt dir diese Auszeit erzwungenermaßen nehmen zu müssen und dazu Schmerzen und körperliche Einschränkungen zu brauchen. Lass dich von der Krankheit lehren. Ihr liegt eine eigene Sprache zu Grunde. Eigentlich ist sie dein Freund, ein Wegweiser, um dein seelisches Problem, deinen inneren Konflikt zu lösen. Sieh, wo du nicht in Einklang mit dir und dem Leben bist, sondern im Widerstand verharrst. Du kannst deinen inneren Konflikt lösen, indem du die Dualität verlässt und dich an das „Heile Ganze“, deinen Ursprung, erinnerst. Du schaust dann mit einem veränderten, geklärten Blick auf die Dinge, findest Lösungen, die du aus deinem beschränkten dual identifizierten Blickwinkel nicht sehen kannst. Geborgen in dem Heilen Ganzen, erscheinen dir Konflikte mit anderen oder mit dir selbst in einem anderen Licht. Du tauchst ein in den tiefen Frieden des ONE, löst dich aus dem Schmerz deines Emotionalkörpers, nimmst Abstand von deinen Verstrickungen und findest zurück zu Liebe und Mitgefühl. Du lässt dich ganz in das „Heile Ganze“ fallen. Dort finden alle Konflikte, die dir unlösbar zu sein scheinen, Frieden. Wenn du den Konflikt loslässt, dich an das „Heile Ganze“ erinnerst, geschehen manchmal verblüffende Veränderungen, und selbst wenn keine Heilung auf körperlicher Ebene stattfindet, bist du in Frieden damit. Es ist natürlich unnötig, bei jedem Schnupfen, jedem Schmerz zu überprüfen, ob du einen inneren Konflikt hast. Manchmal hast du einfach einen Schnupfen und Punkt. Nur wenn du immer wieder bestimmte Beschwerden und Schmerzen hast, mag es Sinn machen, zu überprüfen, wo du verstrickt bist und was dich belastet.

Manchmal ist es hilfreich, deinen Körper sich selbst zu überlassen und nicht einzugreifen. Es ist heilsam, dich seinem natürlichen Heilungsprozess anzuvertrauen und einfach nur mitzufließen. Dein Körper, deine Seele sind weise. Sie heilen sich von selbst, tragen dich, wenn du ihnen Zeit gibst und nicht herummanipulierst. Der Versuch, ihnen deinen Willen, deine Geschwindigkeit aufzudrängen, verlängert den Prozess. Oftmals geht es auch nicht darum, etwas zu verstehen oder zu lösen, sondern vielmehr dich ganz auf diese Erfahrung, auf die Weisheit deines Körpers einzulassen. Auch wenn es nur darum geht, in dieser Zeit zur Ruhe zu kommen. Indem du die Erfahrung annimmst, den Kampf, die Manipulation aufgibst, wirkt das „Heile Ganze". Wenn du mitfließt, dich dem Heilen Ganzen anvertraust, heilen dein Körper, deine Seele, deine Emotionen sich selbst. Deine Seele, dein Körper machen dir dann nicht umsonst einen Strich durch deine Rechnung. Manchmal wissen sie besser, was für dich richtig ist. Lass dich ein, sag in der Tiefe deines Herzens ja. Wenn du kämpfst, bist du in der Dualität gefangen und leidest. Dein Körper, deine Seele lassen dich nicht aus. Deine Probleme, deine Symptome verstärken sich. Vertraue dich lieber der Vollkommenheit, dem Heilen Ganzen an. Übergib ihm alles, – deine Konflikte, Emotionen, Gedanken und Schmerzen seelischer oder körperlicher Natur. Egal, was geschieht, ob du verstrickst bist, dich hilflos fühlst, lass dich immer in das Heile Ganze fallen, dort, wo alles gut ist. Gib dem alle Kraft.

Selbst wenn dich etwas schmerzt, ist gleichzeitig immer etwas in dir, das heil und ganz ist. Lebst du aus dieser Kraft dein Leben, gibst ihm alle Macht, lebt es sich leicht. Denn egal, was geschieht, egal, was ist, du bist immer im ONE geborgen, jetzt und zu jeder Zeit.

Fragende: *Wenn man sich des Heilen Ganzen bewusst ist, dürfte man ja nie krank werden. Ist das bei dir so?*

Barbara: Nein. Wir sind und bleiben wohl bis zum letzten Atemzug menschlich.

Ich bin zwar zufällig so gut wie nie krank und sehr vital. Aber das war auch früher schon so, auch als ich noch nicht frei war und noch viele emotionale Baustellen hatte. Das kann also nicht nur mit dem ONE-Bewusstsein zu tun haben. Denn trotz vieler innerer Konflikte, die ich früher hatte, hat es sich damals nicht körperlich oder psychosomatisch ausgedrückt. Vielleicht weil ich mein Leiden, meine Konflikte immer sehr unmittelbar gefühlt habe und nicht unterdrücken konnte. Aber das ist nur eine mögliche relative Erklärung, die für mich keinen wirklichen Gehalt hat.

Ich würde das nie gleichsetzen, dass im Bewusstsein des Heilen Ganzen, des ONE, immer alle gesund sind. Das zu behaupten, fände ich für mich vermessen. Wenn Gefühle und innere Konflikte unmittelbar erfahren werden, muss sich manches nicht körperlich manifestieren. Ich möchte daraus aber keine Regel machen.

Ich konnte oft beobachten, wie Menschen Heilung ihrer seelischen und körperlichen Konflikte fanden, wenn sie die duale Ebene verlassen und sich dem ONE geöffnet haben. Das ist meine Erfahrung, aber eine Theorie will ich daraus nicht entwickeln. Ich erforsche und erfahre das Leben, mehr nicht. Das ist für mich ausreichend.

Fragende: *Das tut mir gut.*

Barbara: Warum?

Fragende: *Mir und einigen meiner Freundinnen ist schon lange der Zusammenhang zwischen Körper und Seele klar. Nur hat es sich bei uns inzwischen entwickelt, als wäre es ein Makel, mal krank zu sein, weil man irgendein Thema übersehen hat. Manchmal will ich einfach nur krank sein und kein schlechtes Gewissen dabei haben. Die Interpretationen meiner Freundinnen sind mir dann zu viel, obwohl sie mit manchem Recht haben. Ich will dann einfach meine Ruhe haben.*

Barbara: Es macht nur Sinn, tiefer zu schauen, wenn du leidest, immer wieder dieselben Beschwerden hast oder eine chronische Krankheit. Und auch dann nur, wenn du magst und dazu bereit bist. Dieses Bild eines perfekten, immer gesunden, strahlenden Menschen als Ziel zu haben, ist gerade die Ursache für eine Menge Stress und Leiden. Nie bist du gut genug. Nie kannst du ankommen.

Fragende: *Genauso empfinde ich das auch. Aber ich habe mich davon immer ködern lassen, weil ein Teil von mir selbst diese Vorstellung von einem ewig gesunden, unsterblichen und perfekten Menschen hatte. Dieses Bild ist auch auf andere Themen für mich übertragbar, wo ich mich genauso abstrample und keine Lust mehr dazu habe.*

Ich bin erleichtert, dass ich mich nicht so verausgaben muss für etwas, was vielleicht nie zu erreichen ist, und ich das Leben leichter nehmen darf.

* * *

Fragende: *Ich bin seit über 10 Jahren Schmerzpatientin. Ich war bei unzähligen Ärzten und Heilpraktikern. Ich habe von konventioneller bis alternativer Medizin und Heilverfahren schon alles hinter mir. Es gibt nichts, was ich nicht ausprobiert hätte, nichts hat geholfen. Ich will endlich einmal ohne Schmerzen sein. Kannst du mir helfen?*

Barbara: Ich weiß das nicht. Wenn du schon alles versucht hast und ich davon ausgehe, dass alle Ärzte und Heiler dir helfen wollten, wie soll ich dir helfen? Ich kann auch nicht zaubern. Ich habe das Gefühl, dass etwas in dir lieber leiden als gesund sein will.

Fragende: *Ich glaube, du hast mich nicht richtig verstanden. Ich sagte, ich will meinen Schmerz weghaben. Ich will nicht leiden.*

Barbara: Ich habe dich genau verstanden. Aber trotzdem hält etwas in dir das Leiden fest, hat ein Aspekt in dir lieber Schmerzen, als frei zu sein.

Fragende: *Es kann nicht sein, dass ich an meinem Schmerz festhalte. Ich tue wirklich seit Jahren alles, um ihn loszuwerden.*

Barbara: Was wäre, wenn du keine Schmerzen hättest und gesund wärest? Wie würde dein Leben aussehen? Was würde sich verändern?

Fragende: *Ich hätte dann keine Schmerzen mehr.*

Barbara: Lass dir Zeit und überlege einmal wirklich. Was glaubst du, wie würde sich dein Alltag verändern, vor allem deine Kontakte?

Fragende: *Oh ja, dann würden wieder alle etwas von mir fordern, meine Mutter, meine Freundin und meine Geschwister. Ich war die Älteste von fünf Geschwistern. Ich müsste dann wieder für alle da sein. Das wäre dann für alle wieder selbstverständlich. Momentan lassen sie mich in Ruhe, weil ich nicht mehr kann. Keiner bittet mich um etwas, weil sie wissen, dass ich Schmerzen habe.*

Barbara: Und was, wenn du mal Nein sagst?

Fragende: *Das kann ich nicht. Das konnte ich noch nie. Ich habe immer alles getan. Ich weise sie nie zurück, weil ich Angst davor habe, dass sie mich dann nicht mehr mögen. Bevor ich das tue, habe ich lieber meine Schmerzen.*

Barbara: Deine Schmerzen übernehmen das, was du gerne tun würdest, dich aber nicht traust. Sie helfen dir, dich deiner Familie und deinen Freunden zu entziehen. Sie geben dir Raum und Zeit für dich, ziehen eine Grenze, die du selbst nicht aufzeigst. Deine Schmerzen dienen dir. Erlaube dir ein eigenes Leben, dann müssen das die Schmerzen nicht mehr für dich übernehmen.

Fragende: *Ja, mir ist es wirklich lieber, diese Schmerzen zu haben, als nein zu sagen. Ich habe große Angst vor Unstimmigkeiten und Verletzungen. Meine Angst ist so groß, dass ich Zeit brauche. Vielleicht will ich lieber die Schmerzen doch* *noch ein wenig behalten. Das ist doch verrückt. Ich dachte immer, ich wolle sie loswerden.*

Barbara: Ja.

Fragende: *Ich bin trotzdem erleichtert. Ich fühle mich nicht mehr so hilflos meinen Schmerzen gegenüber und nicht mehr wie ihr Opfer. Ich hatte immer das Gefühl, dass es wie eine Strafe ist, aus der es keinen Ausweg gibt, aus der mir nur der richtige Heiler, Heilpraktiker oder Arzt heraushelfen kann. Aber dass die Schmerzen mir zu helfen, fast mich zu schützen versuchen, geht mir gerade richtig nah. Ich habe sie so verflucht. Ich glaube, es ist wie ein Abschied davon, alles zu tun, um geliebt zu werden und niemanden zu enttäuschen. Ich habe bei den Übungen vorher gemerkt, wie ich mich, je mehr ich mich an die Quelle erinnere, nicht mehr so abhängig von ihrer Liebe fühlte. Ich fühlte mich einfach geliebt, auch unabhängig von ihnen. Ich habe zwar Angst, aber ich möchte mein Leben in die Hand nehmen, mein eigenes Leben leben dürfen.*

Ich glaube, ich habe mich durch meine Schmerzen dem Leben entzogen. Ich will wieder richtig leben.

Barbara: Genau, darum geht es.

DIE PRAXIS

Heilung

Wenn du dir Heilung körperlicher oder seelischer Natur ersehnst, schau, was die Wurzel deines Leidens ist.

In der Regel sind chronische Erkrankungen auf ungelöste innere Konflikte und unterdrückte Gefühle zurückzuführen. Meist nimmst du den wirklichen Konflikt, deine wirklichen Bedürfnisse nicht wahr, tust nicht, was dir dein Herz wirklich sagt, und selbst wenn, handelst du nicht danach.

Heilung ist nicht oberflächlich, nicht getrennt von dir, lässt sich nicht von Illusionen, Ausflüchten, Kompromissen, Bequemlichkeiten, Ängsten und Wünschen beeindrucken. Sie besteht darauf, dass du ehrlich und mutig bist und deiner inneren Wahrheit folgst und für dich sorgst.

Wenn du dir Heilung ersehnst, erinnere dich an das Heile Ganze, das in deinem Da-Sein selbst liegt. Heilung geschieht durch Erinnerung an die Vollkommenheit des Seins, aber auch durch Hingabe und Akzeptanz des Lebens.

Lass den Kampf, den Widerstand gegen eine bestimmte Situation, enden. Nimm ihr Geschenk an, lass dich auf die Erfahrung ein. Oftmals geht es aber auch darum, mutig zu sein, vieles hinter dir zu lassen und die Weichen in deinem Leben neu zu stellen.

In und hinter jeder Erfahrung weilt immer das Heile Ganze, unberührt von allem. Gib dem alle Energie.

Glaube nicht an Mangel oder Strafe, nicht an unwiderrufliches Leid.

DEINE BERUFUNG

Obwohl wir alle nur das ONE sind, der gemeinsamen Quelle entspringen, sind wir einzigartig. Kein Mensch ist wie ein anderer. Das betrifft nicht nur den Fingerabdruck, sondern alle Ebenen unseres Seins. Die Gemeinsamkeit – das ONE – hinter allem zu erkennen, in dem Einen aufzugehen, bedeutet nicht, dass du zu einem Neutrum wirst oder deine Individualität verlierst. Vielmehr kommt sie jetzt mehr denn je unzensiert zum Ausdruck. Du verstellst dich nicht mehr, um dich anzupassen und dazuzugehören. Dein Wesen kann sich ungehindert entfalten. Um im ONE zu ruhen, musst du nicht anders sein, als du bist. Je mehr du dich frei sein lässt, kannst du deine Begabungen, deine Einzigartigkeit leben. Du lebst, wozu du berufen bist. Du brauchst dazu keine überdurchschnittliche Begabung, du brennst für etwas und genießt das Tun an sich. Deine Freude bezieht sich weniger auf ein imaginäres Ziel, als dass dich das Tun selbst erfüllt. Dein Potential, deine Talente können sich entfalten. Dabei geht es nicht um eine genau definierte Berufung, die sich in Formen und Worte fassen lässt. Sie ist nicht fix, sondern wandelbar wie das Leben selbst. Du tust, was dich begeistert, und merkst nicht, dass du arbeitest, obwohl du arbeitest. Und wenn du lernst, lernst du, weil es dir Spaß macht. Selbst wenn du die eine oder andere Herausforderung durchschreiten musst, tust du es, ohne dass es dir zur Last wird.

Gesellschaftlich gesehen sind wir mit der Vorstellung aufgewachsen, dass wir nur in einem bestimmten Rahmen, wenn wir einem bestimmten Kodex entsprechen, überleben und glücklich sein können. Die meisten gesellschaftlich geprägten Vorstellungen von Arbeit, Erfolg und Geld basieren auf Angst, Mangel und der Suche nach falschen Sicherheiten. Diese Vorstellungen beschneiden dich, berauben dich deiner Freude am Tun und du verlierst die Leichtigkeit, die dir innewohnt. Du bewegst dich in einem Gefängnis, gebaut aus deinen Vorstellungen und Gedanken, die dein Leben einengen und unnötigerweise zur Last werden lassen. Es scheint Normalität und Realität zu sein, die Lasten des Lebens ertragen müssen. Aber muss das Leben eine Last sein?

Im ONE ist dir bewusst, dass das alles nur Vorstellungen sind, die keine absolute Wahrheit beinhalten, vielmehr in Angst begründet sind und die Vollkommenheit des Seins unberücksichtigt lassen. Auch die Vorstellung, nur auf eine bestimmte Art und Weise überleben oder deinen Lebensunterhalt verdienen zu können, ist eine Illusion. Beschneide dich nicht und habe den Mut, das, was dir entspricht, zu tun. Es gilt jedoch zu unterscheiden, ob du dich in Hirngespinnste flüchtest oder ob du über eine gute Basis, über Durchhaltevermögen und die Fähigkeit verfügst, manches Hindernis, manchen Rückschlag zu überwinden. Nicht alles wird sofort Wirklichkeit. Du brauchst auch Geduld, um dir manches Schritt für Schritt zu erarbeiten. Vieles manifestiert sich auf Erden einfach nicht in Lichtgeschwindigkeit, und es ist notwendig, beharrlich zu sein. Wenn du das, was du tust, gerne machst, tritt das Erreichen deines Zieles in den Hintergrund. Wenn du lieber gesellschaftlich mitspielen und die gängigen Vorstellungen bedienen möchtest, willkommen. Wenn es dir wirklich entspricht, prima, wenn nicht, schau deinen Ängsten, der Enge deiner Vorstellungen in die Augen. Es gibt viel mehr Möglichkeiten, als du denkst. Außerdem bist du viel erfolgreicher, wenn du deine Arbeit liebst, als wenn du dich aus Sicherheitsgründen zu einer Arbeit zwingst, die dir nicht entspricht. Du kannst Wundervolles vollbringen, wenn du die Enge der gängigen Vorstellungen verlässt und dich dem unendlichen Potential, dem ONE, öffnest. Du musst nicht unbedingt begabter als andere sein, musst dich nur nicht mehr automatisch unnötigen Beschränkungen unterwerfen. Es ist allgemein bekannt, dass wir nur einen Bruchteil unseres Gehirns nutzen. Ich behaupte, dass dies deswegen geschieht, weil wir ihn durch unsere Glaubensmuster, Vorstellungen, unser Bestreben nach Kontrolle beschränken. Im ONE eröffnet sich dir eine Art Nullraum, aus dem heraus alles möglich ist. Es eröffnen sich Wege, die nicht denkbar sind. Dem Leben liegt eine absolute Genialität zugrunde, die deine Gedanken in dieser Allumfassenheit nie erfassen können. Jedes Konzept beschränkt dieses Wunder. Im Nichts, in dieser Art Nullraum, ist nichts fix. Es ist pures, direktes, unmittelbares Leben, das sich nicht an Regeln und Konzepte hält. Dein Potential zu leben, erfordert die Offenheit, nichts und alles zu sein, nichts und alles zu erfahren. Dein Leben gestaltet sich als Experiment, als Abenteuer, durch das sich das ONE ständig neu formt. Vieles offenbart es dir von selbst, wenn du dich ihm hingibst. Wir verbinden eine Berufung in der Regel mit einer fest definierten wichtigen Aufgabe. Einer Berufung zu folgen, klingt nach großen Taten, als erfordere es etwas Besonderes, um die Welt zu verändern. Dabei geht es nur darum, dich nicht von den Grauschleiern, Mangelgedanken, vermeintlichen Sicherheiten und Abhängigkeiten einlullen zu lassen, sondern dein Potential zu leben, glücklich zu sein, mit dem, was du bist und tust.

Das kann bedeuten, jemandem die Hand zu halten, für ihn da zu sein, mit Freude als Gärtner oder Schreiner zu arbeiten oder, wenn es dir entspricht, als Topmanager oder Popstar in die Öffentlichkeit zu treten. Letztendlich erfordert es den Mut, ungehindert auf deine spezielle Art und Weise in dieser Welt zu sein. Egal, was sich durch dich entfalten will, alles ist willkommen. Es muss mit weltlichen Augen betrachtet nichts Großartiges sein. Und dennoch ist alles, egal, was du bist und tust, in den Augen des ONE großartig. Es ist großartig, wenn du Frieden in dir findest, wenn du die kleinen Dinge liebst und achtest, wenn du die Schönheit deines Wesens, aller Wesen erkennst.

Du bereicherst diese Welt durch deinen einzigartigen Ausdruck. Deiner Berufung zu folgen, bedeutet, dem Höchsten, Schönsten in dir, deinem Herzen alle Macht zu geben und Glück überall, auch in deiner Arbeit, in den kleinen Dingen deines Lebens zu finden.

Laut Umfragen sind die meisten Arbeitnehmer mit ihrer Arbeit unzufrieden und empfinden sie als Last. Für viele ist sie ein nötiges Übel. Falls du dich wirklich mit zu vielem arrangiert hast, obwohl es dir nicht entspricht, verändere deine Situation. Vielleicht zwingst du dich zu etwas, was du für unabänderlich hältst, wozu aber in Wahrheit keine Notwendigkeit besteht, auch wenn dir das dein Glaubenssystem überzeugend vorgaukeln mag. Vielleicht gilt es aber nur, deine Einstellung zu verändern. Es thront über dir kein schweres Joch oder ein unabwendbar schlechtes Schicksal. Es geht wirklich anders. Deine Arbeit, deine alltäglichen Aufgaben sollen dir Freude machen und dich erfüllen. Wenn du das für unmöglich hältst, irrst du, genauso, wenn du glaubst, dass es keine Alternativen für dich gibt. Schau dir deine Ängste und Befürchtungen genau an. Es gibt mehr Möglichkeiten, als du denkst. Vielleicht hältst du zu sehr an Vertrautem fest, selbst wenn es dir nicht gut tut, weil deine Angst vor dem Ungewissen, vor der Freiheit so groß ist.

Vielleicht bist du aber der Lasten müde, hast von so viel Muss die Nase voll und bist bereit, deine altbewährte Komfortzone zu verlassen.

In den meisten Situationen geht es wirklich weniger um eine Veränderung deiner äußeren Situation als vielmehr um deine Einstellung. Vielleicht erwartest du zu viel von dir und anderen, kannst dich schlecht dem Leben anvertrauen und setzt dich selbst unter Druck. Vielleicht versuchst du dich immer zu schützen und abzusichern und es fällt dir schwer, die Vollkommenheit des Lebens zu erkennen und dankbar zu sein. Vielleicht wartest du immer auf das Besondere und übersiehst die Schönheit in der Einfachheit. Manchmal gilt es, Abschied zu nehmen von Hirngespinnsten und zu spüren, dass du am richtigen Platz bist. Egal wie, finde deinen Frieden, vertraue dich dem ONE an, erfreue dich deines Lebens, deiner Arbeit. Das Lernen empfinden viele Menschen genauso als Zwang wie ihre Arbeit, nicht zuletzt durch schlechte Erfahrungen in der Schule. Viele sind froh, wenn sie die Schule hinter sich lassen können und nicht mehr lernen müssen. Im ONE spürst du, wie Lernen ganz natürlich in dir angelegt ist, begründet in einer Freude, die Welt und dich selbst zu erfahren und deinen Horizont zu erweitern. Selbst im ONE lernst du weiter. Bei Babys und Kleinkindern lässt sich gut beobachten, wie sie unbeschwert und fast von selbst lernen. Sie sind voller Offenheit, die Welt zu erforschen. Schnell und spielerisch lernen sie zu sprechen, zu krabbeln und zu gehen. Sie probieren es immer wieder und geben letztendlich doch nicht auf. Sie lernen, ohne es zu merken, aus Interesse, aus Lust und Laune. Du lernst schnell, manchmal wie von selbst, wenn dich etwas wirklich interessiert und begeistert. Und selbst wenn du stark gefordert bist, dir das Lernen nicht immer leichtfällt, kann dich die Freude hindurchtragen. Auch im ONE fällt für dich nicht alles vom Himmel. Nur deine Motivation ist eine andere, wenn du Lernen, Arbeiten, dein Leben im Allgemeinen nicht mehr als Muss empfindest. Wenn du glaubst, etwas zu müssen, überprüfe, ob du es willst. Dich zwingt niemand. Ansonsten liebst du den Zwang und das Leiden scheinbar mehr, als Freude und Leichtigkeit zu leben. Wenn du dir bewusst bist, dass du dich lieber zu etwas zwingst, als das zu tun, was dir Freude macht, kannst du deinen Anteil erkennen und du fühlst dich nicht mehr als Opfer des Schicksals und der Begebenheiten. Vielleicht entspricht dir aber dein Leben, dein Alltag, deine Arbeit mehr, als du denkst, und es geht nur darum, deinen Blickwinkel zu verändern. Natürlich ist, selbst wenn du eine Arbeit machst, die dir wirklich entspricht, nicht immer alles eitel Freude und Sonnenschein. Auch dann lassen die Herausforderungen nicht lange auf sich warten und es hängt vieles von deiner Einstellung ab. Wenn dich die Vorstellung hemmt, mit einer anderen, vielleicht auch unkonventionelleren Arbeit nicht für deinen Lebensunterhalt sorgen zu können, überprüfe die Wirklichkeit. Resigniere nicht einfach. Meist fließt die finanzielle Energie viel besser, wenn du keine Last auf deinen Schultern trägst und deine Arbeit mit Freude machst. Wenn du keine Mangelprogramme fährst, ziehst du von selbst genug Geld an, ohne ihm hinterherlaufen zu müssen. Wenn du dem, was du liebst, alle Kraft und Macht gibst, bist du in der Regel auch finanziell erfolgreich. Außerdem bist du glücklich – das ist unbezahlbar.

Die Ernte dessen, was du säst, zeigt sich jetzt anders als in früheren Zeiten, immer schneller. Wenn du aus einer Last, aus einem Zwang heraus etwas säst, wirst du nicht viel ernten. Du kannst dann nicht erwarten, dass du mit Gold überschüttest wirst. Wenn du mit Liebe, mit all deiner Aufmerksamkeit säst, wird das, was du säst, aufgehen, blühen, sich vermehren. Was du säst, erntest du. Das ist eine ganz einfache Rechnung!

Löse dich von allem Ballast, und wenn es nur von deiner Einstellung ist. Lass das zu, was in dir zur Entfaltung strebt, dein Herz berührt, wozu du dich berufen fühlst. Was, wenn alles möglich wäre? Beginne und dann lass den Rest sich ergeben. Wenn es noch an Boden fehlt, erarbeite dir die nötigen Schritte. Auch wenn du Großes willst, musst du manchmal kleine Schritte machen, und wenn ein Hindernis im Weg zu stehen scheint, weitergehen. Wenn du das, was du tust, liebst, wird das Ergebnis von selbst zweitrangig. Vertraue dich dem natürlichen Fluss an, um deinen einzigartigen Ausdruck in dieser Welt zu leben. Hier und jetzt lass deine wahre Größe frei von Lasten oder Beschränkungen erstrahlen. Nichts trennt dich von dem, wozu du berufen bist. Dazu muss du keine gezielte Aufgabe erkennen können. Sie kann sich jetzt und in jedem Moment neu ergießen. An sich ist deine Berufung auch der Ruf, das zu leben, wozu du geboren bist, das zu sein, was du bist: ONE.

Hörst du den Ruf deines Selbst, den Ruf des ONE, des Einen, nur ihm zu folgen?

Fragende: *Ich arbeite selbstständig als Medium und Familientherapeutin und habe leider nicht genug Klienten. Ich habe ein Kind und bin mit meiner Miete schon zwei Monate im Rückstand und habe überall Schulden. Ich habe immer zu wenig Geld. Ich weiß nicht, was ich tun soll.*

Barbara: Hast du schon mal nach einem zusätzlichen vorübergehenden Job, Kinderbetreuung, Verkaufen oder Putzen geschaut, um kurzfristig wenigstens deinen Verpflichtungen nachzugehen?

Fragende: *Nein, du glaubst doch nicht wirklich, dass ich putzen gehen sollte. Meine Berufung ist es, mit Menschen als Medium und Familientherapeutin zu arbeiten.*

Barbara: Warum nicht? Wenn sonst gar nichts geht, würde ich das tun.

Fragende: *Meinst du das ernsthaft?*

Barbara: Ja klar.

Fragende: *Ich kann doch nicht putzen gehen oder als Verkäuferin arbeiten. Meine Arbeit als Medium und Familientherapeutin ist sehr gut. Ich will meine Berufung leben. Deswegen soll mir das Göttliche auch genug Arbeit schicken. Ich* *will nichts anderes machen. Ich will meine Berufung leben und nicht putzen. Außerdem will ich in der Fülle leben.*

Barbara: Dagegen ist ja nichts einzuwenden. Nur was ist mit Demut? Momentan scheint es wichtiger zu sein, Demut zu lernen, als eine volle, blühende Praxis zu haben. Wenn du nicht haderst und deine Lektion annimmst, kannst du viel lernen, auch in Hinsicht auf deine Arbeit und die Fülle. Wovor hast du Angst?

Fragende: *Für mich ist undenkbar, als Putzfrau oder Verkäuferin zu arbeiten. Das hat nichts mit meiner Berufung zu tun. Wer bin ich denn dann? Das wäre für mich der totale Abstieg.*

Barbara: Aber was ist, wenn du eine private Insolvenz anmelden und von Hartz 4 leben müsstest?

Fragende: *Das stimmt. Bei mir ist es finanziell so eng, dass es sonst, wenn ich nichts unternehme, fast darauf hinausläuft. Ich will die Realität nicht sehen. Ich blende sie schon längere Zeit einfach aus.*

Barbara: Wer bist du, wenn du dich nicht über deinen Job, deinen Status, über Geld definierst?

Fragende: *Dann verliere ich mein Gesicht. Ich bin sehr stolz. Ich bin Löwin und muss meist stark sein und glänzen. Für mich ist das, wie total entblößt zu sein. Ich glaube, ich sterbe lieber, als meinen Stolz zu überwinden. Für mich ist das wirklich schrecklich.*

Barbara: Ich kann mitfühlen, wie schwer das für dich ist. Es hört sich vielleicht brutal an: Trotzdem ist es das Beste, was dir passieren kann, diesen inneren Tod geschehen zu lassen. Dein Stolz, deine Identifizierung mit Macht und Stärke, steht dir mehr im Weg, als dass sie dir helfen. Du hast es nicht nötig, an diesem Selbstbild festzuhalten. Du bist eine wunderbare Frau. Du reduzierst dich aber und beziehst deinen Wert aus Stärke und Stolz. Wenn das wegfällt, bist du pur!

Fragende: *Mir ist das schon so peinlich, hier vor so vielen Menschen überhaupt darüber zu reden, und erst recht, dass du das so aufdeckst. Ich fühle mich jetzt schon entblößt, zu sagen, dass ich kein Geld habe und nicht so toll bin, wie ich vorgebe.*

Barbara: Ich vermute, dass fast alle hier dieses Gefühl oder die Angst davor, peinlich und entblößt zu sein, kennen. Schließe mal die Augen und atme, halte das einfach aus. Du stehst hier nackt. Du musst nichts sein, uns nicht beeindrucken. Du bist einfach da. Für mich musst du nicht glänzen.

Fragende: *Jetzt muss ich auch noch weinen. Ich würde am liebsten weglaufen.*

Barbara: Ich weiß. Stell dich hin und schau die anderen an. Weiche nicht.
Fragende: *Einige schauen mich so lieb an. Ich stehe ja immer noch hier.*
Barbara: Und sogar noch immer lebendig.
Fragende: *Du bist echt lustig. Aber weißt du, was, ich stehe einfach da und die Scham ist verflogen. Und ich fühle den Boden. Ich fühle mich nicht schwach und klein. Da bin ich.*
Barbara: Ja, prima.
Fragende: *Wie stolz ich war. Ich war so verbohrt, meinen Willen haben zu wollen.*
Barbara: Ja, so sind wir manchmal.

* * *

Fragender: *Ich bin Betriebswirt. Mir gefällt meine Arbeit an sich. Nur habe ich immer Probleme mit meinen Vorgesetzten, die meine Leistung nicht ausreichend anerkennen bzw. mir einfach keinen weiteren Aufstieg ermöglichen. Außerdem nervt mich, dass sie so inkompetent sind, kein Profil und keinen Charakter haben. Ich kann und will mich nicht wie die anderen einschleimen. Sie haben mir eine höhere Position, die mir leistungsmäßig zustehen würde, mit der Begründung verwehrt, dass ich zu eigenständig und eigensinnig bin, und stattdessen einen Kollegen vorgezogen, der mir leistungsmäßig nicht das Wasser reichen kann. Das ärgert mich. Ich will den Job nicht wechseln, weil mir die Firma und der Job an sich gut gefallen. Außerdem fahre ich nur 10 Minuten zur Arbeit. Eigentlich ist alles optimal, nur dass ich ständig übergangen werde, kränkt und ärgert mich. Ich wehre mich dagegen, nur weiterzukommen, wenn ich zum Schleimer werde. Das mache ich nicht. Das Blöde ist, dass mir das bei anderen Firmen, für die ich gearbeitet habe, genauso ging.*
Barbara: Wer sagt, dass du nur weiterkommst, wenn du zum Schleimer mutierst?
Fragender: *Aber nur so scheint es zu funktionieren.*
Barbara: Okay, stell dir mal vorher, du wärest Chef und hättest einen Mitarbeiter, der zwar seine Arbeit gut erledigt, aber immer denkt, du wärest ein Depp, hättest kein Profil und er könnte alles besser. Wie würdest du dich fühlen?
Fragender: *Nicht akzeptiert.*
Barbara: Was würdest du tun?
Fragender: *Ihn im Auge behalten und schauen, dass er mir nicht schadet und Unruhe stiftet. Ja, du hast ja Recht. Vielleicht haben meine Chefs Angst, wenn sie mir mehr Personalverantwortung geben würden, dass ich für Unruhe sorge und ihren Stuhl zum Wackeln bringen würde.*

Barbara: Ist ja vielleicht auch nicht ganz unbegründet, oder?

Fragender: *Nein, ich will ihren Stuhl nicht zum Wackeln bringen, nur, dass sie mich akzeptieren und mir nicht immer Ohrfeigen austeilen.*

Barbara: Du akzeptierst sie und ihre Position selbst nicht und kämpfst mit ihnen. Dann brauchst du dich nicht zu wundern. Es geht nicht darum, zu schleimen, sondern dir anzuschauen, warum du so kämpfst und deine Chefs nicht akzeptierst. Der Kampf geht von dir aus. Dass es deine Resonanz ist, ist allein schon daran sichtbar, dass sich das, egal, wo du arbeitest, wiederholt. Was genau stört dich an ihnen?

Fragender: *Dass sie nicht markant sind, vieles aussitzen, den bequemen Weg gehen, kritische Meinungen nicht schätzen und keine unternehmerischen Qualitäten haben.*

Barbara: Sind sie die Chefs der Firma oder auch nur Angestellte?

Fragender: *Angestellte, die auch einen Chef haben.*

Barbara: Wenn dir das Unternehmerische wichtig ist, mache dich selbstständig und zeige, dass du es selbst besser kannst.

Fragender: *Das traue ich mir noch nicht zu.*

Barbara: Siehst du, aber du forderst es von ihnen. Akzeptiere, dass sie ihr Bestes geben. Vielleicht sind sie nicht nur doof und haben Fähigkeiten, die ihnen ermöglichen, den Posten zu haben, den sie einnehmen. Kannst du wahrnehmen, wie du sie davon überzeugen willst, besser zu sein als sie, sie abwertest und du selbst diese Trennung initiierst? Stell mal deine Bilder vom perfekten dynamischen Chef in Frage und erkenne ihre Menschlichkeit an.

Fragender: *Das fällt mir schwer, weil sie mich mit ihrer Ignoranz so verletzt haben.*

Barbara: Du hast sie als Chefs auch ignoriert. Doch für das, was wir selbst aussenden, sind wir oftmals blind.

Fragender: *Ich glaube, ich hänge in meiner Wut gegen sie und den Kränkungen fest. Ich mag sie nicht anerkennen. Ich will eigentlich von dir hören, dass ich Recht habe und sie unmöglich und inkompetent sind.*

Barbara: Ja, ich weiß. Okay, deine Chefs sind Scheiße und du bist der Held.

Fragender lacht: *Ja, endlich jemand, der die Lage richtig erkannt hat.*
Ich bemühe mich wie kein anderer und nichts kommt dabei heraus. Ich will das wirklich nicht mehr.

Barbara: Dann leg mal dein Kampfschwert zur Seite.

Fragender: *Das fällt mir so schwer. Ich will lieber Recht haben als Frieden schließen.*

Barbara: Schließe einmal die Augen. Sieh den Chef, mit dem du die größten Schwierigkeiten hast, vor dir. Experimentiere damit, wie es ist, ihn abzuwehren und später ihn dann zuzulassen.

Fragender: *Wenn ich versuche, ihn abzuwehren und loszuwerden, kommt er immer wieder. Ich werde ihn, die Verletzung, die Angst, nicht akzeptiert zu werden, nicht los.*

Als ich das gerade gelassen und ihn erst einmal nur betrachtet habe, wurde es ruhiger. Ich sehe ihn einfach und er sieht mich. Mehr geht nicht. Jetzt, wo ich ihn nicht abwehre, wehrt er mich auch nicht ab. Wir stehen da voreinander auf Augenhöhe und es ist friedlich. Der will mir gar nichts. Ich merke gerade, dass es nichts mit Schleimen zu tun hat, sondern nur mit meiner Akzeptanz. Warum habe ich nur so mit ihnen gekämpft? Es war ja wie mit Kanonen auf Spatzen schießen.

Barbara: Kennst du das aus deiner Beziehung zu deinem Vater?

Fragender: *Ja, eins zu eins. Er hat mich nie anerkannt. Aber ich ihn auch nicht. Ich fand ihn immer zu schwach. Eigentlich haben meine Vorgesetzten immer Ähnlichkeit mit meinem Vater.*

Barbara: Du kannst mit „Schwäche“, was immer sie für dich bedeutet, Güte und Mitgefühl walten lassen, anstatt sie zu bekämpfen, und deine Glaubenssysteme von Schwäche und Stärke in Frage stellen.

Fragender: *Ich fühle mich gerade schon viel weicher. Ich war aus Angst unnötig aggressiv. Ich habe ein ganz anderes Gefühl und weiß endlich, wo ich ansetzen kann.*

DIE MEISTERSCHAFT

Jesus, Buddha und Mohammed lebten im Bewusstsein der Einheit. Sie erinnern uns an unsere wahre Natur. Über viele Jahrhunderte schien es, als sei das Bewusstsein des ONE, die Buddhanatur, das Christusbewusstsein, nur bestimmten Menschen vorbehalten. Heute geschieht das immer mehr „normalen" Menschen. Auf Buddha, Jesus und Mohammed oder andere Weisheitslehrer können wir unsere Vorstellungen vom perfekten Menschen und Heiligen unhinterfragt projektieren. Wir sind ihnen nie begegnet, müssen uns nicht an ihren Ecken und Kanten stoßen. Sie müssen der Realität nicht standhalten. Denn niemand kann den Vorstellungen und Bildern von Millionen von Menschen so gut entsprechen wie ein Verstorbener.

Wenn wir die verschiedensten Menschen zu Jesus, Buddha oder einem anderen Lehrer und Meister befragen würden, hätte jeder unterschiedliche Vorstellungen. Vielleicht würden gemeinsame Worte wie Liebe, Frieden und Mitgefühl fallen. Die Vorstellungen, wie sie sie im Alltag leben und in konkreten Situationen reagieren würden, gehen dann auseinander. Jesus, Buddha und Mohammed können deine Erwartungen nicht enttäuschen. Als Jesus auf Erden weilte, haben ihn nur wenige Menschen erkannt und geschätzt. Ich wage zu behaupten, dass es heute nicht anders wäre. Er könnte all unseren Vorstellungen und Erwartungen nicht entsprechen. Er würde wieder von vielen angefeindet, kritisiert, als Scharlatan und Blender bezeichnet werden. Kein lebendiger Mensch kann die Vorstellung so vieler Menschen vom perfekten Menschen und Heiligen erfüllen. Perfekt kann nur das bleiben, was unseren Vorstellungen und Bildern entspricht und nicht der Realität standhalten muss. So sehr Meister und Lehrer Anregung und Hilfe sind, so sehr können deine Bilder von ihnen oder von einem fiktiven, freien und bewussten Menschen hinderlich sein, um die Meisterschaft in dir selbst zu vollziehen. Denn diesen perfekten Bildern kannst du nie entsprechen. Dass Jesus, Buddha und Mohammed es auch nicht konnten und das ihre Menschlichkeit, ihr Bewusstsein nicht geschmälert hat, siehst du ja nicht. Um des ONE gewahr zu sein, musst du auch deinen Bildern und Vorstellungen vom perfekten Meister und Heiligen nicht entsprechen, vielmehr sie in Frage stellen und hier in dir ankommen. Welche Vorstellungen hat du von dem perfekten Menschen, von Menschen, die sich ihrer wahren Natur bewusst sind? Wie glaubst du sein zu müssen, um im ONE zu ruhen? Glaubst du vielleicht, dass du das nie „schaffst", vergessen wirst, nicht weit genug bist und schon zu viele Fehler in deinem Leben gemacht hast? Glaubst du, dass du immer großzügig, geduldig sein und jedem dein letztes Hemd geben müsstest? Was glaubst du, hindert dich, was glaubst du, fehlt dir noch, um vollständig in dem Einen Sein zu ruhen. Was, wenn das alles nicht stimmt? Denn du bist ONE. Nichts trennt dich. Es gibt keinen Grund, und sei er noch so gut, warum du nicht ONE bist. Nichts zählt, auch nicht, dass du zu eifersüchtig, neidisch, ungeduldig und nicht diszipliniert genug bist. So, wie du bist, bist du willkommen. Alle Erklärungen, was du noch ändern und worüber du noch erhaben sein müsstest, haben keine Substanz. Nichts kann verhindern, dass du ONE bist. Lass zu, dass dich nichts trennt, dass nichts fehlt, dass du nichts loswerden und nichts erlangen musst, dass du einfach nur bist, nicht besser, nicht schlechter, nur ONE. All deine Vorstellungen von einem Menschen, der sich des ONE bewusst ist, der in seiner Buddhanatur ruht, sind begrenzt. Sie entspringen dem dual identifizierten Bewusstsein, das sich an bestimmten Merkmalen orientiert. Das ONE ist aber unendlich und passt in kein Konzept. Ob du Fußball und schnelle Autos liebst, deine Haare blondiert sind, du knallrote geschminkte Lippen, lackierte Fingernägel und Tigerhosen trägst oder weiße wallende Kleider, einen weißen, langen Bart und den ganzen Tag meditierst und Mantren singst, all diese Klischees sagen nichts über dein Bewusstsein aus. Der Bewusstseinssprung bedeutet nicht, dass du im Zuge einer spirituellen Entwicklung bedächtiger werden musst und dir ein Heiligenschein vorwegeilt. Manche Menschen sprechen langsam und wirken meditativ, was aber nicht heißt, dass sie in sich still und in Frieden sind. Es geht nicht darum, Klischees eines schweigenden Heiligen oder einem bewusst langsam sprechenden Weisen zu entsprechen.

Wir haben in der Regel genaue Vorstellungen, von einem weisen, bedingungslos liebenden Menschen. Er sollte nie wütend werden, immer meditative Ruhe ausstrahlen und asketisch sein. Spirituelle Konzepte sind besonders schwierig zu enttarnen, weil sie nah an der Wahrheit zu sein scheinen. Knapp daneben ist aber auch vorbei. Außerdem leben deine Vorstellungen davon, dass du sie nie erreichen kannst. Hinzukommt, dass sie sich jederzeit wieder ändern können und nur verhindern, jetzt in dir anzukommen. Sie implizieren eine nie endende Suche, weil du nie gut und nie perfekt genug bist. Du wirst deinen unmenschlichen Erwartungen nie vollständig entsprechen können. Es geht nicht um Perfektion, um die Oberfläche, nur um den Kern deines Seins.

Das ONE fragt nicht nach bestimmten Merkmalen und kennt keine Bedingungen. Egal, wie du bist und was du fühlst, du bist willkommen. Gib alle deine Vorstellungen und Erwartungen frei und sei einfach. Du bist ONE, mit all deinen Eigenarten, auch mit deiner Ungeduld und mit deinem Zweifel. Alles ist im ONE enthalten. Alles ist ONE und das zu jeder Zeit. Jeder Mensch ist ONE.

Wenn du glaubst, dass das ONE nur durch bestimmte Menschen erstrahlt und durch andere, einschließlich dir, nicht, trennst dich vom ONE ab, lebst im Bewusstsein der Trennung. Dabei gibt es nur Ein Sein. Die meisten Menschen sind sich nur ihrer eigenen Göttlichkeit nicht bewusst, anders als Jesus, Buddha, Mohammed oder andere Erwachte. Im Kern sind wir aber alle das ONE. Niemand ist besser oder weiter. In uns allen ruht nur dasselbe Selbst. Sich des ONE bewusst zu sein, bedeutet nicht, dich zu erhöhen, heiliger zu sein, als du bist, sondern nur, deine wahre Natur zu erkennen. Doch Vorsicht geboten! Wenn du nur intellektuell glaubst, dass dasselbe Selbst in allen ruht, es aber nicht wirklich in deinem Herzen fühlst, erhöhst du dich, versuchst dann, dein „Ich“ mit Menschen, die in ihrem wahren Sein ruhen, auf eine Stufe zu stellen, anstatt wirklich in dem ONE aufzugehen. Das ist nur ein weiterer Trick des Egos und geschieht nicht aus dem Gewahrsam, dass alles ONE ist. Das ONE meint nicht: „Ich und bestimmte Menschen sind Gott und andere nicht. Ich bin ONE und andere nicht.“ Das ist die Falle des Egos, das sich im Bewusstsein der Trennung bewegt. Das ONE kennt die Identifizierung eines getrennten Ichs nicht. Es sieht überall nur dasselbe Selbst. Wenn du dich erhaben fühlst, toben sich deine Ego-Identifizierungen aus. Erhöhung und Erniedrigung sind ihre Spiele. Deswegen schau dir die Menschen, die du erhöhst und die du erniedrigst, genauer an. Auch die, die du erniedrigst, sind nur dasselbe wie andere Menschen, die du bewunderst. Im ONE bleibt nur Ein Sein, Ein Selbst, das in dir und allem ruht.

Die Vollkommenheit, die Liebe, die du in Meistern und Lehrern siehst, ist unser aller Sein, auch all der Menschen, die du ablehnst und als wenig bewusst erachtest. In deinem Mann ruht genau wie in deinem Chef, der dich nervt, dasselbe Selbst. Die Meisterschaft liegt darin, das ONE in allem zu erkennen. Die Menschen, die du erniedrigst, die du für nicht so weit hältst, zeigen dir, wo du das ONE übersiehst, wo du trennst und spaltest. Dein Partner, der dich ständig herausfordert, dein Nachbar, mit dem du im Streit bist, dein Vater, der dich nicht anerkennt, sie alle sind deine Meister. Sie spiegeln dir, wo du dir der Vollkommenheit nicht bewusst bist, das ONE in und hinter allem übersiehst. Experimentiere einmal damit, zu jedem, dem du begegnest, auch zu den Aspekten, die dich an anderen aufregen, innerlich zu sagen: „Dasselbe Selbst." Spüre wie das Gemeinsame hinter allem euch verbindet. Du bist das, was auch sie sind. Trotzdem musst du nicht mit jedem „gut Freund" sein, alles gleichmachen und auch nicht auf einer Liebeswolke über dem Boden schweben. Aber dein Geist, dein Herz ist gütig, du kämpfst nicht mehr und bist in Frieden mit den Menschen. Deine eigene Menschlichkeit zu sehen, hilft dir auch, demütig zu sein, dich nicht über andere zu erheben, zu erkennen, wie zutiefst menschlich du selbst bist. Wenn du dir deiner Menschlichkeit bewusst bist, kannst du anderen auch ihre lassen. Du kannst mitfühlen, dass es ihnen wie dir ergeht. Du trennst dich nicht mehr von ihnen ab. Sieh den Christus, den Buddha in jedem, besonders in den Menschen, die du ablehnst. Es bleibt nur ONE, der Frieden des Ewig Einen.

Fragender: *Ich bin sehr gläubig erzogen worden. Ich habe einen Bezug zu Gott und Jesus. Für mich klingt das wie Gotteslästerung, mich mit ihnen auf eine Stufe zu stellen.*

Barbara: Gut, dass du das sagst. Darum geht es auch nicht. Es geht nicht um dein Ich, deine scheinbare Person, sondern um deine Essenz, diese zu erkennen und sich ihrer bewusst zu sein. Und das kannst du wie jeder andere. Das ist nicht exklusiv. Das ist für uns alle.

Diese Göttlichkeit lebt in uns allen. Es gibt nichts anderes als Gott, als ONE, das Eine. Auf der menschlichen Ebene aber sind wir bis zum letzten Atemzug menschlich.

Fragender: *Das kann ich verstehen und annehmen. Aber es fällt mir schwer zu fühlen, dass ich diese Göttlichkeit in mir trage. Diese ganz zuzulassen, fühle ich mich nicht würdig. Für Momente ja, aber insgesamt, durchgehend und für immer, dazu glaube ich, noch nicht gut genug zu sein. Mir fällt so vieles ein, was ich an mir nicht gut finde.*

Barbara: Ja, das verstehe ich gut. Mir ging es früher genauso. Diese Perfektion, die du auf der menschlichen Ebene von dir erwartest, wird aber nie eintreten. Ich erfülle das alles bis heute nicht. Und trotzdem kann das ONE in voller Bewusstheit erstrahlen. Auch unsere Menschlichkeit ist Ausdruck des ONE. Sie gehört dazu und steht dem nicht im Wege. Es gibt nichts, warum du dem „Göttlichen", dem ONE nicht würdig wärest. Sonst wäre es niemand. Und in Wahrheit sind wir es alle. Du glaubst, du hättest ein unzureichendes Ich, das erst besser werden muss. Aber es geht nicht um ein besseres oder schlechteres

Ich, das bleibt trotzdem ein Ich, das sich in der Trennung bewegt. Deswegen kümmere dich nicht darum, damit kommst du nicht weiter.

Fragender: *Das habe ich noch nicht so gesehen, dass ich mich damit nur zu einem besseren Ich machen will und es mich eher hindert, mir des ONE bewusst zu werden. Aber wenn mein Ich nicht besser und perfekt werden muss, um in Gott zu ruhen, was soll ich dann noch tun?*

Barbara: Da sein, befreit leben. Das Leben genießen, dich an ihm erfreuen.

Fragender: *Und was mache ich mit meinen Unzulänglichkeiten?*

Barbara: Fühle mal selber. Ich glaube, du kannst dir die Frage selbst beantworten.

Fragender: *Momentan spielen meine Fehler keine Rolle. Sie erscheinen mir unbedeutend. Ich fühle mich trotz allem frei. Das überrascht mich. Meine Unzulänglichkeiten berühren meinen göttlichen Kern nicht. Das ist so einfach. Mir erschien das unerreichbar. Vielen Dank, Barbara.*

Barbara: Gerne.

* * *

Fragende: *Du weißt ja, mein Mann glaubt an nichts. Das ist sehr schwierig für mich. Er beschäftigt sich mit all diesen Themen nicht.*

Barbara: Muss er auch nicht.

Fragende: *Na, dann kommt er nicht weiter.*

Barbara: Wissen wir nicht. Und warum muss er weiterkommen? Das ist nur dein eigenes Glaubensmuster. Viele Wege führen nach Rom. Bewusstsein hat keinen Glauben, kein Konzept, nicht einmal über ein neues Bewusstsein, dem ONE. Das sind nur Worte, auf die wir uns geeinigt haben. Es geht um keinen bestimmten Glauben. Ich kenne deinen Mann ja. Mach dir um ihn keine Sorgen.

Fragende: *Mache ich aber. Kannst du nicht mal mit ihm über diese Dinge reden? Dich mag er komischerweise, obwohl er meist mit „solchen Leuten", du verstehst schon, nichts zu tun haben will. Vielleicht kann er das von dir annehmen.*

Barbara: Nein. Ich mag es, mit ihm über Fußball, über seine Arbeit, über dieses und jenes zu reden. Das passt gut für mich. Er hat von selbst viele Ansätze besonders in seiner Arbeit, wo er diese Ausgewogenheit ganz natürlich lebt. Und selbst wenn nicht, bin ich nicht da, um ihn zu belehren. Ich lasse ihn einfach. Er ist wunderbar auf seine Art und Weise und hat sehr viel Herz, auch wenn er eher schroff und kühl erscheint.

Er ist, wie wir alle, okay. Was stört dich wirklich?

Fragende: *Ich glaube, ich will ihn immer überzeugen.*

Barbara: Und will er dich überzeugen, dass du dich mit all den Themen nicht beschäftigen sollst?

Fragende: *Nein, er lässt mich.*

Barbara: Das kannst du von ihm lernen.

Fragende: *Ich dachte, ich sei bewusster als er. Das scheint wohl nicht ganz zu stimmen.*

Barbara: Das ist nicht relevant, wer bewusster, wer weniger bewusst ist. Wer will das beurteilen? Diese Einteilung entspringt dem dualen Denken, dem Ego.

Fragende: *Oh je, was habe ich manchmal mit ihm gemacht. Das tut mir leid. Du hast Recht, er kann mich sehr gut lassen, wie ich bin. Ich nörgele oft an ihm herum.*

Barbara: Du wusstest es nicht besser, hast dein Bestes gegeben. Er lebt mit deinen Macken so wie du mit seinen.

Fragende: *Ich habe zu eng gedacht und spüre erst jetzt, was du meinst, wenn du sagst, das ONE umfasst alles. Meine ganzen Vorstellungen vom ONE werden gerade gesprengt. Es ist ja viel irdischer und praktischer, als ich glaubte. Ich glaube, mein Mann ist eine gute Hilfe, nicht in Ideen hängenzubleiben, sondern mich an die Wirklichkeit zu halten. Ich merke jetzt erst, dass das ONE wirklich das Leben meint, mein Leben konkret betrifft und keine Idee getrennt von mir ist. Es gehört zu meinem Leben.*

Barbara: Ja, genau. Es geht nicht darum, so himmlisch zu sein, dass du auf Erden nicht zu gebrauchen bist und über dem Boden schwebst. Außerdem ist das ONE nur ein Wort für etwas, was ohne Worte ist. Das Problem ist, das jeder seine Vorstellungen von etwas hat, das nicht zu begreifen, nicht zu fassen ist und sich von nichts abtrennt. Es meint dich und das Leben.

* * *

Fragender: *Alle Religionen gehörten für mich abgeschafft. Wenn man sich die Kirchen anschaut: Sie sind doch nur dazu da, Machtstrukturen zu erhalten. Und diese Heuchelei, wenn man sieht, wie Priester Kinder missbrauchen und die Kirche Unterhalt für die unehelichen Kinder der Priester bezahlt. Das regt mich auf, diese Heuchelei und propagierte Heiligkeit. Mit dem Bewusstseinswandel werden die wohl hoffentlich verschwinden. Das macht mich echt wütend. Das muss sich ändern. Wird sich das ändern? Was glaubst du?*

Barbara: Was ärgert dich daran?

Fragender: *Warum fragst du? Das ist doch offensichtlich und regt wohl jeden auf.*

Barbara: Mich nicht.

Fragender: *Aber du sagst doch selbst und das sehe ich genauso, dass es keine Schuld gibt, wir alle göttlich sind, dass es nicht um Macht geht, wir nicht heiliger sein müssen, als wir sind.*

Barbara: Ja, aber ich kann trotzdem auch mit den Priestern, den Menschen fühlen. Ich kenne diese ganzen Spiele des Ichs. Ich kann das nicht verurteilen. Ich war selbst im dualen Denken gefangen und lebe immer noch in einem Körper mit menschlichen Gefühlen. Ich kann mich davon nicht abtrennen. Ich will die Religionen und Kirchen nicht so pauschal verurteilen, obwohl ich genau wie du vieles nicht für gut halte. Aber wir sind alle Menschen und auch die Kirche setzt sich aus einzelnen Menschen zusammen. Auch innerhalb dieser Strukturen gibt es sehr unterschiedliche Menschen. Bist du mit dir auch so streng und radikal?

Fragender: *Ja. Ich verlange viel von mir. Manchmal mehr von mir als von anderen. Manchmal verlange ich vielleicht von anderen auch einmal, was ich selbst nicht immer halten kann. Ich will nur, dass sich hier wirklich etwas ändert. Ich will ein neues Bewusstsein.*

Barbara: Aus einmal friedlichen Geist heraus kann sich vieles tiefgreifend verwandeln. Du brauchst dazu nicht zu kämpfen und nach Schuldigen zu suchen. Deine Energie richtet sich dann nicht mehr gegen etwas, sondern du trittst für etwas ein. Prima, wenn dein Drang nach Veränderung so brennend ist. Schau aber, was in dir selbst so stark nach Veränderung schreit, anstatt deinen Wunsch nach Veränderung auf die Kirchen zu konzentrieren.

Fragender: *Ich fühle mich manchmal in mir selbst gefangen und will ausbrechen. Ich will frei sein. Ich habe Angst, dass ich das nicht schaffe. Es fühlt sich manchmal so an, als würden mich Fesseln zurückhalten. Alte gewohnte Verhaltensweisen, die mir nicht gut tun, kann ich schlecht hinter mir lassen. Ich wirbele zwar viel herum, aber manche Dinge, die schon lange anstehen, gehe ich nicht an. Es schreit alles nach Veränderung in meinem Leben und ich kann es schlecht zulassen.*

Barbara: Was befürchtest du?

Fragender: *Weiß ich nicht.*

Barbara: Weißt du es wirklich nicht?

Fragender: *Ich will mich damit nicht beschäftigen. Ich wollte mit dir über die Entwicklung der Kirchen in Bezug auf eine Veränderung des Bewusstseins der Menschen sprechen und nicht über mich.*

Barbara: Ich weiß. Aber die Kirchen und andere sind zweitrangig. Es geht hier um dich.

Fragender: *Ja, das wird mir langsam klar, dass ich durch die Beschäftigung mit äußeren Veränderungen nur meine eigenen Themen ausagiere. Ich habe Angst, nach innen zu gehen.*

Barbara: *Schließe die Augen. Was fühlst du?*

Fragender: *Ich fühle mich, als würde ich platzen, wie ein Dampfkochtopf, der überkocht.*

Barbara: Lass ihn überkochen, lass ihn platzen.

Fragender: *Was passiert dann mit mir?*

Barbara: Weiß ich nicht, probiere es aus. Lass die Energie fließen. Ich bin da.

Fragender: *Mir wird ganz warm, der ganze Körper vibriert von innen. Ich spüre Wut. Was mache ich damit?*

Barbara: Nichts. Erfahre sie einfach.

Fragender: *Ich habe so eine Wut in mir.*

Barbara: Tue nichts. Erfahre sie nur.

Fragender: *Die Wut verwandelt sich jetzt auf einmal in eine totale Lebendigkeit. Kann es sein, dass hinter meiner Wut eine Kraft liegt, die mir hilft, mein Leben konstruktiv zu gestalten und mich nicht von meiner Schwere erdrücken zu lassen?*

Barbara: Ja. Wenn du wütend auf andere bist, nutzt du deine Kraft nicht und verplemperst sie.

Fragender: *Ist doch nicht so schlimm, bei mir zu bleiben. Diese intensive Wut zu spüren hat mir zunächst Angst gemacht, besonders keine Kontrolle darüber zu haben, was passiert. Dass das sich in eine solche intensive Lebendigkeit verwandelt, hätte ich nicht gedacht. Mein Körper pulsiert immer noch. Vielleicht habe ich echt nur meinen Frust an der Kirche abgelassen. Da gibt es noch andere Themen, auf die ich genauso reagiert habe. Ich glaube, dass schaue ich mir mal genauer an.*

Barbara: Ja, wenn du magst. Vielleicht siehst du nach dieser Erfahrung hier manches von selbst anders.

DIE PRAXIS

Beantworte folgende Fragen:

Welche Vorstellungen hast du vom „perfekten“ Menschen, von einem Meister?

Was, glaubst du, fehlt dir zu deiner Meisterschaft?

Wo vergisst du die innere Wahrhaftigkeit und gibst deine Autorität an andere ab?

Welche Glaubenssätze trennen dich von deiner Meisterschaft?

Innere Meisterschaft

Diese Übung arbeitet mit deinen Glaubenssätzen, mit der Illusion, nicht vollständig zu sein, dass dir noch etwas fehlt und du dir noch nicht des ONE bewusst sein kannst.

Im ersten Moment mag sie dir gestellt vorkommen, sieh sie einfach als ein Experiment. Wenn du dich wirklich einlässt, kann sie sehr effektiv sein.

Teil 1: Partnerübung

Du vervollständigst folgenden Satz:

Um vollständig in Gott zu ruhen, im ONE zu erwachen, müsste ich …, (oder fehlt mir) …

(Die Worte: in Gott oder im ONE zu ruhen, kannst du auch ersetzen durch: in Frieden zu ruhen, zu erwachen, frei zu sein, in mir zu ruhen. Sie sind austauschbar. Wähle das Wort, das dir vertraut ist, und forme kurze, klare Sätze.)

z.B. „Um vollständig in mir zu ruhen, dürfte ich nicht mehr wütend werden.“

„Um zu erwachen, müsste ich immer in Liebe sein."
„Um vollständig in Gott zu ruhen, müsste ich meine Kontrolle aufgeben und mich mehr hingeben können."

Schreib alles, was du glaubst, das dir noch fehlt, auf.

Du arbeitest jeweils nur mit einem dieser Sätze.
Du sitzt deinem Partner gegenüber. Ihr schaut euch an.

Du sprichst nun deinen Glaubensatz aus, wie z.B: „Um zu erwachen, müsste ich immer in Liebe sein."

Dein Partner antwortet darauf aus dem Bewusstsein der Einheit, wo nichts fehlt, nur: „Du bist."
Du lässt seine Antwort wirken.

Dann sprichst du wieder diesen Satz aus: „Um zu erwachen, müsste ich immer in Liebe sein." Und dein Partner antwortet wieder: „Du bist."

Diesen Ablauf circa 30-mal wiederholen.

2. Teil:

Jetzt spricht dein Partner **deinen** vorherigen Glaubensatz aus, wie z.B.: „Um zu erwachen, müsste ich immer in Liebe sein."
Und jetzt antwortest du aus dem Bewusstsein der Vollständigkeit, wo nichts fehlt und du einfach nur bist: „Ich bin."

Das ist hilfreich, um deinen eigenen Glaubenssatz mit Abstand aus dem Bewusstsein des „Ich bin" zu betrachten und dich zu lösen.
Circa 30-mal wiederholen.

Dein innerer Meister

Setze oder lege dich bequem hin.

Schließe deine Augen. Beginne beim Ausatmen deinen Körper zu entspannen … Atme tief durch … Wenn es irgendwelche Stellen in deinem Körper gibt, die sich noch verspannt anfühlen, lenke deine Aufmerksamkeit dorthin. Atme in sie hinein. Stelle dir beim Ausatmen vor, dass die Anspannung oder die überschüssige Energie sich löst und abfließt, sodass sich dein ganzer Körper völlig entspannt anfühlt …

Atme jetzt erneut tief durch, und lass mit dem Ausatmen alle Probleme, Sorgen und Belastungen, die dich gegenwärtig beschäftigen, los … Lasse dein Denken ruhig werden … Wenn dir Gedanken durch den Kopf gehen, nimm sie nur zur Kenntnis und lass sie ziehen. Konzentriere dich nicht auf deine Gedanken.

Lass dein Bewusstsein so friedlich und ruhig werden wie ein stiller See oder Teich, so friedlich, dass auf der Oberfläche noch nicht einmal ein Kräuseln zu sehen ist …

Stelle dir vor, du gehst durch die Natur und spürst den Frieden ringsum. Du befindest dich an einem sehr friedvollen, schönen und sicheren Ort. Das kann eine Wiese sein, ein Berggipfel, eine Stelle im Wald, eine Höhle oder ein Strand – wo immer du gern sein möchtest …

Nimm dir ein paar Augenblicke Zeit, einfach nur dort zu sein und dich umzuschauen. Spüre, wie es dort ist … Gehe umher, spüre die Luft und die Pflanzen … Während du so umhergehst, fühlst du dich immer entspannter und offener.

Und dann findest du eine Stelle, an der du dich besonders zu Hause fühlst. Wenn du magst, kannst du dich dort hinsetzen.

Bereite dich jetzt innerlich ganz bewusst auf die Begegnung mit deinem „inneren Meister“ vor.

Wenn du bereit dazu bist, nimmst du in weiter Ferne ein Wesen wahr. Du siehst zunächst nur die Umrisse und gehst Schritt für Schritt diesem weisen Geschöpf entgegen. Dieses weise Geschöpf kann ein Mann oder eine Frau sein, eine ätherische Erscheinung oder nur eine Energiepräsenz …

Nimm wahr, wie alt oder wie jung, wie groß oder wie klein es ist … wie es sich bewegt oder es gekleidet ist, falls es sich überhaupt um eine Person handelt und nicht nur eine Energiepräsenz ist.

Vor allem spüre die Energiequalität dieses weisen Geschöpfes, während du dich ihm näherst …

Begrüße das Geschöpf, die Energiequalität auf eine Weise, die dir angemessen erscheint …

Erlaube es dem weisen Geschöpf, dich zu begrüßen und den Kontakt zu dir herzustellen. Du kannst den Kontakt durch Worte herstellen oder energetisch, telepathisch, durch Berührung oder auf eine andere Weise, die sich intuitiv richtig anfühlt. Sei dir bewusst, dass dieses weise Geschöpf gekommen ist, um dir zu dienen und dir auf jede erdenkliche Weise zu helfen …

Das weise Geschöpf hat vielleicht eine Botschaft für dich. Frage es also jetzt, ob es dir etwas zu sagen oder auf eine andere Weise mitzuteilen hat. Und sei dann offen, seine Antwort zu hören oder zu fühlen …

Ganz gleich, ob es sich um weise Worte oder um liebevolle Unterstützung handelt – was es auch sein mag, bitte einfach darum …

Gestalte die Zeit mit ihm/ihr so, wie es sich für dich gut anfühlt … Vielleicht möchtest du schweigen oder dich mit ihm/ihr unterhalten … Spüre seine/ihre Ausstrahlung und nimm sie in dir auf.

Erlaube dir, dich ganz auf diese Erfahrung einzulassen und dich an ihr zu erfreuen.

Und wenn du spürst, dass der richtige Zeitpunkt dafür gekommen ist, näherst du dich dem Meister. Du umarmst ihn, trittst vollständig in seine/ihre Energiepräsenz ein. Du spürst, wie ihr verschmelzt, wie ihr in dem Einen Sein, reiner göttlicher Präsenz aufgeht.

Du und der Meister, ihr seid eins. Du bist auch der Meister, die unendliche Quelle. Es gibt keine Trennung zwischen dir und dem Meister.

Du bist diese Stille, das strahlende Bewusstsein. Du bist nicht getrennt. Du bist ONE – All-Eins.

Lass dieses Bewusstsein jede Zelle deines Körpers erfüllen. Werde dir deines Körpers bewusst, jede Zelle deines Seins vom Bewusstsein tiefen Friedens, einer Stille, einer Liebe, die kein Anfang und kein Ende kennt, getragen …

Und nun werde dir des Raumes bewusst, in dem du dich aufhältst … Wenn du dich dazu bereit fühlst, öffne ganz langsam deine Augen und kehre in die Außenwelt zurück, im Bewusstsein des ONE …

Atme in deine Füße, dehne und strecke dich und sei wieder ganz wach und in deinem Körper präsent.

Das Leben ist der Meister

Experimentiere mit dem Satz: „Was, wenn ich nichts wirklich weiß!"

Werde leer, um dich völlig dem „weisen Lehrer", dem Leben, anzuvertrauen. – Anstatt alles besser zu wissen, mit dem Leben zu kämpfen, ihm deine Vorstellungen aufdrängen zu wollen, gib dich ihm hin. Nichts wissend, nur seiend, bist du offen und frei, es mit jeder Faser deines Seins zu erleben.

Was lehrt dich das Leben mit deinem Mann, der dich nervt, mit deiner Chefin, die dich nicht schätzt?

Des ONE in allem gewahr werden

Verneige dich innerlich vor jedem Menschen, auch vor denen, die du abscheulich findest. Begrüße das Göttliche, das ONE, in ihnen. Sieh tiefer, lass deinen Blick nur den Kern ihres Seins erfassen. Wenn du magst, sage: „Willkommen göttlicher Funke, willkommen göttliches Licht, du bist okay, so wie du bist."

Beantworte folgende Fragen:

Wen erniedrigst du, wen erhöhst du? Wen stellst du auf ein Podest, wen lehnst und wertest du ab?

In wem erkennst du die göttliche Vollkommenheit? In wem nicht?

Erkenne das Göttliche in allem. Es gibt nur das ONE, ein Selbst, ein Sein.

(Was, wenn jeder und alles dein Meister ist, in und hinter allem nur dieselbe Kraft, dasselbe Sein durchstrahlt?)

Sieh die Menschen, die du abwertest, vor dir. Schau ihnen in die Augen, schau hinter die Erscheinung, als hättest du einen Röntgenblick.

Dasselbe mache mit den Menschen, die du bewunderst, mögen es ein spiritueller Meister, Jesus, Buddha oder Menschen in deinem Alltag sein.

Du lässt dich von der Oberfläche, der Erscheinungsebene, nicht blenden, egal, wen du vor dir hast, du schaust hinter die Erscheinung, hinter die Bewunderung oder hinter deine Ablehnung.

Durchwandere die Schichten bis zum göttlichen Kern, bis kein Ich, kein Du, nichts, nur dieselbe Göttlichkeit, dasselbe Sein, bleibt.

Dasselbe Selbst – das Bewusstsein der Trennung hinter dir lassen

Das ONE, dasselbe Selbst, ist hinter allen Erscheinungen. Hinter jeder Form existiert nur das ONE. Das heißt nicht, alles gleichzumachen, sondern die Vielfalt zu genießen und dir dabei der gemeinsamen Quelle bewusst zu sein.

Diese Übung hilft dir, das gewohnte Bewusstsein der Trennung zu überwinden:

Auch wenn sie dir zunächst komisch erscheint, überwinde dich und experimentiere:

Sage innerlich im Laufe eines Tages zu allem, was dir begegnet: „Dasselbe Selbst, dasselbe Sein."

Du kannst auch zu Hause oder in einer Gruppe laut „Dasselbe Selbst" sagen, dabei durch den Raum gehen, Gegenstände, Menschen, Pflanzen, was auch immer dich umgibt, berühren, einen Moment verweilen, des ONE dahinter bewusst.

Überwindung von dualem Denken, von Trennung, Kampf und Streit

Zu allem, was du bei anderen ablehnst, worüber du dich ärgerst, was du verurteilst, sagst du:

„Das bin ich auch. Auch das bin ich."

Zu allem, was andere dir vorwerfen,

sag innerlich: „Ja, auch das bin ich."
(Allerdings geht es dabei nicht darum, dich klein zu machen oder dich schuldig zu fühlen. Dieses Ja bewegt sich auf einer anderen Ebene.)

Befreiung von Schuld

Für was fühlst du dich schuldig?

Wem gibst du Schuld?
Wenn du das Gefühl hast, etwas ausgleichen zu müssen, tue es, entschuldige dich, sage, dass es dir leid tut. Manchmal gilt es auch einfach nur, dein Verhalten zu verändern. Es hilft auf Dauer nicht, dass dir etwas leid tut. Handle dementsprechend, ändere dein Verhalten.

Experimentiere mit folgenden Sätzen, wenn du jemand anderem Schuld gibst:

„Ich bin sowohl das Opfer als auch der Täter. Wir sind eins."

„Im Kern meines Seins kann mich niemand schädigen, und ich kann niemanden schädigen. Wir sind frei."

Bei beiden Aussagen richte den Fokus auf den unsterblichen Kern, das ONE, die gemeinsame Quelle.

ICH BIN

Um dich an dein wahres Sein zu erinnern und das Licht in deinem Inneren erstrahlen zu lassen:

Ich bin
Ich habe mich abgetrennt gefühlt.
Ich bitte darum, dass sich alle Illusionen auflösen dürfen.
Ich bitte darum, dass alle Schleier fallen.
Ich bitte darum, in meine wahre Natur zu erwachen.
Ich bin, was ich bin.
Ich bin eins mit dem unsterblichen Bewusstsein
Ich bin eins mit allem, was ist.
Ich bin alles und nichts.
Ich bin, wie ich bin,
und darf aus mir selbst heraus erstrahlen.
Ich bin unendliches Sein,
bin mehr als alle Worte und Bezeichnungen,
als meine Gedanken und Gefühle,
ich bin mehr als meine Angst.
Ich bin unendliches, ewiges Bewusstsein.
Ich bin jenseits von Worten.
Ich bin frei von Vergangenheit und Zukunft,
nichts behindert und begrenzt mich.
Ich gehe auf in der Quelle.
Ich gehe auf in dem Einen.
Die Illusion der Trennung ist beendet.
Ich lebe mit jeder Faser meines Seins, jetzt.

Weitere Bücher aus dem Verlag Via Nova:

Die Vision vom göttlichen Menschen

Eine spirituelle Weg-Begleitung in das neue Jahrtausend

Barbara Schenkbier

Paperback, 424 Seiten, 21 ganzseitige Bilder, ISBN 978-3-928632-68-3
Prachtband: Geb., 424 Seiten, Einband Kunstleder mit Goldaufdruck, 21 ganzseitige Bilder, Zweifarbendruck, ISBN 978-3-928632-18-8

Das Buch ist ein umfassendes Standardwerk, das den Durchbruch einer neuen Evolutionsstufe im Bewusstsein des Menschen vorbereiten hilft. Aufbauend auf wissenschaftlichen Erkenntnissen und der mystischen Tradition aller Religionen führt es zu einem tieferen Wissen über das menschliche Bewusstsein, um dann den Weg zum göttlichen Menschen zu beleuchten. Alle wichtigen Schritte werden beschrieben, wesentliche Übungen aus einer neuen Sicht heraus dargestellt und die Transformationsstufe zu einem neuen Bewusstsein geschildert. Beim Lesen und Anwenden der beschriebenen Wahrheiten eröffnet sich dem Leser eine neue Sicht auf den Sinn des Lebens. Das Buch ist aus der eigenen spirituellen Erfahrung der Autorin heraus geschrieben und eröffnet den Blick in eine Zukunft, die die evolutionäre Schöpferkraft selbst schaffen wird.

Geh den Weg der Mystiker

Meister Eckharts Lehren für die spirituelle Praxis im Alltag

Peter Reiter

3. Auflage

Hardcover, 304 Seiten, ISBN 978-3-936486-37-7

Noch nie war Mystik so spannend, so aufregend! Zeitgemäß, lebendig und alltagsorientiert vermittelt der Meister-Eckhart-Experte Peter Reiter die Lehre des größten deutschen Mystikers – exemplarisch für alle mystischen Traditionen. Die Kraft und Inspirationen der Lehre Meister Eckharts werden hier so vermittelt, dass sie direkt ins Herz des Lesers fließen. Schritt für Schritt begleitet Peter Reiter den Suchenden an den Ort, wohin der alte Meister schon seine Zuhörer führte: zur unmittelbaren Erfahrung des All-Eins-Seins inmitten der Welt, ins Hier und Jetzt! In allen Lebensbereichen kann das Göttliche geahnt, gefühlt und erfahren werden. Der Weg zum Ziel führt mit entsprechenden Übungen über verschiedene Etappen: Mitgefühl mit allem Sein, leben in Gelassenheit, Widerstand aufgeben, die Welt annehmen, Verantwortung übernehmen, Altes bereinigen, Bewerten und Verurteilen sein lassen, mit Trauer und Leid umgehen und die Liebe leben. Die Übungen im Geiste Eckharts stammen aus verschiedenen mystischen Schulen und geistigen Traditionen.

Mystisches Bewusstsein erwacht in uns

Religiosität der Zukunft

Wolfgang G. Esser

Paperback, 448 Seiten, ISBN 978-3-86616-182-5

Wir erleben heute in der westlichen Zivilisation eine tiefe Krise der Religion. Aber es wird ein neuer religiöser Weg sichtbar, wo erst wenige ihn bisher ahnten. Er führt zur tieferen Quelle aller zeitübergreifenden Religiosität, zum Seelengrund, wie ihn die Mystiker genannt haben. In diesem Buch kommen die psychischen Prägungen westlicher Gesellschaften, Narzissmus und postmoderne Ich-Orientierung ebenso zur Sprache wie die aktuelle religiöse Weltlage, die Mystik in den Weltreligionen und außerhalb religiöser Traditionen, Beispiele wissenschaftlicher Auseinandersetzung mit Mystik, Kultivierungswege spiritueller Intelligenz und alltagspraktische Anregungen zur Kontemplation und Meditation.

Mein spiritueller Weg in die mystische Erfahrung

„Der Christ der Zukunft wird ein Mystiker sein. Einer, der etwas erfahren hat, oder er wird nicht mehr sein." (Karl Rahner)
Mit einem Vorwort von Willigis Jäger
Helga Kerschbaum

Paperback, 184 Seiten, ISBN 978-3-86616-271-6

Nicht allzu oft bekommt man die Gelegenheit, so unmittelbar und direkt, so präzise und lebendig an der inneren Transformation eines Menschen teilzuhaben wie bei der Lektüre dieses Buches. Mit großer Offenheit und Authentizität erzählt die Autorin von ihren überwältigenden mystischen Erfahrungen und begleitend dazu vermittelt sie kenntnisreich das tiefe Wissen vieler christlicher Mystiker und großer Zenmeister. Vor dem Hintergrund ihrer intensiven inneren Erlebnisse entdeckt sie dabei faszinierende Übereinstimmungen eines modern interpretierten Christentums und der buddhistischen Weisheitslehren. Mit Herzblut geschrieben und im Innersten berührend, kann dieses Buch für alle ernsthaft spirituell Suchenden eine echte Ermutigung und große Unterstützung sein.

Stehe über deinem Denken!

5 wirksame Schritte zur Beherrschung deiner Gedanken
Matt Galan Abend

Hardcover, 144 Seiten, ISBN 978-3-86616-260-0

Mal ehrlich, wo sind Sie jetzt im Moment mit Ihren Gedanken? Wirklich hier und jetzt? Wach, bewusst und konzentriert? Oder geht es Ihnen wie den meisten von uns: Sie werden zum großen Teil von Ihren unbewussten Gedanken beherrscht und machen sich dies gar nicht bewusst. Dann haben Sie Glück, denn dieses neue Buch weist Schritt für Schritt den Weg zu einem wirklich bewussten Denken. Es zeigt auf, wie enorm wichtig es ist, seine Gedanken zu beherrschen, denn sie bestimmen und erschaffen unsere Wirklichkeit, unsere Identität, unser gesamtes Leben. Dieses Buch und sein leicht erlernbares Trainingsprogramm eröffnet die große Chance, sein Leben in neuer Bewusstheit zu erleben, und zeigt, wie unerschöpflich die Möglichkeiten sind, es neu zu gestalten.

Die inneren Heilkräfte erwecken

Heilung von • Krankheiten • Beziehungen • Lebensumständen
Chuck Spezzano

Hardcover, 256 Seiten, ISBN 978-3-86616-259-4

Hinter unseren Krankheiten, Beziehungs- und Lebensproblemen stecken sehr oft unbewusste und unterbewusste Lebensmuster. Diese in ihrer ganzen Tiefe zu erkennen und aufzulösen, um ein gesundes und erfülltes Leben zu führen, dazu lädt das neue Buch von Chuck Spezzano ein. Das Besondere dieses neuen Meisterwerkes ist, dass der Leser hier Erkenntnisse, Methoden und Techniken findet, die aus Spezzanos unmittelbarer, über 35-jährigen therapeutischen Arbeit stammen. Dieses Buch vermittelt lebendiges Wissen und vitale Weisheiten mit sehr praxisbezogenen Methoden und Übungen. Ein heilsamer Ratgeber und weiser Begleiter auf der Reise zu sich selbst, zu mehr Gesundheit, Zufriedenheit und Lebensfreude.

Vom Segen der Dankbarkeit

Was dich wirklich glücklich macht

Angeles Arrien

Paperback, 240 Seiten, ISBN 978-3-86616-262-4

Dankbare Menschen, so haben Studien ergeben, sind zufriedener, mehr mit sich im Einklang, sie leben länger, spüren mehr Freude, Liebe und Glück. Aber wie wird man dankbar? Angeles Arrien weist einen völlig neuen Weg: Im Einklang mit der Natur, Monat für Monat, nimmt sie den Leser an die Hand und führt ihn – begleitet von Übungen, Meditationen und Praktiken aus den spirituellen Traditionen der Welt – in ein neues Erleben der Wirklichkeit. Ein echtes Arbeitsbuch, ein Buch, mit dem man lernt, Dankbarkeit in alle Bereiche des eigenen Lebens zu bringen – in Beruf und Finanzen, in Beziehungen, in Gesundheit, Ernährung und Spiritualität.

Religion und Gehirn

Die Integration von Hirnforschung und religiöser Erfahrung

Georg Milzner

Paperback, 224 Seiten, ISBN 978-3-86616-258-7

Ist Gott nur ein Hirngespinst? Und sind unsere spirituellen Erfahrungen lediglich ungewöhnliche Gehirnaktivitäten? Es sind weitreichende, essentielle Fragen, die in diesem Buch aufgeworfen werden und die uns in die Grenzbereiche von Hirnforschung und Neurologie, Mystik und Religion führen. Einfache Antworten darf der Leser nicht erwarten, doch dafür spannende Exkursionen, bei denen wir berühmten Mystikern, außergewöhnlichen Bewusstseinszuständen und den neuesten Erkenntnissen der modernen Wissenschaften begegnen. Viele überraschende Perspektiven, Einsichten, Hintergründe und Zusammenhänge machen dieses Buch zu einem echten Wissensabenteuer mit der versöhnlichen Aussicht, dass Gott mehr ist als das, was im Gehirn geschieht.

Heilpflanzen als Weg-Begleiter

Wirkweise der Farben und Jahreszeiten, Wissen der Völker, Heilende Anwendungen, Heilpflanzen im Spiegel der Mythen und Märchen

Hilla Hatzfeld

Hardcover, 352 Seiten, 94 farbige Fotos, ISBN 978-3-86616-245-7

Dieses Buch ist ein wichtiges Werkzeug, um ein tieferes Verständnis für die Heilkräfte der Pflanzen zu wecken. In der Betrachtung der Pflanzen und ihrer heilenden Wirkung kann der Mensch seine eigenen körperlichen und geistig-seelischen Zustände erkennen, die der Heilung bedürfen. Dabei helfen Pflanzenporträts, ein praktischer Übungsteil, Signaturenkunde, Achtsamkeitsübungen und Hinweise zur Wahrnehmung der tieferen Lebenskräfte der Pflanzen. Die Bedeutung der Farben und die Einbindung der Pflanzen in den Jahresrhythmus, die Beschreibung der möglichen Heilanwendung sowohl als Rezeptur als auch als Heilwirkung für Geist und Seele vertiefen die Aussagen des Buches. Vielfältige Anregungen für die vegetarische Küche machen Lust, Altbewährtes auszuprobieren und neue Kreationen zu entdecken. Alte Mythen und Märchen und das darin enthaltene Wissen der Völker um die heilenden Wirkungen der Pflanzen vertiefen die Verbundenheit mit allem Gewesenen und Kommenden.

Das Neue Bewusstsein

Entwicklungsmöglichkeiten für alle Menschen

Klaus Engel

Paperback, 160 Seiten, ISBN 978-3-86616-058-3

Das Neue Bewusstsein wird zunächst in einleitenden kurzen Kapiteln in das Gesamtkontinuum der Evolution gestellt: von der kosmischen über die biologische bis zur geistig-seelischen Entwicklung. Für die wesentlichen Vertreter des Neuen Bewusstseins Jean Gebser, Teilhard de Chardin, Sri Aurobindo und Ken Wilber werden die Lebensläufe und zentralen Konzepte herausgearbeitet. Die praktische Realisierung veränderter und erweiterter Bewusstseinserfahrung wird für den indischen Kulturkreis anhand der tiefen Erfahrungen Yoganandas beschrieben, für die Begegnung christlicher Tradition mit dem Zen über das herausragende Leben und Erleben von Hugo Lassalle. Einzelne Kapitel beschreiben Gefahren,Verwechslungen (Außen-Innen;Weg-Ziel) und Forschungsergebnisse zu den meditativen Wegen. Die Stufenfolge des Yoga- und Zen-Weges wird präzisiert, immer mit dem zentralen Anliegen des Buches: gedachte und erlebte Erfahrungen nicht zu verwechseln.

Der Quantensprung im globalen Gedächtnis

Wie ein neues wissenschaftliches Weltbild uns und unsere Welt verändert

Ervin Laszlo

Hardcover, 160 Seiten, ISBN 978-3-86616-153-5

Im planetaren Wandel mithelfen, Einsichten verbreiten, menschliches Überleben, Nachhaltigkeit, Wohlsein und Frieden sichern. Mit Blick auf die neuesten, oft revolutionären Erkenntnisse in den Bereichen von Kosmologie, Quantenphysik und Bewusstseinsforschung zeigt Ervin Laszlo wissenschaftlich fundiert, aber dennoch in klarer und verständlicher Sprache, dass das alte Weltbild überholt ist und wir uns einem ganz neuen Bild der Wirklichkeit stellen müssen. Er beschreibt den global und interkulturell sich bereits heute vollziehenden Paradigmenwechsel auf allen Ebenen des Lebens. Er begründet mit den Erkenntnissen der modernen Wissenschaften, dass ein neues Bewusstsein in der Menschheit entsteht. Dieses Buch informiert umfassend und tiefgründig, regt an und macht Mut, mit erweitertem Bewusstsein diese Initiativen zu unterstützen und zu einer positiven Veränderung in der Welt beizutragen.

24 Stunden luzid träumen

Techniken, um den nichtdualistischen träumenden Hintergrund der Alltagsrealität wahrzunehmen

Arnold Mindell

3. Auflage

Paperback, 274 Seiten, 52 Graphiken, ISBN 978-3-936486-03-2

In seinem Buch „24 Stunden luzid träumen" zeigt der innovative Psychotherapeut und spirituelle Lehrer Arnold Mindell zum ersten Mal auf, wie man in die Welt des Träumens eintritt, jene Welt, aus der die sichtbare Realität hervorgeht. Greift man Ereignisse, die die eigene Aufmerksamkeit erregen wie beispielsweise Körpersymptome, Beziehungsmomente, spontane Gedanken und Phantasien auf und entfaltet deren Signale mit Hilfe der Methode des 24 Stunden luziden Träumens, tritt man vollkommen wach in die nichtdualistische Welt des Träumens ein und lernt deren Botschaften zu verstehen und in die Alltagswelt einzubringen. Die Praxis des 24 Stunden luziden Träumens hilft bei der Lösung persönlicher, körperlicher oder emotionaler Probleme. Sie hilft bei der Lösung von Konflikten in Beziehungen, Familien, Großgruppen, Unternehmen und sogar in der Politik.